5-7, rue de l'Ecole-Polytechnique, 75005 Paris

www.editions-harmattan.fr

ISBN : 978-2-343-13708-7
EAN : 9782343137087

Averroès

De la philosophie au droit

Histoire et Perspectives méditerranéennes

Collection dirigée par Jean-Paul Chagnollaud

Dans le cadre de cette collection, créée en 1985, les Éditions L'Harmattan se proposent de publier un ensemble de travaux concernant le monde méditerranéen des origines à nos jours.

Déjà parus

Antoinette CHAUVENET avec Faïza CHERFI et Marie-Claire MICHAUD, *La promotion des droits humains en Algérie*, 2017.

Catherine GUILLAUMOND, *Cuisine et diététique dans l'occident arabe médiéval. D'après un traité anonyme du XIIIe siècle, Étude et traduction française,* 2017.

Driss ABBASSI, *La Tunisie depuis l'indépendance, Politique, histoire, identité,* 2017.

Işil ZEYNEP TURKAN-IPEK, *Chroniqueurs politiques en Turquie (1980-2014),* 2016.

Imane BENNANI, *L'habitat menaçant ruine au Maroc, Les procédures administratives à l'épreuve des effondrements,* 2016.

Mokhtar KHELADI, *L'Algérie pays immergeant*, 2016.

Abdellah BOUNFOUR *Malaise dans la transmission, La crise de l'autorité familiale, scolaire et politique au Maghreb,* 2016.

Riza SAYGILI, *Un siècle de démocratisation innachevée, Partis et courants politiques en Turquie (1908-2008)*, 2016.

Karim BEN YEDDER, *Le fondouk al-ghalla de Tunis, Marché central (1891-1956)*, 2016.

Association Déméter-Coré (coord.), *Travail et maternité dans l'aire méditerranéenne*, 2016.

Zakaria FATIH, *Le Maghreb à la croisée des chemins : l'enjeu de la tradition et le défi de la modernité,* 2016.

Hassan BANHAKEIA, *Histoire de la pensée nord-africaine,* 2016.

Saïd CHIBANE, *L'Algérie entre totalitarisme & populisme, La fausse ouverture ou l'heure des illusions/désillusions, tome 2,* 2016.

Saïd CHIBANE, *L'Algérie entre totalitarisme & populisme, Le temps du parti unique, tome1,* 2016.

André POUPART

Averroès

De la philosophie au droit

L'Harmattan

« Et, par “la loi”, “les Grecs” entendaient s’opposer aussi bien à l’anarchie de la vie sauvage qu’à la soumission des peuples qui, comme les Perses, pliaient devant l’arbitraire d’un prince. Mais cette loi, dont ils étaient si fiers, n’assumait ce rôle à leurs yeux que parce qu’elle était leur œuvre et tirait son pouvoir d’un consentement initial. Autrement dit, elle n’avait point elle-même de garant dont elle pût se réclamer : la loi grecque n’était pas, comme la loi juive par exemple, une loi révélée. Elle était née des conventions humaines et des coutumes ; et les Grecs ne l’ignoraient pas. »

Jacqueline DE ROMILLY,
La loi dans la pensée grecque.

Introduction

Pourquoi Averroès ?

Pourquoi Averroès juriste ?

Averroès a connu la gloire comme philosophe, comme interprète et commentateur par excellence d'Aristote, comme personnage central d'al-Andalous qui a fait dialoguer les trois monothéismes ; il a été à l'origine de la prétendue théorie des deux vérités et son œuvre est au centre d'une des controverses les plus fameuses du Moyen Âge à Paris ; à tous ces titres, il a contribué à faire de l'Europe ce qu'elle est devenue. Mais son œuvre juridique a été largement oubliée[1] bien que, comme l'écrit Jean-Claude Vadet, « On sait que la grande préoccupation, et presque la raison d'être de l'islam, est l'observance de la Loi [...]. La loi est l'alpha et l'oméga de la conscience musulmane[2] ».

Averroès aurait pu contribuer à l'épanouissement de l'Espagne musulmane et du Maghreb en tant que

---

[1] Sauf pour un article de Robert BRUNSCHVIG, *Études d'islamologie*, Paris, Éditions G.-P. Maisonneuve et Larose, 1976, t. 2, p. 167.

[2] Jean-Claude VADET, *Les idées morales dans l'islam*, Paris, PUF, 1995, p. 147. La Loi n'est pas seulement l'alpha et l'oméga de la conscience musulmane, elle est aussi la source de la puissance de l'Empire et de son affaiblissement ultérieur. « The pre modern economic institutions of the Middle East, which served identifiable economic ends, were grounded largely in the dominant law of the region, Islamic law [...]. Thus, the challenge ahead is to elucidate why classical Islam's distinct combination of economic institutions, obviously compatible with success in the medieval global economy, failed to produce the transformations necessary to keeping the Middle East globaly competitive [...]. To find that certain features of classical Islamic law turned into economic handicaps is not to deny the vast accomplishments of Islamic civilization. » Timur KURAN, *The Long Divergence, How Islamic Law Held Back the Middle East*, Princeton, Princeton University Press, 2011, p. 279 s.

philosophe, juriste et juge (*cadi*), mais il fut, à la fin de sa vie, chassé du pouvoir en disgrâce et ses livres furent brûlés. Dans l'affrontement avec l'Espagne catholique conquérante, la société arabo-musulmane se replie sur ses valeurs sûres : la foi, le Coran et la théologie, au détriment de la raison, des penseurs grecs et de la philosophie. La porte de l'esprit critique (*ijtihad*) se referme et avec lui l'esprit conquérant de l'Islam qui se transforme en préservation des acquis[3].

Malgré une brillante carrière de philosophe, de juriste et de magistrat, de conseiller politique et de médecin, les idées d'Averroès seront rejetées par les ulémas et son influence de courte durée. Exilé en al-Andalous à Lucena en 1195 suite à son expulsion de Cordoue, condamné par Rome en 1277[4] pour avoir, soi-disant, remis en cause l'unité de la vérité, son rationalisme[5], au surplus issu de l'islam, devenait incompatible avec les dogmes d'une Église catholique triomphante[6]. En Andalousie, la Reconquista menée par les Rois Catholiques transformait un conflit ethnique entre Roms et Arabes en conflit religieux entre catholiques et musulmans, les juifs étant un ennemi commun. Dans ce contexte, l'allégeance religieuse devenait le facteur essentiel de ralliement et toute dissidence était condamnée. La foi orthodoxe devenait, aussi bien en islam

---

[3] Arnold J. TOYNBEE, *L'islam, l'Occident et l'avenir*, Paris, Éditions des Malassis, 2013, p. 16s.

[4] David PICHÉ, *La condamnation parisienne de 1277*, Paris, J. Vrin, 1999. La modernité de la pensée d'Averroès ne pouvait qu'indisposer aussi bien catholiques que musulmans : « [...] c'est la science qui prend le pas sur la Révélation, c'est celle-ci qui doit être, en quelque sorte, modifiée. Là, il y a une différence avec saint Thomas en ce qui concerne les rapports de la foi et de la raison. Thomas place les vérités transmises par la sacra doctrina au-dessus de toutes les sciences. Pour Ibn Roshd, c'est l'inverse.» Fouad LARAOUI, *Une lecture personnelle d'Averroès*, Avignon, Éditions Universitaires d'Avignon, 2014, p. 47.

[5] Chenu parle même de « l'intégrisme rationnel de sa pensée ». M.-D. CHENU, *Introduction à l'étude de la pensée de Saint Thomas d'Aquin*, Montréal, Institut d'études médiévales, 1950, p. 33.

[6] Fernand VAN STEENBERGEN, *Introduction à l'étude de la philosophie médiévale*, Louvain, Publications universitaires, 1974, p. 466 s. et 555 s.

qu'en chrétienté, le blason autour duquel chacun devait se rallier.

C'est ainsi que jusqu'à une date récente, l'œuvre d'Averroès est tombée dans l'oubli[7]. Son rationalisme, quoiqu'il fût un fidèle musulman, était incompatible avec la fermeture de la porte de l'*ijtihad*» et le triomphe des théologiens-juristes (*mutaqallimun*, *ouléma*) qui imposaient une orthodoxie qui devait, pensaient-ils, à la fois renforcer et protéger l'islam contre les attaques de l'extérieur et assurer la cohésion du message du Prophète. En Europe, l'Église catholique triomphante, à l'ouest, en Espagne avec la conquête de Tolède (1085), Cordoue (1236) et Séville (1248) et, à l'est, avec la prise de Jérusalem (1099) par les Croisés, eut tôt fait d'étouffer une voix étrangère à tous points de vue (religieux, linguistique, culturel).

Une période de tensions

La redécouverte de la pensée et de l'œuvre d'Averroès s'amorce par la publication de *Averroès et l'averroïsme* de Ernest Renan en 1885. En 1978, à l'occasion du 850e anniversaire du décès d'Averroès, Jean Jolivet publie *Multiple Averroès*[8]. Le centenaire de son décès en 1995 a été l'occasion de la publication de nombreux ouvrages qui ont permis de découvrir l'originalité de sa pensée[9]. Mais son œuvre juridique a très peu retenu l'attention des spécialistes

---

[7] La *nahda* ne s'est pas développée dans le prolongement de son rationalisme arabo/islamique propre, mais sous l'influence des Lumières occidentales ou dans la perspective d'un retour aux pratiques des pieux ancêtres.

[8] J. JOLIVET, *Multiple Averroès*, Paris, Les Belles Lettres, 1978.

[9] Fédération internationale des instituts d'études médiévales, *Averroès et les averroïsmes juif et latin*, Turnhout, Brepols, 2007. P. BAZZANA, N. BÉRIOU et P. GUICHARD, *Averroès et l'averroïsme (XIIe-XVe siècle)*, Lyon, Presses universitaires de Lyon, 2005. UNESCO/ACADÉMIE TUNISIENNE "BEIT AL-IKHMA", *Actualité d'Averroès*, Paris, UNESCO, 2001.

contrairement à l'intérêt suscité par son traité médical, le *Colliget*, remarquable d'intelligence pour l'époque, mais totalement obsolète sur le plan scientifique. Parallèlement, la *nahda,* à la fin du XIXe et au début du XXe siècle, a favorisé un renouveau de la pensée arabo-musulmane et une réévaluation de son héritage philosophique. À tel point qu'aujourd'hui, Alain de Libera peut proposer « un projet averroïste pour le post postmodernisme[10]. »

Que la pensée d'Averroès ait été au centre de multiples controverses ne doit pas surprendre. Bien qu'il affirme sa foi en l'islam, son rationalisme remet en cause les principes de l'orthodoxie musulmane élaborés par les *oulémas* autour desquelles la société se rassemble pour lutter, depuis la chute de Califat de Cordoue, contre la Chrétienté. L'arrivée des Almoravides (1086-1147) et des Almohades (1147-1269) en al-Andalous, berbères plus rigoureux sur le plan religieux, appelés au secours par les Arabes en perte d'*assabya* face à Ferdinand III, déterminés à reconquérir Séville (1248), marque un tournant. Al-Andalous passe sous la coupe de Berbères nord-africains, plus strictes sur le plan religieux ; le rationalisme et l'esprit critique d'Averroès, dont, au surplus, la famille a servi les Omeyyades, deviennent incompatibles avec l'idéologie dominante.

Les troubles de toute nature qui affaiblissent al-Andalous ne constituent qu'une manifestation locale de l'affaiblissement général du monde arabo-musulman. Les sultans abbassides n'exercent plus réellement le pouvoir passé aux mains des mameluks, bien qu'ils continuent à régner. Le califat a perdu son unité et donc une partie de son autorité et de sa légitimité sur l'ensemble de la *umma* ; un calife abbaside (750-1250) règne à Bagdad, un calife fatimide (999-1071) au Caire et un calife omeyyade (929-1031)[11] à

---

[10] Alain DE LIBERA, *Où va la philosophie médiévale ?*, Paris, Collège de France et Fayard, 2014, p. 69.
[11] Antonio MOLINA, *Cordoue des Omeyyades*, Paris, Seuil, 2012.

Cordoue. Dans un monde totalement acquis à l'unicité de Dieu, de son Prophète et de son Livre, cette division de la légitimité musulmane constitue un scandale, une hérésie.

Averroès vit donc à une période particulièrement troublée, autant sur le plan ethnique (arrivée des berbères almohades et almoravides qui s'emparent du pouvoir au détriment des arabes) que politique (affaiblissement du pouvoir arabo-musulman avec l'effondrement du Califat « comme un château de cartes » face à la Reconquista et éclatement du pouvoir politique en une vingtaine de taïfas sans grand pouvoir) et religieux (retour d'un islam plus rigoureux avec les Almoravides et les Almohades de Ibn Tumart).

Si, dans ce contexte, Averroès a pu exposer ses idées philosophiques pendant l'essentiel de sa carrière, c'est sans doute que ses livres n'étaient lus que par une élite restreinte (*al-khaça*) qui a toléré pendant un certain temps sa dissidence. La transposition de ses concepts philosophiques pour initiés en règle de droit applicables à l'ensemble des musulmans (*al-âmma*) soulevait des problèmes d'un autre ordre. On se trouve alors au cœur même de l'islam dont les dispositions de la *charia* constituent la structure centrale. C'est toute la société dont l'organisation est questionnée. Ce qui peut être tolérable dans des cercles restreints ne l'est plus quand le trouble peut être semé dans l'esprit de l'ensemble des musulmans, surtout à un moment où ceux-ci doivent s'unir et faire bloc contre l'envahisseur. C'est l'unité de la communauté qui peut être remise en cause ; intolérable sur le plan religieux et politiquement inacceptable. D'où sans doute, l'alliance des autorités religieuses et du pouvoir politique pour exiler Averroès et brûler ses livres.

C'est dans ce contexte de crise et de mutations profondes, aussi bien en al-Andalous et dans tout le bassin méditerranéen, que naît Abou 'L Walid Mohammed ben Ahmed ben Mohammed ben Ahmed ben Ahmed Ibn Rushd (Averroès), à Cordoue, en 1126. Né sous le régime des

Almoravides (1086-1147), il vécut sous le règne des Almohades (1147-1269). On a peu d'informations sur sa vie[12].

L'influence grecque sera décisive

On sait qu'il est le descendant d'une lignée de juristes malikites illustres ; son grand-père et son père furent *cadi* et *grand-cadi* de Cordoue. Il reçut sans doute la meilleure éducation qu'un fils de bonne famille puisse espérer ; mais à vrai dire on n'en sait rien. La première précision biographique nous est donnée par Averroès lui-même : en 1153, à l'âge de 27 ans, il est à Marrakech en mission après du sultan Abdal-Mu'min (†1163) pour le conseiller sur la construction de *madrasa*[13]. En 1169, Averroès est de nouveau à Marrakech en compagnie de Ibn Thôfail qui le présente au calife Abu Ya'qub Yusuf dont il est le premier médecin et conseiller (Vizir). Le calife se plaint de la mauvaise qualité des traductions des œuvres d'Aristote et propose à Ibn Thôfail d'en réaliser une nouvelle traduction qui remédierait aux obscurités des précédentes. Celui-ci, invoquant ses lourdes responsabilités et son âge avancé, propose plutôt de confier cette responsabilité à Averroès, plus jeune et disposant de toutes les qualités pour mener cette tâche à bien[14].

Cette rencontre sera déterminante non seulement pour la carrière d'Averroès, mais également pour l'évolution de la philosophie européenne[15] comme le confirme l'exclamation

---

[12] Ernest RENAN, *Averroès et l'averroïsme,* préface de Alain de Libera, Paris, Maisonneuve & Larose, 2002, p. 21 s. ; MUNK, *Mélanges de philosophie arabe et juive* ; L. GAUTHIER, *IBN ROSHD (Averroès),* Paris, PUF, 1948, p. 4.

[13] L. GAUTHIER, *IBN THOFAIL, sa vie, ses œuvres*, Paris, Vrin-reprise, 1983, p. 14.

[14] *Ibid.*, p. 9 s.

[15] Paul RENUCCI, *L'aventure de l'humanisme européen au Moyen Âge (IV-XIVe siècle)*, Paris, Belles lettres, 1953, p. 91 à 101. Will DURANT, *L'âge*

d'Averroès lui-même : « Voilà ce qui m'a déterminé à écrire mes commentaires des livres du philosophe Aristote ».

Si Averroès a rédigé la première version de la *Bidayat al-Mujtahid wa nibayat al-Muktasid*, œuvre à caractère juridique, en 1168 à la veille de sa nomination à titre de *cadi* de Séville en 1169, c'est à partir de cette date qu'il se consacre à l'interprétation et au commentaire des œuvres d'Aristote : *Petit commentaire sur l'Organon, la Physique et la Métaphysique* (1169) ; *Commentaire moyen de la Physique* (1170) ; *Commentaire moyen de la Physique et de la Métaphysique* (1174) ; *Commentaire moyen sur l'Épître à Nicomaque* (1176) ; *De substantia orbis* (1178).

En 1179 et 1180, Averroès se consacre à la rédaction d'œuvres plus personnelles et plus polémiques. Face à la montée du pouvoir religieux et pour répondre à al-Ghazali qui favorise une interprétation stricte du Coran, il rédige le *Fasl al-maqal wa-taqrir ma baïna 'ch-chari'a wa'l hikma min el-ittiçal* (*Le livre du discours décisif où l'on établit la connexion existant entre la révélation et la philosophie*) et *Al-kashf 'an manahif al-'adilla* (*Le dévoilement des procédés de la démonstration*). En 1180, il rédige également *Tahafut al-Tahafut* (*L'incohérence de l'incohérence*), sa réfutation de *Tahafut al-falasifah* (*L'incohérence des philosophes*) d'al-Ghazali.

Averroès a été connu surtout comme commentateur des œuvres d'Aristote, si bien qu'on a pu l'identifier simplement comme le *Traducteur*. Ses œuvres plus personnelles méritent également la plus grande attention, car elles manifestent, chez un musulman convaincu, l'influence de l'aristotélisme et son engagement déterminé en faveur de la raison qui permet d'accéder à la vérité[16].

En 1185, Averroès est nommé grand-cadi de Cordoue et est entouré des plus grands honneurs. Pour des raisons

---

de la foi, histoire de la civilisation médiévale, Tome III, L'apogée du christianisme (1095-1300), Paris, Payot, 1953, p. 479-523.

16 GAUTHIER, *Ibn Rushd*, *op. cit.*, p. 12 ; Majid FAKHRY, *Averroès, Ibn Rushd*, Oxford, Oneworld, 2006, p. 1.

demeurées incertaines[17], dont la volonté de rassembler tous les musulmans dans la plus stricte orthodoxie au moment de la bataille d'Alarcos en 1195 semble la plus probable[18], Averroès est frappé de disgrâce et ses œuvres brûlées ; il est exilé à Lucena. « Quand Averroès mourut en 1198, la philosophie arabe perdit en lui son dernier représentant, et le triomphe du Coran sur la libre pensée fut assuré pour au moins six cent ans[19]. » Cette affirmation de Renan témoigne tout à la fois de l'importance de l'œuvre d'Averroès et du fait qu'il fut exclu de la grande tradition de l'humanité.

Une ère de puissance arabe

Cet exil déshonorant pour un grand serviteur de l'État marque la fin d'un long combat pour Averroès lui-même, qui n'a pas réussi à faire partager sa conception de l'interprétation du Coran fondée sur la raison et le syllogisme, ce merveilleux outil légué par les philosophes grecs. Cet épisode consacre également le triomphe dans la pensée musulmane de la théologie (*kalam*) sur la philosophie (*falasifa*). Les débats commencés à Bagdad dans la Maison de la Sagesse (*Baït al-Hikma*), entre foi et raison, se terminaient à Cordoue par le triomphe des théologiens/juristes.

Les premiers siècles de l'Islam, sa période de conquête et d'affirmation, ont été marqués par ces débats entre foi et raison. La Révélation, le Coran, est reçue au VIIe siècle par

---

17 GAUTHIER, *Ibn Rushd, op. cit.*, p. 9s. ; FAKHRY, *op. cit.*, p. 2. MERRAKECHI, « *L'histoire des Almohades* », *Revue africaine, Bulletin des travaux de la société historique algérienne*, Alger, Adolphe Jourdan Ed., 1893, n° 208, p. 39s. Sylvie DENOIX et Anne-Marie EDDÉ, dir., *Gouverner en Islam (X^e-XVe siècle),* Paris, Publications de la Sorbonne, 2015, p. 248 : Doc. 64 « La disgrâce d'Ibn Rushd. »

18 B. FOULON et E. TIXIER DU MESNIL, *Al-Andalus, anthologie*, Paris, GF Flammarion, 2009, p. 358 : « La disgrâce d'Averroès d'après le chroniqueur Ibn 'Idhari ».

19 Ernest RENAN, *Averroès et l'averroïsme, « doctrine d'Averroès », II*, Paris, Calmann-Lévy, 1949, p. 23.

des Arabes, la plupart nomades, qui vivaient dans des conditions extrêmement difficiles. Dopés par leur nouvelle foi et coutumiers de la pratique de la razzia et donc du butin, ils se lancent à la conquête du monde ; ils anéantissent rapidement l'Empire sassanide (victoires définitives de Qadisiyya en 637 et de Néhavend en 642) et font trembler l'Empire byzantin (conquête de Damas en 635-636 et de Jérusalem en 638)[20]. En moins de dix ans, les Arabes musulmans se sont affirmés comme la grande puissance régionale au détriment des empires sassanide et byzantin dont les longues guerres réciproques avaient épuisé les forces. La conquête des villes de Jérusalem, Antioche et Damas mit plus que jamais auparavant les Arabes devenus musulmans en contact avec des centres importants de culture grecque et chrétienne. Mais il ne faut pas s'illusionner sur la nature de cette culture byzantine en Syrie. Malgré le christianisme grec orthodoxe officiel de l'Empire, c'est un lieu de confrontation entre diverses conceptions du christianisme naissant, si bien que Jean Damascène a pu croire que l'islam n'était qu'une nouvelle secte chrétienne[21]. Ce contexte religieux éclaté, malgré une même langue et un espace géographique partiellement commun, n'était pas favorable à la culture grecque classique.

> *Au VIIe siècle, cette haute culture byzantine montrait une indifférence hostile à la science grecque païenne, ayant laissé derrière elle l'étape de la confrontation qui avait caractérisé l'époque antérieure des Pères de l'Église. L'hellénisme était l'ennemi vaincu qu'on se devait de traiter avec une indifférence méprisante, parce qu'il n'était plus pertinent : [...] Cette attitude de dénigrement envers*

---

20 Philippe SÉNAC, *Le monde musulman des origines au IIe siècle*, Paris, Armand Colin, 1999, p. 33s.

21 Jean DAMASCÈNE, *Écrits sur l'islam*, Paris, Éd. du Cerf, 1992, p. 211s. P. Joseph NASHRALLAH, *Saint jean de Damas, son époque, sa vie, son œuvre*, Beyrouth, Harissa, 1950.

l'hellénisme aurait été partagée, parmi les chrétiens de langue grecque soumis à l'autorité omeyyade…[22].

La langue arabe, un instrument d'unité

À la tête d'un empire qui impose de nouvelles contraintes, les califes sans expérience administrative et politique se sentent démunis et cherchent dans le fonctionnement des empires qu'ils ont vaincus des enseignements qui pourraient leur être profitables[23]. C'est ainsi que, bien que la langue grecque ait continué à être utilisée, les documents administratifs byzantins furent, dans un premier temps, traduits en arabe pour permettre la continuité de l'administration publique et pour répondre aux besoins de communication entre conquis et conquérants [24]. Les traductions scientifiques demeurèrent cependant très limitées, sauf peut-être lorsqu'elles présentaient un intérêt pratique immédiat (médecine, astronomie).

Dans un premier temps, après leurs conquêtes, les Arabes musulmans établissent des cités-garnisons à l'extérieur des villes conquises de sorte que les relations avec les communautés autochtones sont limitées. À l'intérieur même de ces garnisons, chaque tribu arabe gère ses propres espaces de sorte que l'exigence de règles communes est réduite au minimum. L'administration des nouvelles conquêtes impose cependant la traduction en arabe des documents administratifs nécessaires pour l'exercice du pouvoir par les nouvelles autorités. Sous les Omeyyades, ces pouvoirs sont exercés par des Arabes en fonction des traditions et pratiques du tribalisme en vigueur dans les régions limitrophes de La Mecque et de Médine[25].

---

[22] D. GUTAS, *Pensée grecque, culture arabe*, Paris, Aubier, 2005, p. 47.

[23] Richard G. HOVANNISIAN et Georges SEBAGH, *The Persian Presence in the Islamic World*, Cambridge, Cambridge University Press, 1998, p. 6 et 54-66.

[24] GUTAS, *op. cit.*, p. 53s.

[25] « […] il fallait que la race arabe, noyée désormais au milieu de tant d'autres éléments ethniques, s'effaçât, en partie du moins, devant eux (les

Cette homogénéité était sans doute nécessaire à l'origine, mais elle a rapidement manifesté ses limites[26].

La pensée grecque et l'influence perse et sassanide

Les califes dits « biens aimés » et les Omeyyades remportent d'importantes victoires (Yarmouk 636) contre les Byzantins qui leur permettent de conquérir la Syrie aves les villes de Damas, Jérusalem, Antioche. Mais ils ne peuvent franchir les monts Zagros et prendre pied en Anatolie[27]. Par contre à l'est, les victoires arabes (Qadissiyya en 636 et Nehavend en 642) provoquent l'effondrement et la disparition de l'État sassanide ce qui crée un immense vide dans lequel l'Empire omeyyade peut s'engouffrer et s'imposer alors que l'Empire byzantin résiste. L'extension de l'empire arabo-musulman vers l'est, suite à l'effondrement de l'Empire sassanide, déplace le centre démographique de l'empire et les pressions deviennent de plus en plus fortes pour que les représentants des peuples conquis aient accès aux leviers du pouvoir[28]. Les succès de la conquête par les

---

mawâlî) et cessât de se croire d'une essence supérieure, alors qu'à peine sorti de la barbarie, elle se trouvait commander à des peuples de vieille civilisation. Il le fallait d'autant plus que, depuis nombre d'années, les Arabes avaient cesse de détenir le monopole de la vraie croyance (l'islam). » Louis HALPHEN, *Les barbares, des grandes invasions aux conquêtes turques du XIe siècle,* Paris, PUF, 1940, p. 171s, 179.

26 GUTAS, *op. cit.*, p. 287.

27 Odile SASSI et Mathilde AYCARD, *Atlas historique de la méditerranée*, Paris, Fayard et Presses de l'Université Saint-Joseph, 2009, p. 94-95.

28 « Nous avons vu que la conquête islamique avait laissé subsister en Iran des groupes importants de non ralliés à la doctrine musulmane. D'autre part, les Arabes ne traitaient pas en égaux les nouveaux convertis qui, de leur coté, étaient mécontents d'être sous la coupe de gens qu'ils considéraient comme des intrus et des parvenus. Très sensibles au mépris des Arabes, qu'ils n'estimaient pas, ils appuyèrent, comme le firent aussi les non convertis, les prétentions politiques et religieuses de la famille abbaside [...]. De l'union des Alîdes et des Abbâsides, avec l'aide des non convertis, naquit une force violemment opposée aux

Arabes, propulsés par l'islam, d'immenses territoires densément peuplés, se retourne contre eux. C'est sous la pression d'Arabes soumis à l'influence sassanide et zoroastrienne ainsi que de Persans islamisés que les Omeyyades sont renversés et remplacés en 750 par les Abbasides qui établissent leur capitale dans une nouvelle ville, Bagdad, plus à l'est, plus éloignée de l'Arabie originelle et plus près de la Perse, plus au centre du nouvel empire.

C'est ainsi que l'influence perse et sassanide devint prépondérante dans le nouvel empire[29]. Ce ne sera pas par les Byzantins que Bagdad aura essentiellement accès aux auteurs grecs, mais par des traductions en pehlvi.

Umaiyades. Le Khorasan s'y associa et, après une série de batailles qui eurent lieu au cours du VIIIe siècle, la dynastie abbâside remplaça celle des Umaiyades. La situation des Persans, non seulement dans le monde islamique mais en Perse même, s'en trouva brusquement et du tout au tout modifié. Alors qu'ils avaient été écarté des hauts emplois par les Umaiyades, ils furent chargés des plus importantes fonctions dans la nouvelle cour khalifale transférée de Damas, c'est-à-dire d'un pays sémite, à Bagdad, à quelques pas du site de Ctésiphon, la capitale de l'Empire sassanide. La tradition et le genre de vie persans prirent une place considérable dans le nouveau centre du pouvoir politique ». André GODARD, *L'art de l'Iran*, Paris, Arthaud, 1962, p. 285.

[29] Alexandre le Grand avait adopté la même politique après ses victoires contre Darius pour assurer la bonne administration de ses nouvelles conquêtes perses. À des siècles d'intervalle, la similitude de ces pratiques du conquérant illustre bien la résilience de la civilisation perse et sa qualité. Robin Lane FOX, *Alexander The Great*, London, The Folio Society, 2001, p. 264.

[29] *Ibid.*, p. 63s. « Après avoir émigré de Médine à Damas, avec les Omeyyades, le califat va s'éloigner encore davantage des pays qui avaient vu naître la religion du Prophète, pour se fixé à Koûfa d'abord, dans la vallée de l'Euphrate, puis, 762, dans une capitale bâtie pour lui, à Bagdad, sur le Tigre, où le souverain pourra vivre loin de tout milieu arabe, sous la protection d'une garde fidèle recrutée dans le Khorassan [...]. La machine gouvernementale, dont le vizir est le vrai chef, retrouve au premier siècle de la domination abbasside quelque chose de la perfection à laquelle elle avait atteint en Perse sous les Sassanides. » HALPHEN, *op. cit.*, p. 226-227.

Paradoxalement, malgré une communauté de langue, les Byzantins ne furent pas les continuateurs des Grecs anciens. Dimitri Gutas explique comment la pensée grecque parvint aux arabes à l'époque abbasside par l'intermédiaire des perses sassanides et zoroastriens[30]. Dans un premier temps, dans la période préislamique de conflits intenses entre Byzantins et Sassanides, des traductions des auteurs grecs en pehlvi furent réalisées par suite de l'intérêt combiné des zoroastriens pour la science et des Sassanides pour les conditions d'exercice du pouvoir qui inspire l'idéologie impériale. Ensuite, après la conquête, il est dans l'ordre des choses que pour des raisons pratiques, les documents administratifs sassanides soient traduits en arabe ; le bon fonctionnement administratif des nouvelles conquêtes en dépend. Pour comprendre les motivations de la troisième étape et la plus déterminante de cette gigantesque opération de traduction « il est nécessaire d'examiner le rôle joué par l'idéologie impériale de l'administration abbaside primitive ou, plus particulièrement, le rôle joué par l'élément sassanide zoroastrien dans la formation de cette idéologie[31]. »

Permanence de la pensée grecque

Que la philosophie grecque s'infiltre dans le monde arabo-musulman par l'est, par l'intermédiaire de la Perse peut, de prime abord, surprendre. C'est oublier qu'au cours des siècles, les empires perses ont souvent été en contact et soumis à l'influence hégémonique de la pensée grecque. Les Guerres médiques (-546/-449, paix de Callias) n'ont pas été sans laisser de traces, ne serait-ce que pour analyser et connaître les causes de la défaite. Quand, en -333, Alexandre entreprend sa conquête de l'Asie, ses victoires contre l'Empire achéménide de Darius constituèrent une étape

---

30 *Op. cit.,* p. 63s. Roger ARNALDEZ, *Les grands siècles de Bagdad,* v. 1, Alger, Entreprise nationale du livre, 1985, p. 251.
31 *Ibid.*, p. 61.

importante, d'abord à Issos (novembre -333), en Cilicie, puis à Gaugamèle et à Arbèles (-331), avant de remporter une victoire définitive contre Darius qui prend la fuite et est tué. Alexandre devient maître de la Perse. Il marie Satira, la fille de Darius avant de mourir en 323, non sans avoir marié dix mille de ses soldats à des filles du pays.

L'influence grecque se maintient par l'attribution de cette partie de l'empire d'Alexandre à son général Séleucos Ier, fondateur de l'Empire séleucide (-305 à -64), qui avec ses successeurs, favorisa l'hellénisation.

Après l'intermède Parthes (-160 à 224) dont la civilisation demeurait imprégnée d'hellénisme, la puissance nationale perse fut rétablie par les Sassanides qui ouvraient alors une des plus brillantes périodes de l'histoire de la Perse. À tel point que B.R. Foster et K. Polinger Foster ont pu comparer le rayonnement de la culture sassanide à celle de la Maison de la Sagesse à Bagdad[32]. Selon Roger Arnaldez, la Maison de la sagesse aurait succédé à l'école de Jundîshâpûr fondée par les Sassanides[33]. À la suite de longs conflits avec Byzance, Khosrô Ier pouvait réclamer comme rançon, au moment de la signature du traité de paix, des exemplaires des œuvres les plus importantes des philosophes grecs. Le simple fait de concevoir une telle demande et d'en faire une condition de la signature du traité de paix illustre bien le prestige et l'importance de la pensée grecque au-delà de l'Euphrate et du Tigre.

---

[32] « Not only did Shapur I embody the Sassanian ideal of the divine warrior-king riding to victory, he commissioned numerous architectural and engineering projects (some using captive Roman specialists), as well as translation of Greek and Indian works on astrology, agriculture, philosophy, natural sciences, and physics, prefiguring the Baghdad translation movement in the ninth century. » B. R. FOSTER et K. POLINGER FOSTER, *Civilizations of Ancient Iraq*, Princeton, Princeton University Press, 2009, p. 186.

[33] ARNALDEZ, *op. cit.*, p. 253.

Ce prestige et l'ouverture de la société sassanide sont tels, ne serait-ce que chez ses prêtres ou mages et scribes qui, avec les guerriers, les artisans et les paysans, formaient la structure de la société, que les philosophes grecs expulsés d'Athènes en 529 par Justinien[34], cherchèrent refuge en Perse. Pour qu'un tel geste soit possible, il fallait d'abord que des contacts préexistent entre les philosophes grecs et les mages perses, ensuite, que les autorités politiques soient ouvertes à l'accueil de ces penseurs malvenus dans l'Empire byzantin et, enfin, que leurs idées ne soient pas rejetées par un empire autoritaire, centralisé et fondé sur une religion officielle, le mazdéisme. La présence des philosophes grecs en Perse, même si elle fut brève (trois ans), témoigne de la permanence de la pensée grecque en Orient, d'une part, et contribua sûrement à son renforcement, d'autre part.

Une transmission culturelle continue

Qu'est-ce qui a déclenché ou provoqué ce vaste mouvement de traduction qui a mis en contact l'Islam et la pensée grecque par l'intermédiaire de la Perse[35] ? L'historien

---

[34] H. J. BLUMENTHAL, *529 and its Sequel : What Happened to the Academy ?*, Byzantion, 48 (1978), p. 369 ; Edward WATTS, *Where to Live the Philosophical Life in the Sixth Century ? Damascius, Simplicius, and* the *Return from Persia,* Greek, Roman, and Byzantine Studies 45 (2005), p. 285.

[35] « Aussi les Arabes ont-ils conservé une admiration profonde pour l'empire des Sassanides, qui leur paraissait le modèle de l'art de la politique. On admirait la perfection de leur gouvernement, leur méthode de guerre, la gravité de leur intelligence, leur propreté, leur correction extrême, la vénération qu'ils avaient pour leur roi ; on leur reconnaissait une supériorité dans l'art de se vêtir, dans la composition des mets et des remèdes. Les Arabes n'ayant rien connu de l'empire romain à son apogée, et n'ayant eu comme comparaison que les Grecs de Byzance, on comprend qu'ils aient jugé assez favorablement le grand empire qu'une heureuse fortune leur avait permis de renverser. » Clément HUART, *L'Iran antique, Élam et Perse et la civilisation iranienne*, Paris, Albin Michel, 1943, p. 400.

Sâ'id al-Andalusi décrit bien les transformations de la société arabo-musulmane jusqu'à l'époque des grandes traductions :

> *Les arabes, au début de l'islam, ne cultivèrent d'autres sciences que celles de leur langue et de leur foi coranique, faisant une exception toutefois pour la médecine... Voilà où en était les Arabes sous les Umayyades. Quand Allah-Très Haut-remplaça cette dynastie par celle des Hashimites, quand Il eut donné le pouvoir à ces derniers, les esprits sortirent de leur apathie et les intelligences de leur somnolence. Le premier qui, parmi les Hâshimites, cultiva les sciences, fut le, deuxième calife, Abû Ja'far al-Mansur. À la compétence en droit, une connaissance remarquable de la philosophie et particulièrement de l'astrologie s'ajoutait chez ce prince – qu'Allah, Très Haut, lui fasse miséricorde ! – un intérêt profond pour ces sciences et pour ceux qui les cultivent*[36].

Mais cet intérêt pour les sciences de la part d'un calife ne pouvait pas être totalement désintéressé. La conduite des affaires d'un nouvel empire imposait ses exigences et le calife devait être sensible aux intérêts des peuples de la Perse et de l'est de l'empire qui lui avaient permis de prendre le pouvoir[37]. Rien ne pouvait mieux assurer le pouvoir du nouvel Empire abbasside que l'idéologie impériale zoroastrienne et l'astrologie politique. L'Empire sassanide de Perse (226-578) se percevait comme l'héritier de l'immense Empire achéménide (-550/-330) et il avait, par conséquent, cultivé tous les aspects du pouvoir qui favorisait une telle perception de lui-même. Cette prétention impériale immémoriale correspondait à la croyance selon laquelle Zoroastre aurait rassemblé dans son œuvre, l'Avesta, toutes les sciences du monde, y compris les sciences grecques, qui

---

36 SÂ'DI AL-ANDALUSÎ, *Kitabtabaqât al-umam (Libre des catégories des nations)*, trad. Régis Blachère, Paris, Larose éditeur, 1935, p. 98-99.
37 D. GUTAS, *op. cit.*, p. 69.

étaient pour l'essentiel le fruit des œuvres persanes et zoroastriennes confisquées par Alexandre le Grand lors de sa conquête de la Perse. Il avait saisi tous les ouvrages, les avait fait traduire en grec avant de détruire les originaux persans[38]. Ces textes originaux grecs (d'origine perse) furent ensuite rassemblés et traduits du grec en pahlavi pour les empereurs perses, notamment Khosrô Ier.

C'est par ces œuvres que les arabo-musulmans eurent plus tard, sous les Abbassides, accès aux philosophes grecs[39]. Ce basculement de la Grèce à la Perse, de la Perse à la Grèce par Alexandre le Grand, de la Grèce à la Perse par Khosrô Ier et enfin de la Perse aux Abbassides est attesté par le *Kitâb al-Nahmutân* d'*Abû Sahl Ibn Nawbakht* :

> *Alexandre, roi des Grecs, partit d'une cité des Rums appelée Macédoine pour envahir la Perse [...]. Il tua le roi Dârân fils de Dârâ, occupa son royaume [...]et détruisit les différentes sortes de connaissances inscrites sur les pierres ou le bois de différents édifices en les rasant, en brûlant, et en dispersant tout ce qui s'y trouvait encore rassemblé. Toutefois, il fit faire des copies de tout ce qui était collecté dans les archives et les trésors d'Istakhr et le fit traduire dans la langue des Rum et en*

38 « Chez les Perses, les sciences rationnelles jouaient un rôle très important et étaient largement développées, car les dynasties perses étaient puissantes et leur pouvoir ininterrompu. On dit que c'est par eux que ces sciences parvinrent aux grecs, lorsqu'Alexandre tua Darius et s'empara du royaume Achéménide. Il s'appropria alors les ouvrages et les sciences des Perses. » IBN KHALDÛN, *Discours sur l'Histoire universelle, Al-Muqaddima,* traduit de l'arabe, présenté et annoté par Vincent Monteil, Paris, Sinbad Thesaurus, 1997, p. 950s.

39 « Aussi ai-je été amené à me demander pourquoi on n'avait jamais traduit les tragédies grecques en arabe. C'est étonnant parce que les Arabes ont été les premiers à révéler les Grecs à l'Europe ; ils ont presque tout traduit, les sciences, la philosophie, [...] mais jamais le théâtre. C'est là que j'ai compris l'opposition entre le verbe religieux : le Coran, et le verbe libre, la poésie. Il y a ici une opposition irréductible [...] ». Kateb YACINE, *Le Poète comme un boxeur*, Paris, Seuil, 1994, p. 46.

copte. Après avoir fini de faire des copies de tout ce dont il avait besoin, il brûla ce qui était écrit en persan (en écriture courante) et en écriture (ornée et officielle) appelée hashtâj. Il prit tout ce dont il avait besoin pour ce qui est des sciences de l'astronomie, de la médecine et des propriétés (astrologiques des corps célestes). Il expédia en Égypte ces livres, ainsi que le reste des sciences, les biens, les trésors et les savants qu'il put trouver. Dans les confins de l'Inde et de la Chine, certains de ces livres survécurent, cependant ; ils avaient été recopiés et préservés dans ces lieux par les Rois de Perse quand ils avaient été chargés d'accomplir cette tâche par leur prophète Zoroastre et Jamâsh, le savant [...]. Après cela la science disparut en Irak [...]. Puis Ardashîr Ibn Bâbak le Sassanide envoya chercher en Inde et en Chine les livres qui s'y trouvaient, ainsi qu'à Byzance. Il fit faire des copies de tout ce qui était parvenu jusque là-bas et retrouva les quelques restes qui avaient survécu en Irak. Il collecta ceux qui avaient été dispersés et réunit ceux qui avaient été séparés. Après lui, son fils Sabûr fit de même, jusqu'au moment où on eut de tous ces livres des copies en persan [...]. Ils les commentèrent et les enseignèrent au peuple comme ils l'avaient appris de ces livres qui se trouvaient originalement à Babylone. Après Ardashîr et Sabûr, Kisrâ (Khosrô Ier) Anûshirwân (531-578) collecta ces livres, les réunit (dans l'ordre), et fonda ses actes sur eux à cause de son désir de connaître et de son amour pour la science[40].

Cette influence en provenance de la Perse, malgré son importance, ne fut certainement pas la seule même, si elle fut et demeure décisive. Les Araméens de Syrie, qui connaissaient le grec ou l'arabe et parfois les deux, ce qui

---

[40] D. GUTAS, *op. cit.*, p. 75 s. Cristina D'ANCONA, *Greek into Arabic : Neoplatonism in translation, in Cambridge Companion to Arabic Philosophy*, (Ed. P. Adamson et R. C. Taylor), Cambridge University Press, 2005, p. 18.

permettait une traduction directe d'une langue à l'autre sans passer par l'araméen, jouèrent également un rôle important dans la transmission culturelle, ayant été soumis depuis des siècles à l'influence de Rome, puis de Byzance[41]. Leur influence fut sans doute déterminante, dans un premier temps, pendant toute la période où la capitale de l'Empire umayyade fut à Damas. Toutefois, leur influence fut réduite par le déplacement vers l'est de la nouvelle capitale abbasside Bagdad, soumise à l'influence culturelle perse et à l'idéologie impériale sassanide[42]. Et comme l'écrit Boris Marschak, « Cette glorification de la nation vaincue ne choquait pas les vainqueurs puisque sa grandeur ne faisait qu'accroître leur propre mérite[43]. »

Quoi qu'il en soit, l'Empire abbasside s'ouvrait à l'influence grecque, soit pour des raisons pratiques immédiates (médecine, astronomie), par intérêt politique (assimilation de la culture impériale sassanide) ou par souci d'imposer, autrement que par les armes, la vérité islamique face au zoroastrisme, au christianisme grec orthodoxe

---

[41] HALPHEN, *op. cit.*, p. 168.

[42] « In 529, as a consequence of Justinian's closing of the Platonic school, Simplicius, Damascius and five other philosophers left Athens and went to Persia, at the court of Chosroes I Anushirwan, where they remained until 532. This was by no means the first penetration of Greek philosophy in the east: indeed, the fact that the Sassanian emperor was deeply interested in philosophy was the reason for the Neoplatinic philosophers to join him in Stesiphon. Priscianus Lydus one of the philosophers who came from Athens, wrote a treaty for him, and one of Paul the Persian's writings on Aristotle's logic is dedicated to him. But, notwithstanding the favorable attitude of the Sassanian court toward Greek learning, the first dissimination of philosophy in Mesopotamian area did not occur in Pahlavi, as a consequence of the interest of the Sassanian dynasty in the foreing sciences, but in Syriac, as a consequence of the necessity of the theological discourse. » P. ADAMSON et R. C. TAYLOR, *The Cambridge Companion to Arabic philosophy*, Cambridge, Cambridge University Press, 2005, p. 18.

[43] Musée Cernuschi, *Les Perses sassanides, Fastes d'un empire oublié (224-642)*, Paris, Éditions Findakly, 2006, p. 78.

foisonnant et aux autres religions. La science grecque (la logique, la dialectique) devenait un des piliers du pouvoir abbasside et un concurrent de la foi islamique à la base de l'élan originel, des conquêtes irrésistibles et de la formation de l'empire. Cette infiltration progressive de la pensée grecque dans le nouvel univers islamique ne s'est pas réalisée sans heurts, sans affrontements sanglants, ni sans aller-retour en fonction des débats intellectuels et des intérêts politiques.

Raison grecque et foi musulmane

Avant d'aborder le conflit fondamental et structurant entre al-Ghazali et Averroès, il importe de revenir sur le développement de certaines étapes majeures de l'articulation entre la raison grecque et la foi musulmane. Cette imbrication constitue jusqu'à maintenant, d'ailleurs, un enjeu fondamental de l'évolution de la réflexion arabo-musulmane et un enjeu de la crise qu'elle traverse.

Dans un contexte différent, celui de la relation entre la philosophie grecque et de la pensée chinoise classique, François Jullien a souligné l'importance de la langue dans la formation de l'esprit[44]. Le grec connaît le verbe « être » et cherche à définir l'étant. Par contre, le chinois ne connaît pas le verbe « être » et la pensée se développe dans la perspective de l'équilibre entre le *ying* et le *yang*. Le premier se fonde sur une perspective de définition des éléments qui produit un effet d'exclusion et de comparaison ; le second, au contraire, s'installe dans une perspective de recherche d'équilibre toujours instable entre les éléments. Mais, ces deux langues

---

[44] François JULLIEN, *L'écart et l'entre*, Leçon inaugurale de la Chaire sur l'altérité, Paris, Éditions Galilée, 2012, p. 31s. ; Huang Yong PING et François JULLIEN, *Nos mondes en langues*, Paris, Klincksieck, 2016 ; François JULLIEN, *De l'universel, de l'uniforme, du commun et du dialogue entre* les *cultures*, Paris, Fayard, 2008 ; François JULLIEN, *L'invention de l'idéal*, Paris, Seuil, 2009.

produisent, par des approches différentes, un effet de mouvement, de recherche au-delà de l'acquis.

Qu'en est-il de la langue arabe ? Permettra-t-on à un non-arabisant de souligner que l'arabe ne connaît pas, tout comme le chinois, le verbe « être ». Mais alors que le chinois est à la recherche d'un équilibre instable entre les forces de la nature, l'arabe affirme comme valeur fondamentale l'unité, le « Un » auquel chacun doit se conformer. Ce « Un » immuable et intangible qui n'invite pas à la recherche, mais à la conformité ne pourrait-il pas être à l'origine de la stagnation subséquente de la pensée arabo-musulmane ? Quel a été l'effet, quel choc a produit l'apparition de la philosophie grecque dans l'univers mental de la société arabo-musulmane ?

Y a-t-il dans la société arabo-musulmane des éléments qui expliquent l'expansion fulgurante des premiers siècles et le repli constaté par la suite ? La difficile acceptation de l'héritage grec par le monde arabo-musulman, l'effacement de l'esprit critique devant le dogme et, en particulier, l'affirmation de l'Un comme absolu ; la suspicion à l'égard de l'innovation vécue comme une agression envers la Vérité révélée ; tous ces facteurs qui ont pu à l'origine contribuer à la grandeur de l'Islam ont-ils pu se retourner contre lui ?

Un conflit entre foi et raison

Notre étude ne porte pas sur l'ensemble de l'œuvre d'Averroès, ni sur la totalité de l'œuvre d'al-Ghazali mais uniquement sur quelques écrits plus significatifs quant à l'évolution de la pensée arabo-musulmane au contact de la philosophie grecque. La lutte fut titanesque entre les tenants de l'orthodoxie défendue par al-Ghazali et certains penseurs dont Averroès peut être le plus illustre représentant, qui privilégiaient le travail de la raison. Ce travail, Averroès le réalise non seulement dans le cadre de la philosophie spéculative, mais également, de façon concrète, par l'élaboration de règles de droit applicables à l'ensemble de la Communauté.

Le but de cette recherche est d'essayer de comprendre pourquoi le monde arabo-musulman est en crise et ce depuis l'origine : trois des quatre premiers califes, dits bien aimés, ont été assassinés. Aujourd'hui, cette crise prend encore une forme violente dont DAECH n'est que la manifestation la plus évidente. Les explications de cette situation qui semble sans issue seraient multiples : le colonialisme, le pétrole, le mépris et tant d'autres, mais elles n'ont toutes qu'un caractère limité et partiel : il n'y a pas du pétrole partout ou si peu ; d'autres sociétés se sont remises d'un passé colonial ; le mépris ne se manifeste pas qu'à l'égard des arabo-musulmans. Avec ce type d'explication, on reste à la surface de la conjoncture, à l'écume des eaux sans toucher à la profondeur du phénomène dans la durée.

Il faut chercher ailleurs. Et si l'islam ne s'était jamais remis du grand *clash* (pour employer un mot à la mode qui fait image) que fut l'apparition de la philosophie grecque dans l'univers arabo-musulman ? Si l'islam n'a pas su ou n'a pas pu assimiler la philosophie grecque ? Si le *clash* se poursuit encore aujourd'hui, comment l'expliquer et surtout comment en sortir ?

***

Nous verrons donc dans une première partie quelques étapes majeures de la réception (et du rejet) de la pensée grecque par les théologiens/juristes (*mutakallimun et ouléma*) et le développement d'une philosophie musulmane. Cette évolution des rapports entre foi et raison permettra de mieux comprendre la réaction d'al-Ghazali (1058-1111) contre ce qui peut être perçu comme une agression contre les fondements de l'Islam par les philosophes. Ce à quoi Averroès répondra que, non seulement les philosophes n'agressent pas l'islam, mais qu'au contraire, en vertu même du Coran, ils ont l'obligation de le lire, de le comprendre et de l'interpréter dans le cadre restreint des savants à l'aide de la faculté la plus noble de l'homme : la raison (Partie I : *Averroès philosophe. De la religion à la philosophie).*

Dans la seconde partie, nous verrons comment, de façon systématique, Averroès développe sa philosophie réservée à une élite avant de tenter de transposer ses idées dans le droit (la charia) essentiel en Islam pour tous les membres de la Communauté (Partie II : *Averroès juriste. De la philosophie au droit).*

Partie I
Averroès philosophe : de la religion à la philosophie

Le conflit entre l'islam et la philosophie, entre le dogme et la raison n'eut pas existé sans la découverte de la pensée grecque par les théologiens-juristes (*mutakallimun*) qui structuraient la nouvelle religion musulmane dans le cadre d'un empire qui se développait à une vitesse fulgurante en assujettissant des peuples et des cultures de traditions anciennes. Il importe, dans un premier temps, d'analyser quelques étapes majeures de la rencontre de l'islam et de la pensée grecque. Celle-ci offrait à l'Islam des modes d'argumentation qui l'aidaient à assurer son hégémonie face à d'autres croyances mieux établies et fournissait au nouvel empire, conquis par les armes, les fondements idéologiques et les structures politiques et administratives pour asseoir sa pérennité.

Nous étudierons ensuite la réaction d'al-Ghazali face à la montée en influence des philosophes dont, à Bagdad au IXe siècle, il dénonce l'inconsistance dans *L'incohérence des philosophes*. En troisième section, nous verrons la réplique d'Averroès qui, deux siècles plus tard en Andalousie, se porte à la défense des philosophes et de la raison pour une meilleure compréhension de la création et du Créateur en stigmatisant les prétentions d'al-Ghazali dans *L'incohérence de l'incohérence*.

Chapitre 1
Le développement des liens entre l'Islam et la pensée grecque

La pensée grecque était investie d'un énorme prestige, mais, par rapport à l'Islam, des difficultés majeures (identification et appropriation des sources, traduction des documents) s'opposaient à une rapide intelligence de ce nouvel univers intellectuel. Ce sera le travail des premiers philosophes musulmans d'ouvrir cette voie que al-Ghazali tentera de bloquer parce qu'elle peut semer le doute dans l'esprit du Croyant.

Al-Kindi (800-870)

Al-Kindi est reconnu[45] comme le premier philosophe arabe (bien que né à Koufa, sa famille était originaire du sud de l'Arabie), ce qui ne l'a pas empêché d'être également mathématicien, médecin, astrologue, alchimiste et traducteur. C'est à ce dernier titre, dans le cadre de l'immense effort de traduction de la Maison de la sagesse (*Bayt al hikma*), soutenu par le pouvoir abbasside et dont il fut un des animateurs, qu'il prit connaissance des auteurs grecs classiques. Son objectif n'était pas seulement d'assimiler les connaissances et la culture grecques, mais, plus encore, de les perfectionner

---

45 Peter ADAMSON, *Al-Kindi*, New York, Oxford University Press, 2007, p. 3. Mais dans une chronologie des principaux philosophes de tradition arabique, Al-Kindi ne serait que le neuvième ou dixième selon *The Cambridge Companion to Arabic Philosophy*, page xv (Ed. P. Adamson et Richard C. Taylor).

dans le cadre de la civilisation arabo-musulmane en plein essor. Cette connaissance et ce perfectionnement se réalisent par la raison :

> *Pour que cela soit évident, il faut savoir que les hommes, grâce à leur nature et l'usage de la raison, reçoivent un savoir ou une croyance sur la conjonction des choses. Ils conçoivent une volonté et un désir pour les choses qui leur paraissent bonnes et appliquent leur libre arbitre sur celles qui peuvent parfois se produire*[46].

La science étrangère, c'est-à-dire, celle reçue des Grecs, peut donc être utilisée au profit des savoirs arabes et musulmans traditionnels. Cette ouverture, Al-Kindi l'exprime dans un passage célèbre de la *Philosophie première* :

> *Il convient que nous ne rougissions pas de trouver que le vrai et le beau, d'acquérir le vrai d'où qu'il vienne, même s'il vient de races éloignées de nous et de nations différentes ; pour qui cherche le vrai, rien ne doit passer avant le vrai – le vrai n'est pas abaissé ni amoindri par celui qui le dit ni par celui qui l'apporte, et nul ne déchoit du fait du vrai, mais chacun en est ennobli. Il est donc bon, si nous désirons perfectionner notre espèce, étant donné que le vrai l'exige, de nous en tenir dans ce livre à ce qui a été nos habitudes dans tous les sujets que nous avons traités : ce que les Anciens ont dit complètement, l'exposer selon la voie la plus directe et la plus aisée à emprunter pour ceux qui la prennent ; ce qu'ils n'ont pas dit complètement, le compléter en suivant la coutume de la langue et l'usage du temps, à la mesure de notre capacité et malgré le défaut qui résultera pour nous de l'impossibilité de nous étendre dans un discours qui défera les nœuds embrouillés des difficultés*[47].

---

46 Al-KINDI, De Radiis, *Théorie des arts magiques*, traduit et présenté par Didier Ottaviani, Paris, Éd. Allia, 2003, p. 28-29.
47 Al-KINDI, *Philosophie première*, in RJH, p. 13.

On ne saurait, avec plus d'humilité, annoncer les affrontements entre le savoir des Anciens (Grecs), la coutume de la langue arabe et les usages du temps de l'Empire abbasside ou les conflits entre foi et raison qui marqueront l'évolution de la pensée arabe.

Ces controverses furent avivées et amplifiées par deux évènements dont fut témoin Al-Kindi et auxquels il participa sans doute : premièrement, le développement du mouvement mutazilite à partir du début du VIIIe siècle et son épanouissement jusqu'à devenir, en 827, sous al-Mamun jusqu'en 848-849, sous al-Mutawakkil, religion d`État. Le second événement, sans doute pour mettre les textes grecs à la disposition des philosophes arabo-musulmans, fut, en 832, la fondation de la Maison de la sagesse (*Bayt al-hikma*), par le même calife abbasside al-Mamun.

La fondation de la Maison de la Sagesse a permis de créer un centre culturel sans équivalent, qui comprenait une bibliothèque rassemblant tous les manuscrits (grecs, persans, indous) que le calife avait pu récupérer au fil de ses conquêtes ; des salles de travail pour les traducteurs dont la mission était de rendre ces documents disponibles pour les arabophones et ainsi favoriser la connaissance des œuvres des auteurs qui avaient illustré des empires désormais soumis aux armées arabes. Les califes abbassides, issus d'une tradition bédouine et religieuse, maintenant à la tête d'un empire immense, ne disposaient pas de la culture, ni des connaissances acquises par des peuples qui avaient depuis longtemps l'expérience de l'exercice du pouvoir impérial dans un contexte multiculturel. Ils purent les trouver chez certains des peuples qu'ils avaient conquis, et notamment chez les Perses.

L'accès, notamment, à la pensée grecque provoqua un véritable séisme dans la société abbasside : la pensée des philosophes grecs remettait en cause les fondements de la société bédouine arabe devenue culturellement musulmane qui était structurée par les pratiques traditionnelles des diverses tribus arabes, installées hors des villes conquises, et par l'influence du Coran et de la Sunna[48]. À une certaine époque, la raison sembla même pouvoir s'imposer au détriment du dogme. Sans doute séduit par la nouveauté et la profondeur de la pensée grecque, mais contre la volonté des oulémas orthodoxes majoritaires, et peut être même, à l'encontre des intérêts du pouvoir politique, le calife reconnu le mutazilisme comme idéologie officielle.

Les mutazilites (827-850)

L'émergence du mouvement mutazilite à partir du début du VIIIe siècle et sa reconnaissance officielle pendant plus de vingt-cinq ans sous trois califes successifs, de al-Mamoun en 827 à al-Mutawakkil en 848-849, marque pour une brève période le triomphe de la raison sur la foi, le triomphe de la responsabilité individuelle sur l'omni présence du dogme et la pression sociale de la Communauté qui est la meilleure et

---

[48] Benmakhlouf souligne la continuité entre le savoir philosophique et le savoir prophétique pour Al-Kindi : « De la parole inspirée à la parole argumentée, il y a plus de continuité que de rupture, la différence de style n'est pas une différence quant à la vérité, c'est une différence dans les formes de transmission de la vérité. La vérité reste une et la même. » Ali BENMAKHLOUF, *Pourquoi lire les philosophes arabes*, Paris, Albin Michel, 2015, p. 48. Bien que la vérité demeure la même, il faut reconnaître que dans l'Islam elle est reçue et intangible alors pour les Grecs elle est l'objet d'une recherche permanente. Pour un avis contraire : « La première chose qu'il faut en effet noter, c'est la formidable *rupture* entre les anciennes traditions philosophiques grecques et les sujets discutés dans les premiers siècles de l'hégire. Bien que nous soyons très mal renseignés, nous ne discernons pas la moindre trace de continuité entre les différentes tendances universitaires grecques et la pensée islamique des débuts. Un nouveau départ s'explique en grande partie par la nouveauté de la civilisation islamique comme phénomène historique ». Marwan RASHED, *Les débuts de la philosophie moderne, in* Les Grecs, les Arabes et nous, *Enquête sur l'islamophobie savante*, Paris, Fayard, 2009, p. 128.

ne peut être dans l'erreur[49]. Les mutazilites soutenaient que le Coran est créé contrairement à la position orthodoxe d'un Coran incréé descendu du ciel par l'ange Gabriel et, surtout, ils soutenaient que l'homme est lui-même libre, créateur de ses actes et donc responsable. L'homme est donc souverain, doué d'une volonté autonome ; l'homme est un véritable sujet qui a une existence indépendante de la Communauté.

Les mutazilites constituent donc non seulement des dissidents au sein de l'Islam, mais ils expriment une pensée hérétique, révolutionnaire incompatible avec l'orthodoxie. Un tel revirement idéologique, sans doute inspiré par un désir de connaître, mais qui dut néanmoins être imposé par le pouvoir politique, provoqua des affrontements et des abus qui suscitèrent une réaction proportionnée. Les mutazilites furent violemment contestés par les tenants d'un islam qui commençait à se fixer. Le rejet du mutazilisme fut provoqué par les forces les plus conservatrices de l'islam, entraînées par Ahmed Ibn Hanbal (780-855), fondateur de l'école juridique la plus restrictive. En un sens, la défaite des mutazilites, à l'époque du plus grand rayonnement de l'Empire abbasside, marque une première « fermeture de la porte de l'*ijtihad* » qui conditionnera et limitera le développement de la philosophie islamique de façon définitive. Le rejet du mutazilisme et le triomphe de l'orthodoxie religieuse apparaissent aujourd'hui comme un signe prémonitoire de la condamnation et de l'exil d'Averroès. À Bagdad dans la première moitié du IXe siècle comme à Cordoue au XIIe siècle, ainsi que dans l'ensemble du monde arabo-musulman, les intérêts communs du pouvoir politique et des autorités religieuses ont produit les mêmes effets : « le parti religieux réussit à chasser le parti philosophique[50]. »

---

49 Albert N. NADER, *Le système philosophique des Mu'tazila (premiers penseurs de l'islam)*, Beyrouth, Dar el-Machreq, 1984.
50 Ernest RENAN, *Averroès et l'averroïsme*, Paris, Maisonneuve & Larose, 2002, p. 35, 39.

Mais le triomphe de l'orthodoxie ne fut pas absolu et la philosophie grecque continua d'influencer le développement de la pensée arabo-musulmane, quoique de façon marginale, dans une ère de tolérance toujours sujette à condamnation et à l'exil pour ses promoteurs. La carrière d'al-Farabi (872-950), illustre bien cette évolution.

Al-Farabi (872-950)

Présenté comme le Second Maître, après Aristote, ou comme le premier philosophe du monde musulman[51], il opère une synthèse entre la Révélation islamique et la philosophie grecque traduite et connue en son temps. Quoique profondément musulman, il établit une distinction nette entre foi et raison dans la poursuite du bonheur dès le premier paragraphe de son traité sur le sujet :

> *Il y a quatre sortes de choses humaines par lesquelles les nations et les citoyens des cités atteignent le bonheur terrestre en cette vie et le bonheur suprême dans la vie à venir : les vertus théoriques, les vertus délibératives, les vertus morales et les arts pratiques*[52].

La religion, dès le départ, n'est pas incluse dans les « choses humaines » qui mènent au bonheur. Al-Farabi devient ensuite plus explicite sur la prévalence de la philosophie sur la religion :

> *Là où la philosophie donne une explication fondée sur la saisie intellectuelle ou la conception, la religion donne une explication fondée sur l'imagination… En outre, à tout ce dont la philosophie donne une explication démonstrative la religion donne une explication fondée sur*

---

[51] Olivier SEDEYN, *Présentation*, *Al-Farabi*, *De l'obtention du bonheur*, Paris, Éditions Allia, 2005, p. 9.
[52] *Ibid.*, p. 17.

des arguments persuasifs. Enfin, la philosophie est antérieure à la religion dans le temps[53].

L'homme doit par lui-même, sans le secours de la religion, mais par l'exercice de ses facultés délibératives, se fixer une fin et ensuite découvrir les moyens les plus appropriés pour l'atteindre. Ce n'est pas la religion qui fixe la fin, mais c'est au contraire « la dialectique et la rhétorique [qui] ont pour cette raison acquis une valeur immense en ce qu'elles permettent de vérifier les opinions de la religion auprès des citoyens, de les examiner[54]. »

> *La faculté délibérative ne découvre des choses que dans la mesure où on les considère comme utiles pour atteindre une fin, réaliser quelque chose. Celui qui délibère pose en premier lieu la fin devant lui et ensuite il recherche les moyens par lesquels cette fin et ce but peuvent être réalisés. La faculté délibérative est la plus parfaite lorsqu'elle découvre ce qui est le plus utile pour parvenir à ces fins*[55].

La poursuite du bonheur aussi bien dans sa vie privée que dans la cité trouve son accomplissement le plus harmonieux lorsque le philosophe, le sage et le législateur s'incarnent dans la même personne. La délibération sur les fins par le philosophe trouve son expression concrète dans l'œuvre du législateur, dans le droit juste[56]. C'est dans ces conditions que

---

53 AL-FARABI, *De l'obtention du bonheur*, Paris, Éditions Allia, 2005, p. 84, 85.

54 AL-FARABI, *Philosopher à Bagdad au Xe siècle*, présentation A. Benmakhlouf, trad. de S. Diebler, glossaire par P. Koetschet, Paris, Seuil, 2007, p. 55.

55 *Ibid.*, p. 49.

56 « L'art du *fiqh* est ce par quoi l'homme peut déduire la prescription de quelque chose que le fondateur de la Loi n'a pas explicitement déterminé, à partir de celles qu'il a expressément déterminées et prescrites. » AL-FARABI, *Le recensement des sciences, (al-Ihsâ)*, texte, traduction et commentaires par Amor Cherni, Paris, Albouraq, 2015, p. 208.

le bonheur de la cité peut le mieux se réaliser. Averroès soutiendra une position similaire qui lui vaudra le même sort qu'al-Farabi : condamnation et exil.

Que le bonheur puisse se réaliser par l'exercice des facultés délibératives devait apparaître totalement inadmissible et même hérétique aux yeux des disciples de Ibn-Hanbal qui, quelques années plus tôt, avait fait triompher la foi sur la raison des mutazilites. Ce conflit foi/raison peut expliquer pourquoi, en 942, al-Farabi dut quitter Bagdad[57]. La pénétration de la philosophie grecque en terre d'islam et l'impossibilité d'harmoniser les tensions et les confrontations provoquaient des affrontements qui, lorsqu'ils s'exprimaient dans des cercles restreints, pouvaient être tolérés par le pouvoir, mais, lorsqu'ils débordaient dans l'espace public, entraînaient l'exil ou pire encore pour ceux qui troublaient l'ordre public. Les facultés délibérantes trouvent là une de leurs limites : ne pas remettre en question la cohésion de la Communauté et l'autorité du calife.

Même si « L'Être premier est la Cause première de l'existence de tous les êtres. » Même si « Le Premier est aussi Vérité ». Même si « L'Être Premier a la Grandeur et la majesté dans son essence même » et même si « Le Premier est juste, et la Justice est dans Sa Substance[58] » l'iman, le premier maître de la cité idéale doit avoir douze qualités (le second maître six) qui sont indépendantes de la piété et de la connaissance du Coran. La réalisation et la conduite de la Cité idéale, même si elle préfigure la Cité idéale dans l'au-delà, ne dépend en aucune façon de la religion ou de la piété de l'iman[59]. L'imam par son imagination et par son intelligence, conscient que « L'Être Premier est la cause

---

[57] Al-FARABI, *Épitre sur l'intellect*, Introduction, traduction et commentaires de Philippe Vallat, Paris, Les Belles Lettres, 2012, p. XLIX, LVIII.

[58] Al-FARABI, *Traité des opinions des habitants de la cité idéale*, Introduction, traduction et notes par Tahani Sabri, Paris, Vrin, 1990, p. 43, 51, 55, 59.

[59] *Ibid.*, p. 109s.

première de l'existence de tous les être », « devient intelligent du divin[60]. » La Cité idéale, expression du bien commun, n'a de sens pour al-Farabi qu'eu égard à l'Être Premier, mais l'homme, avant tout l'imam, peut la réaliser par son imagination et sa raison, sans que la révélation coranique n'entre en ligne de compte.

Mais, pour al-Farabi, cette intelligence du divin s'accompagne d'un réalisme, pour ne pas dire d'un machiavélisme surprenant dans la conduite des affaires de la cité idéale : « Mais ce qui est premier dans la nature c'est la recherche de la justice, et la justice c'est vaincre. La justice c'est le fait de dominer ce qui se présente [...]. L'asservissement du vaincu par le vainqueur est aussi de la justice [...][61] ». Bien plus, cette Cité idéale (cité vertueuse et nation vertueuse) peut avoir des religions différentes, « alors que toutes tendent vers la même félicité et vers les mêmes buts[62]. »

De tels propos devaient entraîner pour al-Farabi, personnellement, un désaveu radical suivi de l'exil et, dans l'ensemble de la société, une réaction contre l'influence excessive de la pensée grecque, en faveur d'un retour aux sources de l'islam exprimé de façon exemplaire par al-Ghazali.

Al Ghazali (1058-1111)

Al-Ghazali naît à Tus au Khorasan et vit pendant une époque particulièrement trouble du califat abbasside : le califat de Bagdad est contesté par les Fatimides (909-1171) chiites au Caire et par les Omeyyades (929-1030) à Cordoue. La réalité du pouvoir est accaparée successivement par les Bouyides d'Iran et les Turcs (les Seljoukides), ne laissant

[60] *Ibid.*, p. 43, 108.
[61] *Ibid.*, p. 128.
[62] *Ibid.*, p. 122.

qu'un pouvoir nominal au calife ; Tolède tombe aux mains des chrétiens lorsqu'il a huit ans, en 1061 ; la première croisade est prêchée en 1096 et Jérusalem est conquise en 1099, alors qu'il a quarante et un ans[63].

Ghazali est lui-même un homme inquiet de cette évolution et curieux des transformations à venir. En contrepartie de cette situation trouble, pour Arnaldez, « Ce qui caractérise essentiellement Ghazali, c'est le besoin de certitude[64]. » Al-Ghazali a consacré sa vie à la recherche de cette certitude, de la Vérité qu'il trouvera dans le message divin du Coran.

Après des études à Tus et à Nichapour sous la direction de Al-Juwayni et une première initiation au soufisme, al-Ghazali est appelé, après avoir démontré sa supériorité, à la direction de la célèbre Nizamiyya de Bagdad où il enseigne de 478 à 488. À la suite de l'assassinat de son protecteur et vizir, Nizam al-Mulk, et insatisfait du résultat de son travail, il se retire alors consacrant sa vie à la recherche de la vérité, à la piété, à l'étude. À l'invitation de Fakhr al-Mulk, fils de Nizam et également vizir, il renoue brièvement (499-500) avec l'enseignement à Nichapour où il rédige *Erreur et délivrance* (*Al-munqid min adalal*). Il se retire définitivement à Tus où il anime un monastère pour soufis auquel il consacre ses dernières énergies. Il meurt en 505[65].

Erreur et délivrance est publié à la fin de onze ans de réflexions qui consacrent son engagement définitif dans le soufisme à la suite d'une démarche exigeante : « Tu voudrais

---

[63]AI-GAZALI, *Lettre au disciple*, trad. T. Sabbagh, Intro. G. H. Scherer, Beyrouth, Commission libanaise pour la traduction des chefs-d'œuvre, 1969, p. XI.

[64] Roger ARNADEZ, *Les grands traits de la pensée et de l'œuvre de Ghazali*, *in* «*Ghazali, la raison et le miracle*», Table ronde UNESCO, Paris, Maisonneuve & Larose, 1987, p. 3.

[65] Al-GHAZALI, *Al-munqid min adalal* (*Erreur et délivrance*), trad., intro. et notes par F. Jabre, Beyrouth, Commission libanaise pour la traduction des chefs-d'œuvre, 1969, p. 15-25.

que je te dise ce que j'ai enduré pour dégager le vrai de la confusion des tendances [...]. Tu veux connaître l'audace qu'il m'a fallu pour m'élever de la plaine du conformisme jusqu'aux hauteurs de l'observation[66] ». Les difficultés d'al-Ghazali sont à la mesure de son but : « connaître les réalités profondes des choses ; [...] saisir l'essence de la connaissance. Or la science certaine est celle dont l'objet connu se révèle sans laisser de place au doute, sans qu'aucune possibilité d'erreur ou d'illusion ne l'accompagne[67]. »

Ce genre de science certaine ne pourrait, à ce moment, être atteint, pour al-Ghazali, que par les données sensibles et les nécessités de la raison. Mais à l'examen des astres et de l'ombre, il constate, au point d'en perdre la foi, que la raison peut l'induire en erreur, au point de se demander si la vie ici-bas ne serait pas qu'un songe. Il se pose alors la question : « Mais peut-être y a-t-il, au-delà de la raison, un autre jugement dont l'apparition convaincrait d'erreur la raison elle-même, tout comme celle-ci le fit pour les sens[68] ? » La réponse lui vient de Dieu qui le guérit et rétablit sa santé et son équilibre mental.

> *Les données rationnelles nécessaires redevinrent acceptables ; j'eus confiance en elles ; je m'y retrouvai en sécurité et dans la certitude. Je n'y suis pas arrivé par des raisonnements bien ordonnés, ou des discours méthodiquement agencés, mais au moyen d'une lumière que Dieu a projetée dans ma poitrine. Cette lumière-là est la clef de la plupart des connaissances. Celui qui croit dans le « dévoilement du vrai » est le fruit d'arguments bien ordonnés, rétrécit l'immense miséricorde divine [...]. Celui que Dieu veut diriger, il lui ouvre la poitrine de l'Islam [...]. C'est une lumière que Dieu projette dans le*

66 *Ibid.*, p. 57.
67 *Ibid.*, p. 61 s.
68 *Ibid.*, p. 64.

cœur. C'est à cette lumière que la révélation doit être demandée : elle jaillit en certaines circonstances, du fond de la bonté divine[69].

C'est fort de cette conviction qu'al-Ghazali examine les propositions de diverses catégories de chercheurs. Dans la scolastique musulmane (*le kalam*), il ne trouve pas « une science qui correspond à ses propres fins » et qui ne vise qu'à préserver la foi orthodoxe. Il n'est pas plus acceptable de s'en remettre à l'attitude des intérioristes (*batiniyya*) qui s'en remettent à l'enseignement d'un maître (*Imam*) réputé infaillible, alors qu'il n'y en a qu'un, le Prophète Mahomet[70]. Une telle démarche ne vise qu'à faire accepter « au vulgaire et aux esprits faibles » de renoncer à chercher par eux-mêmes pour s'en remettre à un maître. Enfin, la philosophie dont Ghazali a sondé « les profondeurs et les périls » avant de « se rendre compte, indubitablement, de son contenu d'hérésie et d'illusions, aussi bien pratiques qu'imaginaires. » La philosophie ne serait que contradiction entre les uns et les autres, sans pouvoir atteindre à la Vérité. Pour al-Ghazali, Avicenne et al-Farabi doivent être tenus pour des hérétiques[71]qui ont contribué à répandre la pensée d'Aristote et à semer la confusion. En effet, pour al-Ghazali, « la seule raison ne saurait élucider tous les problèmes, résoudre toutes les difficultés ».

Face à tant de faux prophètes, al-Ghazali est rentré en lui-même. Il a découvert que ses enseignements n'étaient pas tendus vers Dieu, mais inspirés par la recherche de la gloire et de la renommée ; il est au bord branlant d'un précipice ; il faut changer de vie[72]. Admettre qu'au-delà de la raison, il existe une faculté de vision, un troisième œil, qui permet de voir ce qui est caché, de percevoir des phénomènes qui

---

69 *Ibid.*, p. 66.
70 *Ibid.*, p. 87.
71 *Ibid.*, p. 73, 111.
72 *Ibid.*, p. 97.

échappent à la raison. Wensinck décrit ainsi l'évolution d'al-Ghazali :

> *Ghazali devait vider le calice du doute jusqu'à la lie. Il traversa une dépression qui dura deux mois. Alors Dieu lui rend santé mentale, non pas, comme il le dit lui-même, par la voie de la démonstration, mais par la lumière divine qui commença à se répandre dans son cœur*[73].

Pour l'iman al-Ghazali « l'homme ignore qu'il possède une faculté de connaissance universelle supérieure à la raison[74]. » Il faut remarquer qu'al-Ghazali évite de parler de la raison si ce n'est pour réduire sa puissance de compréhension par rapport à l'intellect, à l'intellect qui serait la seule faculté qui permet d'accéder réellement à la vérité.

> *Toute l'actualité des enseignements de l'imam Ghazali réside dans cette capacité à concilier la profondeur de la foi avec la noblesse de l'intelligence, toutes mises au service de la recherche de la Vérité dans la Connaissance de Dieu et du monde, ainsi que dans la pratique des sciences religieuses. De ce point de vue, on comprend, après avoir reconnu les limites de la raison ainsi que le contenu intellectuel de la foi, qu'il ne saurait y avoir quelques opposition ou contradiction entre la première et la seconde*[75].

> *Mais la logique n'a pas le pouvoir de fournir à la pensée les éléments qui, maniés selon les règles nécessaires, l'amènerait à saisir avec certitude la Vérité*[76].

---

73 A. J. WENSINCK, *La pensée de Ghazzali*, Paris, Librairie d'Amérique et d'Orient Adrien-Maisonneuve, 1940, p. 105.

74 AL-GHAZALI, *Le livre de la science*, présentation et traduction par J. Abd-al-Wadoud Gouraud, Paris, Albourak, 2009, p. 21.

75 *Ibid.*, p. 20.

76 *Ibid.*, p. 19.

Pour al-Ghazali, l'homme n'est pas créé d'un corps et d'un esprit, mais « avec un corps et un cœur » et « la foi en la Prophétie, c'est la certitude de l'existence d'une zone supra rationnelle, où s'ouvre un "œil" doué d'une perception particulière. L'intellect en est exclu, [...] et tous les sens, de celle des données rationnelles[77] ». Si le savoir possède « une excellence qui le place au-dessus de toutes les autres qualités » et qu'il faille « le chercher jusqu'en Chine », pour le trouver, il faut éviter « le piège d'un discours de la raison qui chercherait à accaparer la place de l'intelligence » pour s'en remettre au cœur[78]. Von Grunebaum synthétise bien cette évolution :

> *Vers la fin de ce même siècle (le Xᵉ), la théologie fit un pas décisif en garantissant à la religion émotionnelle sa propre place dans la structure de l'orthodoxie. Al-Ghazali (1111), qui désapprouve la signification religieuse des subtilités légales et de la finesse scolastique, se prononça pour un renouveau de la ferveur religieuse venant de l'expérience du cœur. Il ne renonça pas aux principes de la loi islamique, mais il interpréta à nouveau cette loi comme un guide et un moyen pour l'âme de travailler à son salut, en prenant part au secret divin, accessible seulement quand on l'approche avec l'ardent désir et la crainte intense de l'amour du Seigneur*[79].

Dans cette perspective, l'affrontement avec les philosophes, « ces esprits abusés[80] », notamment Avicenne et al-Farabi, ne pouvait être que frontale et marquer de son empreinte l'évolution de la pensée arabo-musulmane. Pour

---

77 AL-GHAZALI, *Erreur et délivrance*, *op. cit.*, p. 108 et 116.

78 AL-GHAZALI, *Le livre de la science*, *op. cit.*, p. 46, 53, 20.

79 Gustave E. Von GRUNEBAUM, *L'Islam médiéval, Histoire et civilisation,* Paris, Payot, 1962, p. 152.

80 AL-GAZALI, *Lettre au disciple* (*Ayyuha 'l-walad*), Trad. T. Sabbagh, Intro. G. H. Scherer, Beyrouth, Commission libanaise pour la traduction des chefs-d'œuvre, 1969, p. 6.

al-Ghazali, « L'essentiel est de rétablir la santé du croyant, de la mettre à l'abri du prestige du discours philosophique, de lui rendre la certitude de la foi [...] en sauvant les croyants de l'hésitation et du doute[81]. » Al-Ghazali aura réussi au-delà de tout espoir à chasser le doute au point où son rôle historique serait « allé dans le sens de la pétrification » de la société, ce qui aurait empêché les musulmans de devenir un peuple de Galilée et de Newton[82]. Pour Ali Mezghani, al-Ghazali fut le « philosophe fossoyeur de la philosophie, *Mutakalim* – théologien hostile à la raison, *uçuliste* orthodoxe et *faqih* rigoriste[83] ». La critique radicale de la philosophie par al-Ghazali entraîna un repli sur la théologie suite au bannisse-ment de la philosophie avec des effets désastreux sur l'évolution du monde arabo-musulman : les lumières de l'esprit critique n'irriguaient plus sa pensée et ses réactions face à l'évolution du monde.

La réplique aux attaques d'al-Ghazali contre les philosophes devait venir de l'extrémité occidentale du monde arabo-musulman, d'al-Andalous, lui-même soumis à de violentes turbulences.

Le Magrib Al-Aqsa malikite sous influence berbère, Almoravide (1086-1147) et Almohade (1147-1269)

La fin du Califat omeyyade de Cordoue (929-1031) entraîna, à la suite de divisions politiquement désastreuses (perte de Tolède en 1085) de la Communauté arabe en Reyes

---

81 ARNALDEZ, *op. cit.*, p. 7, 8.

82 Souleymane Bachir DIAGNE, *Comment philosopher en islam ?*, Paris, Philippe Rey et Jimsaan, 2014, p. 71s.

83 Ali MEZGHANI, *Abdelwahab Meddeb : l'intellectuel, l'esthète, l'impatient et le droit*, *in Abdelwahab Meddeb, le proche et le lointain*, Paris, Al Manar, 2016, p. 72.

de Taïfas (1031-1086)[84], l'intervention de Berbères du Maroc dans les affaires d'al-Andalous. D'abord les Almoravides (1086-1147), puis les Almohades (1147-1269)[85]. C'est sous ces deux empires berbères, surtout le second, qu'Averroès vécut (1126-1198).

L'intervention des Almoravides[86]et des Almohades en al-Andalous répondait évidemment à des préoccupations militaires, mais également à des considérations religieuses. Formés dans des *riba* (couvents militaires), les Almoravides entendent purifier la religion et engager le *djihad* contre les chrétiens et leurs alliés, mais leur brutalité et leur sectarisme empêchent, après quelques victoires (Zallaca, 1086), toute collaboration réelle entre eux et les princes arabes andalous qui s'allient rapidement aux Almohades qui représentent la nouvelle force montante[87].

De retour d'Orient, Ibn Tumert, chef des Almohades, prêche une vie meilleure et la rénovation de la foi. C'est un véritable réformateur qui veut transmettre sa pensée au plus grand nombre ; pas question pour lui de se retirer dans une *zawiyya* comme al-Ghazali qu'il a peut-être connu à Bagdad, à la Nizamya. Il prêche l'unité de Dieu (le *tawhid*) et le retour aux sources : le Coran et la Tradition. Il impose la séparation des sexes, l'abstention de toute boisson fermentée et le refus de la musique. Il pratique et recommande à tous la pratique de l'austérité[88]. Il est un envoyé de Dieu, le Mahdi qui exerce un ascendant irrésistible sur les Berbères, surtout Masmudas,

---

84 Michel TERRESSE, *Islam et occident méditerranéen, De la conquête aux ottomans*, Paris, CTHS, 2001, p. 115 s. Pascal BURESI et Medhi GHOUIRGATE, *Histoire du Maghreb médiéval*, Paris, Cursus et Armand Colin, 2014, p. 29s.

85 Pierre GUICHARD, *Al-Andalus 711-1492*, Paris, Le grand livre du mois, 2006, p. 151.

86 IBN KHALDUN, *Histoire des berbères et des Dynasties musulmanes de l'Afrique septentrionale*, Berti Éditions, Alger, 2003, p. 282s.

87 BRIGNON, Jean et al., *Histoire du Maroc*, Paris, Hatier, 1968, p. 86 s.

88 Mehdi GHOUIRGATE, *L'Ordre almohade (1120-1269)*, Toulouse, Presses universitaires du Mirail, 2014, p. 213.

à partir de sa mosquée de Tinmel[89]. Les Almohades veulent créer sur terre un royaume de Dieu dont les *talabas* imposent le respect des normes et des pratiques. En 1190, ils traversent le détroit et remportent en 1195 la victoire d'Alarcos qui établit leur autorité sur l'ensemble de l'Espagne musulmane[90].

C'est dans une société marquée par le malikisme que le dogme almohade s'impose. Ibn Tumert reproche aux *fouqaha* almoravides malikites « de se contenter des "fourous" ou science des applications juridiques, d'abandonner en somme l'hijtihad, principe méthodologique qui met en valeur l'effort et l'opinion personnels sans référence à un rite particulier[91]. » Malik au contraire avait de l'aversion pour les polémiques entre savants musulmans qui sèment le doute dans l'esprit et préférait soutenir l'ordre établi[92].

Dans ce monde dominé par un malékisme conservateur et la rigueur almohade, apparaît un homme, Ibn Tufayl, qui propose une interprétation à la fois naturaliste et rationnelle du développement de l'humanité et qui peut également agir comme conseiller et médecin d'un prince éclairé.

Ibn Tufayl (1105-1185)

C'est donc dans un contexte de restauration de la rigueur religieuse par les Almohades que l'œuvre d'Ibn Tufayl marque un tournant dans l'évolution de la pensée en al-Andalous. Son importance est significative pour l'ensemble de la communauté musulmane et, de façon plus spécifique pour Averroès. Ibn Tufayl apparaît en effet, à la fois, comme

---

89 Hamid TRIKI et al., *TINMEL, l'Épopée Almohade*, Fondation ONA, 1992, p. 26. GHOUIRGATE, *op. cit.*, p. 416.

90 IBN KHALDUN, *op. cit.*, p. 506.

91 TRIKI, *op. cit.*, p. 60.

92 Mohammad Abou ZAHRA, *L'imam Malik, sa vie et son époque, ses opinions et son fiqh*, Paris, Al Qalam, 2007, p. 133.

un prédécesseur de la pensée rationaliste, et comme un protecteur d'Averroès dans les cercles du pouvoir andalous.

À partir de 1154, Ibn Tufayl agit à titre de conseiller et de médecin du sultan almohade Abou Yacoub Youssouf, chef éclairé des Croyants d'Occident, puis, à partir de 1182, de son fils et successeur Abou Youssouf Yacoub, le célèbre, El Mansour[93]. Ibn Tufayl introduit Averroès auprès du sultan dont il devient le médecin en 1182, qui lui demande, convaincu de son intelligence et de sa sagesse, de traduire les œuvres d'Aristote, pour remédier aux lacunes des traductions existantes. La proximité du pouvoir politique et la traduction et le commentaire des œuvres d'Aristote marquent un tournant dans la carrière d'Averroès et plus encore dans l'histoire des idées dans tout l'Occident.

L'œuvre de Ibn Tufayl nous est peu connue, sauf pour son roman *Le philosophe autodidacte*[94] dont Hayy le héros né, sans père ni mère ou de parents qui l'ont abandonné, se retrouve sur une île déserte où il découvre par lui-même les nécessités de la vie et la grandeur et les misères de l'homme dans la nature. Dans une première étape de sept ans, qui sera suivie de six autres, l'enfant est nourri par une gazelle qui a perdu son faon. Vivant au milieu du troupeau de gazelles, il fait l'expérience de sa nudité, de la diversité de la nature et de la dextérité de sa main.

Au décès de la gazelle qui l'avait allaité et élevé, il a l'appréhension de l'existence d'une « chose qui, selon sa conviction, y (dans le corps) demeurait un temps et le quittait ensuite. Il concentra donc sa pensée sur cette seule chose, se demandant ce qu'elle était [...][95] ». Après réflexion et après avoir constaté que sa mère (la gazelle) qui l'avait allaité jusqu'à son décès, ce n'était pas uniquement ce corps devenu inerte, « son affection se détourna alors du corps

---

93 Philippe SENAC, *Al-Mansur, Le fléau de l'an mil*, Paris, Perrin, 2006.

94 IBN TUFAYL, *Le philosophe autodidacte*, Paris, Mille et une nuits, 159 p.

95 *Ibid.*, p. 47.

pour se porter sur le maître et le moteur du corps, et il n'eut plus d'amour que pour lui[96] ».

À l'adolescence, troisième étape de sa formation, il découvre le feu et la chaleur, la diversité des organes et l'unité des êtres, la présence d'un esprit qui, s'il quitte le corps, entraîne la mort, et donc, la prééminence de l'homme sur les animaux.

Après vingt et un ans, au début de la quatrième étape de sa formation, Hayy approfondit ses connaissances théoriques. Il constate que si les hommes ont de multiples organes, ils n'ont qu'un esprit et « c'est lui qui constituait l'essence véritable, et tous les organes n'étaient que des sortes d'instruments[97] ». Cet esprit s'ajoute au corps et lui donne son essence véritable ; « ce fut pour lui [Hayy] la première apparition du monde spirituel [98] ». Il savait également, écrit Ibn Tufayl, qu'« en vertu d'un principe nécessaire, que tout ce qui est produit exige un producteur[99] ».

Durant son cinquième septénaire, Hayy prend conscience du monde céleste, de ses limites, de sa sphéricité, de son éternité ou de sa création par un nécessaire producteur, une cause certaine.

« Lorsqu'il eut acquis, au début de la sixième étape de sa préhension du monde, la connaissance de cet être stable dont l'existence n'a pas de cause et qui est cause de l'existence de toutes choses, il [Hayy] voulut savoir par quoi il avait acquis cette connaissance, par quelle faculté il percevait cet être[100] ».

Après avoir étudié l'ensemble des éléments et surtout les animaux, il comprit qu'il possédait quelque chose de l'Être nécessaire, « et qu'il était destiné à quelque chose de grand ».

---

96 *Id.*
97 *Ibid.*, p. 56.
98 *Ibid.*, p. 63.
99 *Ibid.*, p. 70.
100 *Ibid.*, p. 84.

À la dernière étape de son apprentissage, Hayy voulut que la partie la plus noble de lui-même ressemble à cet Être nécessaire. Pour cela, il devait quitter le monde sensible qui est le monde de la pluralité et se rapprocher du monde divin qui est celui de l'Unité, jusqu'à l'absorption véritable par le complet anéantissement de la conscience de soi.

Rendu à cette étape de sa vie, Hayy fait la connaissance d'Açal qui est venu se réfugier sur son île. Les premiers contacts entre ces deux anachorètes sont difficiles, mais dès qu'ils peuvent échanger, « Açal ne douta pas que toutes les traditions de sa loi religieuse relative à Dieu, puissant et grande [...] à ses livres, à ses envoyés [...] ne fussent les symboles de ce que Hayy ben Yaqzân avait aperçu à nu [...] il voyait s'accomplir la concordance de la raison et de la tradition[101] ». Fort de cette conviction, les deux hommes décident de retourner sur l'île d'Açal pour communiquer à ses habitants la vraie valeur des choses. Hayy y essuie un échec total et décide de retourner sur son île avec Açal pour pénétrer plus profondément dans la Voie. C'est un échec politique ; le savant ne peut communiquer, et encore moins convaincre la masse qui reste prisonnière de ses pratiques religieuses.

À plus d'un titre, Ibn Tufayl apparaît comme un précurseur d'Averroès, bien que sa perspective soit souvent différente. Son héros abandonné à lui-même sur une île déserte développe une compréhension de son milieu et du monde dans une perspective naturiste, totalement indépendante de tout message religieux. Ce n'est que par ses propres efforts, par son intelligence, que Hayy parvient à sa compréhension du monde. Par la raison, il pénètre progressivement les mystères de la création. Sa raison progresse du connu vers l'inconnu, de la cause à l'effet[102] sans l'aide du Livre sacré. Il passe du règne animal à

---

[101] *Ibid.*, p. 130.
[102] *Ibid.*, p. 81.

l'homme et enfin à l'esprit et à la Cause première par le seul effort de sa raison. Dans le préambule au *Philosophe autodidacte*, Ibn Tufayl prévient son lecteur : « Sache-le : celui qui veut la vérité sans voile doit chercher ses secrets en lui-même, et faire tous ses efforts pour les obtenir [103] ». L'homme est livré à lui-même, à son intelligence et aux efforts qu'il consent pour découvrir la vérité. La raison est réhabilitée. Mais paradoxalement, si par la raison, Hayy parvient au plus haut degré de la félicité, c'est « par l'intuition du véritable, du glorieux » et le rejet des décrets de la raison qui ne sont que procédés spéculatifs « tandis que le procédé dont nous parlons est au-dessus de tout cela[104] ».

Mais tous les hommes ne sont pas dotés de la même intelligence et ne peuvent donc arriver à la même compréhension ; il y a la compréhension du vulgaire, l'opinion commode qui permet de répondre au tout-venant et l'opinion qu'on garde pour soi-même de crainte de semer le doute dans l'esprit du vulgaire[105]. Ainsi, Hayy ne réussira pas à convaincre les habitants de l'île voisine qui n'accédaient à la vérité que par des arguments d'autorité et des pratiques extérieures. Averroès reprendra cette distinction entre la masse et les gens de démonstration qui ont accès à la vérité par des modes différents, plus certains.

Dès qu'il perdit ses illusions sur l'égale excellence naturelle de tous les hommes, Hayy comprit qu'il devait s'imposer un devoir de réserve. Il reconnut qu'il y a plusieurs portes pour accéder à la vérité et qu'il y a des hommes pour chaque fonction, dont « une catégorie d'hommes moutonnière et impuissante, et que, si on les en (arguments d'autorité) détournait pour les entraîner sur les hauteurs de la spéculation, ils subiraient dans leur état un trouble profond sans pouvoir atteindre au degré des bienheureux [106] ».

---

103 *Ibid.*, p. 7.

104 *Ibid.*, p. 114.

105 *Ibid.*, p. 17s.

106 *Ibid.*, p. 138.

Averroès se heurtera lui-même à cette difficulté de la différence d'accès des membres de la *umma* à la vérité par la raison et à sa généralisation à l'ensemble de la Communauté par la science pratique du droit.

Sans surprise, mais par le seul usage de la raison (et sans doute sous l'influence de son auteur), Hayy appréhende naturellement des dogmes et des pratiques inhérents à l'islam : l'unicité et la perfection de l'esprit et a fortiori du Premier Esprit [107] , la nécessité de la propreté, de la purification par l'eau[108], la pudeur[109]. Ainsi, Hayy, ce petit sauvageon perdu sur une île déserte découvre par la raison les valeurs de l'Islam déjà affirmée par la Révélation coranique et leur donne ainsi une double légitimité, si besoin était. Par ailleurs, par la raison il va au-delà de la raison, à « la science cachée, que seuls sont capable de recevoir ceux qui ont la connaissance de Dieu [...] » et se permet même une mise en garde contre « certaines opinions malsaines apparues de notre temps, mises au jour par des philosophes de ce siècle et ouvertement exposées par eux, si bien [...] que le mal causé par elles, est devenu général[110] ». Malgré le succès de la démarche strictement rationnelle de son héros, Ibn Tufayl doit reconnaître les limites de la raison. Est-ce une concession toute formelle aux théologiens-juristes de son temps ou l'expression d'une conviction personnelle qui contredirait le sens de son œuvre ?

Ces quelques étapes de la confrontation entre les dogmes de l'islam et le rationalisme de la pensée grecque font ressortir des aspects déterminants des débats, en cours et à venir, du choc des idées. La lutte a été farouche entre les tenants d'une orthodoxie rigoureuse attachée à la pureté du dogme et ceux qui, quoique tout aussi musulman, ouvraient un espace, plus ou moins grand, à la raison, c'est-à-dire, à

---

107 *Ibid.*, p. 84, 88.
108 *Ibid.*, p. 104.
109 *Ibid.*, p. 39, 41.
110 *Id.*

l'esprit critique, à l'*ijtihad*. À cause des liens étroits entre les Autorités religieuses et le Pouvoir politique, ces affrontements ne furent jamais qu'intellectuels : le pouvoir, pour les uns et les autres, demeurait un objectif majeur, surtout pour les tenants de l'orthodoxie alors que, pour les autres, l'ouverture à l'esprit critique pouvait donner des résultats inattendus.

L'appui sur le dogme ou le pari sur la raison, se jouent dans un contexte géostratégique qu'il ne faut pas négliger : à l'est, la prise de Jérusalem par les Croisés, l'établissement d'un Califat fatimide au Caire, l'affaiblissement du Califat de Bagdad où la réalité du pouvoir passe aux Turcs créent de l'instabilité et installent le doute dans les esprits ; à l'ouest, la dissolution du Califat de Cordoue, l'anarchie des Taïfas, l'arrivée en al-Andalous des berbères Almoravides suivis des Almohades, autant de facteurs de déstabilisation.

Pour résister à tant d'assauts, vaut-il mieux se replier sur des valeurs qui ont fait le succès et la grandeur des siècles précédents ou est-il préférable de chercher des solutions innovantes pour surmonter des difficultés nouvelles ? Comment retrouver cette *assabiya* irrésistible ? Cet enjeu s'est incarné de façon paradigmatique dans le débat à distance, dans l'espace et dans le temps, entre al-Ghazali et Averroès. La compréhension de cet affrontement (et de ses conséquences) entre deux des plus illustres représentants de l'Islam, ne peut que nous aider, non pas à résoudre cette crise, mais, au moins, à en comprendre les enjeux profonds. Une crise millénaire qui concerne directement plus d'un milliard de musulmans et a des répercussions, parfois tragiques, sur l'ensemble du globe mérite qu'on en recherche les causes fondamentales qui vont bien au-delà des soubresauts de l'actualité.

Al-Ghazali lance le débat à Bagdad en 1095.

Chapitre 2
De l'incohérence des philosophes

Nous avons exposé en introduction l'évolution des frictions provoquées par l'apparition de la philosophie grecque dans l'univers culturel musulman et ensuite les transformations d'une relation toujours tendue ; un refus systémique de la philosophie malgré la présence indéracinable de la raison. Le retour à une plus saine orthodoxie avait déjà, dans un premier temps, entraîné le rejet du mutazilisme (750-850) sans pourtant réduire à néant l'influence de la pensée grecque et des philosophes.

La publication de *L'incohérence des philosophes* (1091-1095) par al-Ghazali porte le conflit à son paroxysme avec la condamnation des philosophes musulmans les plus illustres (al-Fârâbî, 950 et Avicenne, 1037) comme hérétiques et même infidèles[111]. L'accusation ne peut être plus grave, mais les accusés ne sont plus là pour se défendre. C'est Averroès qui, un siècle plus tard à partir de l'Occident, du Maghreb, assumera la défense des philosophes, et même de la

---

111 « Al-Ghazali's *Tahafut al-falasifa (The Incoherence of the Philosophers)* marks a turning point in the intellectual and religious history of medieval Islam. It brought to a head a conflict between Islamic speculative theology (*kalam*) and philosophy (*falsafa*) as it undertook to refute twenty philosophical doctrines. Seventeen are condemned as heretical innovations, three as totally opposed to Islamic belief, and those upholding them as outright infidels ». AL-GHAZALI, *The Incoherence of the Philosophers,* Provo, Utah, Brigham Young University Press, 2006, Traduction, introduction, et annotations par Micheal E. Marmura, p. XV. Voir également AL-GHAZALI, *L'incohérence des philosophes*, Traduction annotée avec étude introductive du livre par Tahar Mahdi, Paris, Edilivre, 2015, 363 p.

philosophie en général contre le dogme religieux, dans *L'incohérence de l'incohérence* (1180). Pour Averroès, la raison est un meilleur guide que la crainte sur terre et l'espérance dans l'au-delà.

Mais, au-delà du conflit général entre foi et raison, que reproche précisément al-Ghazali aux philosophes ? Nous nous en tiendrons aux accusations les plus graves, celles qui remettent en cause le dogme musulman et feraient des philosophes, même s'ils se prétendent musulmans, de véritables infidèles.

Au moment où l'Empire abbasside est secoué par des tensions violentes, aussi bien à l'intérieur qu'à l'extérieur, al-Ghazali souhaite redonner au califat toute son autorité. Une autorité qui doit être fondée sur des bases indiscutables pour entraîner l'adhésion de tous les musulmans. Cette base incontestable, à Bagdad au XIe siècle, ne peut se trouver que dans le Coran, la parole divine[112].

Les philosophes qui se fondent sur la raison ont, pour al-Ghazali, des prétentions qui leur donnent un statut équivalent, sinon supérieur, au Prophète alors qu'ils ne réussissent même pas à faire l'unité entre eux. Quel crédit accorder à une parole qui va dans tous les sens faisant fi des devoirs de chaque musulman[113] ? Comment fonder une action sur une parole qui prétend détenir une autorité certaine, fondée sur la raison, alors qu'elle est contredite en se fondant sur les mêmes prémices ? Les philosophes qui accordent la priorité à la raison seraient donc à la fois

---

112 « La synthèse du célèbre Ghazali est caractéristique des préoccupations du temps. C'est le point de vue de la pratique qui domine. Il s'agit d'unifier le monde musulman et de lutter non seulement contre les ennemis du dehors par la réfutation et l'apologétique, mais surtout contre ceux du dedans qui divisent la communauté en sectes. D'où la mise en avant de la personne du Prophète, présenté comme modèle, et plus encore du devoir d'obéissance à ses paroles. » Dominique URVOY, *Les penseurs libres dans l'Islam classique*, Paris, Albin Michel, 1996, p. 180.
113 *L'incohérence des philosophes*, p. 1s.

prétentieux et inconséquents. Al-Ghazali évite de parler de la raison pour privilégier l'intelligence du réel et « arriver à découvrir les merveilles du cœur[114] ». Au lieu de se fonder au départ sur la raison, al-Ghazali affirme son insuffisance pour n'y revenir qu'après que celle-ci ait été éclairée par la foi[115]. La raison n'est pas niée, mais encadrée par la foi ; la raison ne peut construire solidement que sur la base de la foi. Certains problèmes ne peuvent être résolus que par la foi, c'est-à-dire, par l'adhésion plutôt que par la compréhension. Pour maintenir l'ordre public, « pour sauver la religion, il faut lutter en tout contre la raison comme valeur absolue, détruire la validité de la pure raison[116] ». La raison humaine est insuffisante pour pleinement saisir la réalité ; elle doit être purifiée par la foi afin que par l'adhésion du cœur, le musulman s'imprègne de la Vérité. Dieu se révèle d'abord au cœur du musulman et non à sa raison[117].

---

[114] G. QUADRI, *La philosophie arabe dans l'Europe médiévale, des origines à Averroès*, Paris, Payot, 1947, p. 137.

[115] *Ibid.*, p. 133.

[116] *Ibid.*, p. 131.

[117] Cette perspective qui peut apparaître surprenante aujourd'hui, est pourtant reprise par le philosophe Ali Benmakhlouf pour qui, « Mieux vaut parler d'intellect. Car si la raison, dans un cadre cartésien, est de part en part humaine, nous sommes aujourd'hui dans une ère post-cartésienne. L'intellect, lui, n'est pas spécifiquement humain. Nous avons déjà expliqué en quoi cet intellect est divin, au sens de transcendant, au sens d'un élément éternel : il est cet intellect qui pense toujours, n'est distrait par rien, reçoit les intelligibles et les produit. Aussi, concilier la loi divine avec l'intellect divin ne pose pas de problème. » Concilier le divin avec le divin ne pose évidemment pas de problème mais, comme le reconnaît A. Benmakhlouf quelque lignes plus loin, « reste à concilier, en revanche, la "loi divine" avec "la sagesse" venue des Grecs, une sagesse païenne ». Ali BENMAKHLOUF, *Pourquoi lire les philosophes arabes ?,* Paris, Albin Michel, 2015, p. 154s. Si nous sommes sortis d'une ère cartésienne où la raison dominait, sommes-nous entrés dans une ère nouvelle où la compréhension du monde se fait par l'imprégnation du divin dans le cœur de l'homme ? Ne sommes nous pas plutôt rentrés dans une ère freudienne ?

Une première remarque s'impose puisqu'elle aura un impact déterminant sur l'évolution de l'ensemble de la pensée arabo-musulmane. Al-Ghazali ne s'adresse qu'aux musulmans[118]. Son objectif est de rétablir l'islam dans sa pureté originale qui a été dévoyée par les philosophes dont la diversité des opinions a semé le doute dans l'esprit des croyants. De Bagdad, centre du pouvoir politique et religieux, où il vit dans une société musulmane homogène (quoique divisée entre factions), al-Ghazali cherche la Vérité fondée sur la foi qui unira et renforcera la Communauté. Averroès, tout aussi bon musulman, s'appuyant sur un héritage religieux incontesté, cherche sur ce fondement à découvrir, par la raison, le véritable sens du Message prophétique. Les philosophes peuvent arriver à des interprétations divergentes, mais l'affrontement de ces diverses opinions permettra de faire triompher une vérité. La vérité religieuse peut éventuellement être différente de la vérité philosophique, mais ce conflit ne peut résulter, selon Averroès, que d'une mauvaise compréhension de la religion. En effet, la vérité ne peut être contraire à la vérité ; il ne peut y avoir deux vérités. La raison doit permettre de faire apparaître la juste interprétation qui permet d'accéder à la vérité. Dans cette perspective, Averroès, quoique musulman, ne limite pas son message aux musulmans, il s'adresse à tous les hommes quelque soit leur religion. Les conflits entre foi et raison ne doivent pas être résolus par l'imposition de la solution d'une religion aux adhérents d'une autre religion, mais par un effort de la raison pour accéder à une vérité qui rallie tous les hommes, indépendamment de leur religion. Ce n'est qu'ainsi, dans une société ouverte et diversifiée, que toutes les personnes peuvent être égales, malgré la diversité de leurs talents. Pour al-Ghazali, l'objectif était que tous les

---

118 *L'incohérence des philosophes*, p. xxiii : « This book is intended to defend the faith » ... « We ask God […] to shed upon us the lights of His guidance and to snatch away from us the darkness and error […] », p. 11.

musulmans forment une communauté unie et forte, réunie autour de la Vérité prophétique ; le monde ne doit pas être vu dans une perspective personnelle, mais d'en haut, ce qui permet de l'appréhender parle cœur et lui donne une autre saveur[119]. Pour les philosophes et, plus tard, pour Averroès, la raison devait permettre à tous les hommes, indépendamment de leur origine et de leur croyance, de débattre et d'accéder à une vérité commune qui exprime leur unité de nature.

Des oppositions aussi tranchées relançaient avec virulence la polémique qui depuis l'apparition de la sagesse grecque dans l'univers culturel arabo-musulman divise les savants musulmans. Le rejet du mutazilisme par al-Mutawakkil en 847 et la réhabilitation de l'orthodoxie n'ont pas mis fin au débat. Pour éclairer ces enjeux fondamentaux, nous verrons qu'al-Ghazali adresse trois reproches majeurs aux plus grands des philosophes arabes, al-Fârâbî et Avicenne, reproches qui, s'ils étaient avérés, feraient d'eux des infidèles passibles de mort. Mais auparavant, il importe de préciser le contexte dans lequel al-Ghazali inscrit sa défense de l'orthodoxie et son attaque contre les philosophes.

Sous-chapitre 1 : Considérations générales sur les objectifs d'Al-Ghazali

Al Ghazali fait précéder *L'incohérence des philosophes* de quatre préfaces qui annoncent ses objectifs et la perspective dans laquelle il engage ce véritable combat pour l'affirmation de l'islam authentique. La première préface porte le titre de « Préface religieuse » ; on ne peut mieux affirmer son engagement contre les philosophes même si al-Ghazali

---

119 Eric ORMSBY, *Theodicy in Islamic Thought, The Dispute over Al-Ghazali's « best of all Possible World »*, Princeton, Princeton University Press, 1984, p. 43.

utilisera souvent les armes de ses adversaires pour atteindre ses objectifs.

Paragraphe 1 : L'introduction religieuse

Dans cette préface[120], al-Ghazali se situe carrément dans une perspective religieuse : les sommets de la compréhension rationnelle sont bien faibles par rapport au ravissement et au bonheur que procure la gouverne divine. Mais cette félicité et cette paix ne valent que pour la famille du Prophète, ses Compagnons et leurs Successeurs. Les lumières de la lanterne divine ne sont transmises qu'aux membres de la *umma* qui ne se laissent pas corrompre par ceux qui prétendent mieux connaître le message du Prophète que le Prophète lui-même.

Il est en effet, selon al-Ghazali, un groupe de personnes, les philosophes, qui prétendent par leur esprit vif et leur intelligence, pouvoir se soustraire aux devoirs de tout bon musulman et échapper aux dévotions et aux obligations imposées par la loi divine. Ces personnes ne se considèrent pas contraintes par les interdictions et les limitations qu'impose la loi divine. Au contraire, elles ont rejeté la voie bonne préconisée par la religion, en se fondant sur une multitude de croyances pour suivre « ceux qui s'écartent du chemin de Dieu, aspirent à le rendre tortueux, parce qu'ils dénient, eux, la vie dernière » (C. XII-19).

Pour al-Ghazali, cette multitude de croyances est sans fondement. Elles reposent sur la simple imitation des Juifs et des chrétiens, sur la recherche spéculative et le doute sophistique qui font perdre le sens de la Vérité. Bien plus, ces rêves, ces imaginations sublimées ressemblent à des mirages qui ont entraîné des penseurs spéculatifs à des innovations hérétiques.

---

[120] *L'incohérence des philosophes*, p. 1-4.

À la source de ces erreurs, on trouve des noms prestigieux, Socrate, Platon, Aristote et leurs disciples égarés qui soutiennent être les seuls, grâce à leur intelligence supérieure et à leur perspicacité, à pouvoir pénétrer le sens caché des choses. Avec humour, al-Ghazali précise que grâce aux limites de leur intelligence et à l'importance de leurs mérites, ils peuvent nier l'existence de la loi divine et de la religion en prétendant qu'elles ne sont que des constructions humaines et des supercheries glorifiées. Ce groupe de personnes pensent donner du poids à leur pensée en affirmant leur incroyance et en rejetant la religion de leurs ancêtres ; refusant l'imitation de la vérité islamique pour adhérer à l'imitation de faussetés philosophiques, sans penser que le remplacement d'une imitation par une autre n'est que folie et confusion. Qu'y a-t-il de pire dans la maison de Dieu que de rejeter la vérité à laquelle on a adhéré depuis des générations pour se convertir, sans réflexion, à une erreur qui est présentée comme une vérité ? Heureusement, les faibles d'esprit ne succombent pas à cette infamie, car ils n'ont pas la prétention de se prétendre savants en adhérant à une erreur prétentieuse. La conclusion d'al-Ghazali est sans appel : le faible d'esprit est plus près du ciel que le clairvoyant qui fait fi de la religion ; l'aveugle est plus près de l'Un que le bigle.

C'est dans ce contexte où al-Ghazali réalise qu'un vent de folie emporte la société abbasside et plus spécifiquement une catégorie de ses savants, qu'il décide d'écrire *L'incohérence des philosophes* pour réfuter les anciens maîtres, démontrer l'incohérence des croyances et les contradictions des philosophes. Il précise que tous les penseurs sérieux, anciens ou contemporains, ont cru en Dieu et au Jugement dernier malgré quelques différences de détails, sauf quelques esprits pervers et bornés qui maintiennent des opinions déjantées, rejetées par les penseurs sérieux. En somme, pour al-Ghazali, les philosophes se retrouvent en compagnie des mauvais diables et des esprits obtus sans expérience.

Al-Ghazali se positionne d'emblée dans une perspective religieuse où la Vérité, unique et incontestable, vient d'en haut ; elle n'est pas le fruit d'une recherche que l'homme approfondit progressivement. La Vérité est une donnée à laquelle le musulman est invité à adhérer ; elle n'est pas le résultat d'une recherche de l'esprit humain dont la finesse permettrait de découvrir les secrets de la vie bonne ici-bas en vue de l'au-delà.

La pensée d'al-Ghazali, qui fait ressortir la difficulté du mariage de la foi musulmane et de la philosophie grecque, se limite aux seuls musulmans dont elle veut prévenir les égarements. Pour lui, ceux qui donnent préséance à la raison sont des esprits bornés, mal éclairés, sans expérience, pervers. Contre ces gens qui peuvent confondre des esprits sincères, mais naïfs, il faut défendre la religion, l'islam.

L'œuvre d'al-Ghazali se développe donc dans une perspective strictement religieuse de sauvegarde de l'orthodoxie plutôt que du point de vue d'une réflexion philosophique. Al-Ghazali s'adresse aux musulmans pour rétablir l'unité de la *umma* sur le plan religieux et renforcer le pouvoir politique des arabo-musulmans menacé par les divisions internes et les invasions. En insistant sur le rejet de l'imitation servile des maîtres grecs, al-Ghazali doit être conscient que la même règle s'applique à ceux qui l'écoutent. al-Ghazali a développé sa pensée au terme d'une longue réflexion qui a été l'œuvre d'une vie entière marquée par de multiples crises. Il serait malvenu de sa part d'attendre de ceux qui le suivent, une adhésion, une imitation qu'il reproche lui-même aux philosophes musulmans. Les disciples d'al-Ghazali ne doivent-ils pas eux-mêmes entreprendre une réflexion authentique sur la tension entre foi et raison avant d'adhérer, selon al-Ghazali, à la Vérité de cette émotion qui saisit le cœur du croyant et le fait accéder à une Vérité incontestable qui soude tous les croyants, mais uniquement les croyants, dans un empire multiethnique et aux multiples religions.

Paragraphe 2 : La première introduction

Al-Ghazali ne s'attaque pas, dans cette première introduction[121], à tous les philosophes, ni à la philosophie en général, mais directement aux plus illustres d'entre eux, Aristote, le Premier maître, le divin Platon ainsi qu'à leurs imitateurs arabes al-Fârâbî et Avicenne dont les analyses divergent. La logique qu'ils préconisent ne permet pas d'atteindre un résultat certain comme pour les mathématiques. Au contraire, les philosophes jugent en terme de suppositions et de conjectures de sorte que les résultats auxquels ils aboutissent sont sans fondements sérieux, ni perfection. Si leurs réflexions avaient la qualité de vérité qu'ils lui attribuent, ils ne se contrediraient comme ils le font. Pourtant, les apparences de rigueur de la démonstration mathématique et logique peuvent induire en erreur des esprits plus faibles.

Toutes ces divergences ne tiennent pas uniquement à la difficulté de traduire les œuvres des philosophes grecs. Les difficultés ne viennent pas des traductions, mais du système lui-même, de la prétention excessive de la raison. Et pour démontrer le caractère fallacieux des arguments de tous les philosophes et l'inconsistance de la philosophie pour la recherche de la Vérité, al-Ghazali s'attaque aux plus fameux d'entre eux, les imitateurs dans l'erreur des maîtres grecs, al-Fârâbî et Avicenne.

La défense de l'islam annoncée dans l'Introduction religieuse de *L'incohérence des philosophes* passe par la réfutation des philosophes musulmans les plus illustres. Leur chute doit entraîner celle de toute la philosophie qui mène au doute et à l'hérésie. Al-Ghazali affirme indirectement la plénitude de la pensée musulmane qui se suffit à elle-même, sans avoir besoin d'apports extérieurs, pour chercher et découvrir la Vérité. Ce faisant, comme nous l'avons déjà souligné, al-Ghazali réserve son discours aux croyants musulmans qui

---

121 *Ibid.*, p. 4-5.

doivent s'écarter des prétentions des philosophes et, en même temps, il fait de l'Islam un univers clos.

Paragraphe 3 : La seconde introduction

Al-Ghazali identifie trois sources de conflit avec les philosophes[122]. Le premier est purement verbal, c'est-à-dire qu'il porte sur la désignation des choses, sur le nom qui leur est donné. Qu'elle soit justifiée ou non, al-Ghazali n'entend pas entrer dans cette discussion lexicale. Par contre, il faut éviter que le choix des mots crée de la confusion sur la nature même de l'objet : il faut promouvoir les appellations qui rendent véritablement compte de la nature des objets identifiés. La confusion est difficilement compatible avec la recherche de la vérité.

La seconde source potentielle de conflits porte sur des différends qui ne remettent pas en cause le message du Prophète et de ses Successeurs. À titre d'exemple, l'explication des éclipses par l'astronomie n'a rien à voir avec la religion et celle-ci ne peut que perdre de la crédibilité en se mêlant de ces questions pour lesquelles elle ne dispose d'aucune expertise particulière. Le fait, pour la religion, de s'impliquer dans des domaines étrangers au sien ne peut que lui nuire. Les athées ne pourraient que se réjouir de ce que des démonstrations astronomiques ou mathématiques soient déclarées fausses au nom de la religion. En effet, leur contestation de la religion devient plus facile si la Vérité est liée à des démonstrations scientifiques qui peuvent évoluer avec le temps. Al-Ghazali sépare donc nettement les questions scientifiques des considérations religieuses. La relation de cause à effet n'est pas pertinente pour les questions liées à la religion. La nature de la certitude n'est pas la même et les fondements de la vérité sont différents. Les résultats scientifiques appartiennent à un autre ordre que

[122] *Ibid.*, p. 5-7.

ceux de la religion. Par contre, les arguments et les propositions des philosophes peuvent entrer en conflit avec la religion.

C'est, en particuliers, la troisième source de conflit qui retient l'attention d'al-Ghazali puisque sur au moins trois questions les philosophes adopteraient des positions qui, si elles étaient maintenues, feraient d'eux des infidèles passibles de mort. La première est la question de la création ou de l'éternité du monde ; la seconde porte sur les attributs du créateur et la troisième sur la résurrection des corps. Sur chacun de ces enjeux, la fausseté de la position des philosophes doit être dénoncée. Al-Ghazali s'y engage.

Paragraphe 4 : La troisième introduction

Si, dans l'introduction religieuse, al-Ghazali se porte à la défense de la vraie religion, l'islam, contre les prétentions arrogantes des philosophes, dans cette troisième introduction, il précise les moyens et les limites de son action[123].

Le but d'al-Ghazali est d'alerter toutes les personnes qui sont sous l'influence des philosophes en démontrant l'incohérence de leur pensée. Là s'arrête sa démarche, faire ressortir les contradictions des philosophes sans proposer un système alternatif. Tantôt il reprend des arguments des mutazilites, à d'autres moments ceux des Karramiyya ou des Waqifiyya sans proposer une nouvelle cohérence pour répondre à l'incohérence des philosophes. Son objectif est de réunir toutes les sectes, même celles avec lesquelles il peut diverger sur des questions de détails, contre les philosophes qui remettent en cause la religion elle-même. Face au mal absolu, il faut oublier les controverses et les petites rancœurs passées.

---

[123] *Ibid.*, p. 7-8.

C'est donc une guerre totale qu'al-Ghazali engage contre les philosophes. Pour s'assurer de la victoire, il est prêt à s'associer à tous ses adversaires d'hier contre les philosophes qui remettent en cause le principe même de la religion, de l'orthodoxie islamique telle qu'il la conçoit. Son but est de protéger les esprits faibles qui pourraient être tentés de suivre des chimères qui leur sont proposées par des esprits pervers qui soutiennent des propositions tendancieuses, comme il l'a précisé dans son introduction religieuse. Ce but sera atteint par l'exposé du caractère ténébreux de la pensée des philosophes et de ses conséquences néfastes.

Paragraphe 5 : La quatrième introduction

Dans cette quatrième introduction, al-Ghazali lance une attaque frontale contre les philosophes en soutenant que, pour convaincre les esprits simples, ceux-ci utilisent des supercheries[124].

Ainsi, lorsque les philosophes sont confrontés à une difficulté dans l'argumentation, ils soulignent la difficulté des questions métaphysiques même pour les personnes les plus intelligentes. Ces difficultés ne pourraient être résolues que par un recours aux mathématiques et à la logique. Pour al-Ghazali, en soi, ce recours aux mathématiques et à la logique constitue déjà une manifestation d'incroyance.

Plus spécifiquement, pour al-Ghazali, l'examen des quantités par les mathématiques n'a aucun rapport avec la métaphysique : prétendre que les mathématiques peuvent aider à comprendre la métaphysique est un non-sens. Il en est de même avec la géométrie qui n'a aucun lien avec la métaphysique. Par contre, s'il est vrai qu'il faut connaître la logique, il faut aussi reconnaître que les philosophes ne sont pas les seuls à la maîtriser. La logique n'est pas inconnue des théologiens qui peuvent plus modestement la pratiquer sous

124 *Ibid.*, p. 8-11.

les noms de réflexion, d'argumentation ou de connaissance de l'intellect.

Puisque la logique n'est pas inconnue des théologiens, al-Ghazali peut donc argumenter contre et renverser les arguments des philosophes en utilisant leur propre façon de penser. Il se propose, dans ces conditions, de démontrer que, par l'usage de la raison pour atteindre la vérité, les philosophes ont failli loin de leur objectif en sciences métaphysiques. Al-Ghazali entreprend de réfuter les arguments et de renverser les positions des deux plus grands philosophes musulmans sur vingt questions dont trois permettent de les taxer d'infidélité et, donc, de passibles de mort[125].

Aux fins de l'analyse et de la controverse avec Averroès, nous ne retiendrons que ces trois divergences qui sont en tout point incompatibles avec l'islam et constituent donc chacune une infidélité manifeste : la prééternité du monde, la non-connaissance par Dieu des particuliers et la non-résurrection des corps.

Sous-chapitre 2 : Les incohérences des philosophes qui contreviennent au credo fondamental de l'islam

Les trois conflits majeurs qui opposent al-Ghazali aux philosophes portent à la fois sur les questions les plus abstraites (la création du monde, la connaissance des particuliers, la résurrection des corps) et celles dont les conséquences, du point de vue religieux, sont les plus significatives : elles entraînent l'infidélité et, en conséquence, possiblement, la peine de mort. Sur chacune de ces questions, chaque partie est donc, compte tenu de l'importance de l'enjeu, poussée à la limite de ses arguments. Le conflit entre foi et raison en islam, entre vérité révélée et

125 *Ibid.*, p. 226.

vérité recherchée, apparaît dans ce qu'il a de plus fondamental et de plus finement argumenté, ce qui a permis au traducteur de *L'incohérence des philosophes* d'écrire que

> *Al-Ghazali's Tahafut al-falasifa (The Incoherence of the Philosophers) marks a turning point in the intellectual and religious history of medieval Islam. It brought to ahead conflict between Islamic speculative theology (kalam) and philosophy (falsafa) [...]. The Tahafut also marks a high point in the history of medieval Arabic thought because of its intellectual caliber*[126].

Paragraphe 1 : Première discussion sur la position des philosophes relative à la concomitance de l'existence de Dieu et de la création du monde

Le premier argument des philosophes, leur première position commune qu'al-Ghazali veut réfuter est à l'effet que le monde est éternel, qu'il existe de toute éternité comme le Créateur[127]. Al-Ghazali souhaite rendre obscurs et nébuleux les quatre arguments des philosophes au soutien de cette proposition ; il ne désire pas soumettre une autre perspective, il veut seulement affaiblir et contredire les arguments des philosophes pour que les esprits plus simples ne soient pas envahis par le doute[128].

Les quatre arguments des philosophes sur l'existence éternelle du monde sont :

- 1er argument : L'univers a été créé par une cause éternelle et il est donc lui-même éternel puisque comme la cause ne change pas, l'effet coexistant avec la cause ne change pas lui-même.

---

126 *Ibid.*, p. xv-xvi.

127 *Ibid.*, p. 12-46.

128 *Ibid.*, p. 46.

- 2e argument : Si le monde est détruit, cette destruction interviendra après qu'il ait existé. Il y a donc un « après », ce qui implique une temporalité.
- 3e argument : La possibilité d'exister est permanente. Donc, l'existence possible peut être éternelle puisque la possibilité est sans fin.
- 4e argument : Si le monde est détruit, la possibilité de son existence demeure puisque le possible ne devient pas impossible.

Réponse au premier argument : l'univers est l'effet éternel d'une cause éternelle

Les philosophes soutiennent qu'il est impossible que le temporaire procède de l'Éternel. Si l'Éternel pouvait engendrer du temporaire, cela signifierait que l'Éternel aurait pu changer d'idée, par lui-même ou sous l'influence d'un tiers, et l'existence du monde serait devenue une simple possibilité. Un tel changement est impossible, disent les philosophes, car il implique pour l'Éternel le passage de la potentialité à l'action, et, pour le monde, le passage de l'impossibilité au possible, ce qui est impossible[129].

Ce à quoi al-Ghazali répond : le monde a été créé par une Volonté éternelle qui a décidé de l'heure et du moment de sa décision. La non-existence du monde qui n'a pas été voulue et n'a donc pas été causée a duré jusqu'à ce moment. Le monde a été créé au moment où il en a été décidé ainsi par la Volonté éternelle[130]. L'Éternel (le Tout Puissant) ne peut-il pas vouloir créer à un moment précis dans le temps et pour des raisons qui sont les siennes ? Pour al-Ghazali, la durée et le temps ont été créés et par conséquent le monde a été créé dans le temps. Il oppose ainsi sa conception de la création à celle des philosophes auxquels il reproche de ne pouvoir

---

129 *Ibid.*, p. 13.
130 *Ibid.*, p. 22-41.

faire la preuve de leurs affirmations qui de plus sont irrationnelles et ne correspondent pas à ce que croit une personne raisonnable[131].

Pour al-Ghazali, c'est aux philosophes de prouver que l'avènement d'un fait dans le temps, sous l'impulsion d'une cause éternelle, est impossible. Ce qu'ils ne peuvent démontrer. Au contraire, tous les évènements qui adviennent résultent directement de la volonté du Créateur[132]. Les arguments des philosophes ne sont donc pas convaincants et ne font que semer le doute dans les esprits sur la toute-puissance de Dieu.

Réponse au second argument : le monde ne peut être postérieur à son créateur

Les philosophes prétendent, selon al-Ghazali, que l'affirmation selon laquelle le monde est postérieur à Dieu et Dieu antérieur au monde ne peut avoir que l'une ou l'autre des significations suivantes. Soit Dieu est prioritaire en essence, mais pas dans le temps, comme un (1) précède deux (2), comme la cause précède l'effet ou comme le mouvement d'une personne précède celui de son ombre. Alors, Dieu et le monde sont tous deux soit éternels, soit dans le temps. Par ailleurs, si Dieu est prioritaire au monde dans le temps, il y a eu un temps avant que le monde existe et ce temps est sans limites puisque Dieu existe de toute éternité. Ces notions de temps et d'éternité sont incompatibles et contradictoires. Si le temps qui permet de mesurer l'action est nécessairement éternel, l'action est nécessairement éternelle et ce qui est en action dans le temps est nécessairement éternel[133].

Ce à quoi al-Ghazali répond : le temps a eu un commencement et est créé, et, avant il n'y avait rien ; c'était le vide. Nous disons donc que Dieu a existé avant le monde

---

131 *Ibid.*, p. 20, 17.
132 *Ibid.*, p. 30.
133*Ibid.*, p. 30-31.

et le temps ; qu'Il était et que le monde n'existait pas. Et, qu'à un certain moment Dieu était et le monde avec Lui. Al-Ghazali soutient que Dieu a existé sans le monde et qu'il faut admettre que Dieu est éternel et tout-puissant. En conséquence, une action n'est jamais impossible pour Lui, s'Il le veut.

En soutenant, à l'appui de nombreux arguments, que Dieu est tout-puissant et qu'Il peut donc agir à tout moment, s'Il le veut, al-Ghazali sème le doute sur la prétention des philosophes quant à l'impossibilité de la création de monde après l'existence de Dieu. Il démontre ainsi les limites de la raison et, par conséquent, la prétention insoutenable des philosophes[134]. Par ailleurs, en mettant de l'avant la toute-puissance divine, al-Ghazali renforce chez ses fidèles le sentiment de certitude et de conviction qu'il souhaite leur transmettre.

Réponse au troisième argument : l'existence du monde est possible avant qu'il ait existé

Le troisième argument prêté aux philosophes par al-Ghazali est de nature hypothétique. L'existence du monde est possible, soutiendraient-ils, avant même qu'il ait existé puisqu'il est impossible qu'il soit impossible et devienne possible. Donc, si l'existence du monde est éternellement possible, il n'est pas impossible que son existence soit éternelle. La possibilité de l'existence du monde est de tout temps, car il n'est aucun état dans lequel il peut être affirmé que le monde est impossible.

Al-Ghazali répond que le monde est tel, qu'il est éternellement possible qu'il ait eu son origine à un moment donné dans le temps. Un bien matériel qui n'a pas une fin dans le passé (un début) est une impossibilité. Donc, confort-mémento à la toute-puissance divine, soutenue par

[134]*Ibid.*, p. 39.

al-Ghazali, le monde peut avoir été créé par Lui à un moment qui lui convienne[135].

Réponse au quatrième argument : chez l'existant, la substance précède l'existence du sujet

Les philosophes soutiennent, selon al-Ghazali, que pour tout existant dans le temps, la substance précède l'existence du sujet puisque tout existant exige une matière antérieurement existante. La matière n'est pas créée dans le temps comme la forme, les spécificités, les qualités qui se déposent sur la matière.

Tout être avant d'exister est soit possible, soit impossible ou nécessaire. Il ne peut être impossible, car alors il n'existerait pas. Il ne peut être nécessaire, car ce qui est nécessaire ne peut avoir commencé ou cessé d'exister. Il ne reste plus que la possibilité d'exister. Mais la possibilité d'exister ne se suffit pas à elle-même ; il lui faut un réceptacle et ce réceptacle ne peut être qu'une matière, un substrat préexistant.

Après d'autres arguments dans le même sens, les philosophes concluent, selon al-Ghazali, que toute chose qui trouve son origine dans le temps est précédée par une matière sur laquelle elle se pose. Cette matière première est, par conséquent, en aucun cas, elle-même générée dans le temps et donc existe de toute éternité.

Ce à quoi al-Ghazali répond : le possible, l'impossible et le nécessaire ne sont que des catégories, des jugements de l'esprit. Ces catégories rationnelles n'exigent pas pour exister la présence d'un préexistant. Pour ne retenir qu'un exemple, le noir et le blanc peuvent exister dans l'esprit sans besoin d'un corps, d'un bien sur lequel ils se posent[136]. Relativement à cet exemple, les philosophes rétorquent que la possibilité n'est pas réductible aux catégories de l'esprit. Si la couleur

---

135 *Ibid.*, p. 40.

136 *Ibid.*, p. 42-30.

noire est considérée en elle-même, sans substrat, elle n'a pas d'identité et on ne peut lui prêter aucune possibilité[137].

Al-Ghazali concède que le possible, l'impossible et le nécessaire sont des catégories de l'esprit. De même, la couleur et l'animalité n'ont pas besoin d'un substrat pour exister, bien que leur connaissance ne soit pas liée à un objet concret. Cette proposition est confirmée par le fait que les philosophes reconnaissent eux-mêmes que les universaux existent sans être reliés à un substrat. Les philosophes sont donc en pleine contradiction. De plus, l'esprit appréhende abstraitement la couleur noire et juge son existence possible[138].

En conclusion de cette première discussion, al-Ghazali ne prétend pas avoir réfuté les arguments des philosophes sur la concomitance entre l'existence de Dieu et du monde. Il soutient simplement avoir établi le caractère fallacieux et non convaincant des arguments à l'appui de leurs prétentions. Les musulmans ne doivent donc pas être troublés dans leurs croyances par les arguments superficiels de ces esprits qui se prétendent supérieurs alors que leurs arguments ne soutiennent pas leurs prétentions. Al-Ghazali ne met pas de l'avant une autre théorie conforme à ses orientations. Ce n'est pas son but dans le *Tahafut* où il veut se limiter à dénoncer l'arrogance des philosophes en rendant confuse leur argumentation et en démontrant que leurs preuves ne sont que de la poussière jetée aux yeux[139]. Cet objectif, al-Ghazali prétend l'atteindre avec des arguments tout aussi philosophiques que ceux des philosophes, alors que son but est de défendre la foi en démontrant les limites de la raison dans la recherche de la Vérité. Al-Ghazali ne poursuit qu'un objectif restreint : démontrer l'incohérence des philosophes, sans préconiser sa propre conception du monde qui sera

---

137 *Ibid.*, p. 43.
138 *Ibid.*, p. 45.
139 *Ibid.*, p. 46.

exposée dans des œuvres postérieures qui seront des œuvres de construction plutôt que de destruction[140].

Al-Ghazali, bien qu'il prétende argumenter contre les philosophes, n'affirme qu'une chose : la toute-puissance de Dieu, seule et unique cause de tous les phénomènes. Selon lui, pour tout musulman, cette Vérité est une donnée fondamentale et incontestable. Dans cette perspective, la recherche d'une vérité qui peut être remise en cause par une recherche subséquente, ne peut que semer le doute dans un esprit pour lequel le Un absolu est la cause unique de tout. Al-Ghazali évolue dans un univers où il s'agit moins de rechercher avec la raison que d'adhérer par conviction religieuse.

Paragraphe 2 : Treizième discussion sur la prétention des philosophes à l'effet que Dieu ne connaît pas les particuliers[141]

Les philosophes, et notamment Avicenne, soutiennent, selon al-Ghazali, que Dieu connaît les choses d'une connaissance universelle sans lien avec le temps qui ne change pas, qu'on se situe dans le passé, le présent ou l'avenir. Dieu connaît tout, y compris le poids d'un atome, mais il connaît les choses particulières d'une connaissance universelle[142].

Pour mieux comprendre la position des philosophes, al-Ghazali utilise l'exemple de l'éclipse solaire. Il y a un premier stade où l'éclipse ne s'est pas encore réalisée (elle est inexistante), mais elle est anticipée – elle sera ; un second stade où l'éclipse se réalise – elle est ; et, un troisième stade où l'éclipse n'est plus (n'existe plus) – elle fut. À chacune de ces étapes, nos connaissances seraient différentes : elles sont successives comme un, deux, trois, et différentes. Ces

140 *Qawa'id al-'aqa'id* (Les principes de la foi) ; *Al-iqtisad fi al-i'tiqad.*
141 *L'incohérence des philosophes*, p. 134-143.
142 *Ibid.*, p. 134 s.

connaissances successives sur un même réceptacle entraîneraient, selon al-Ghazali une modification de l'essence du processus de connaissance.

Les philosophes proclament, au contraire, que la nature de Dieu n'est pas différente lors de la connaissance de ces trois étapes de l'évolution de l'éclipse parce qu'il y aurait alors un changement et qu'un changement en Dieu est impossible. Malgré tout, Avicenne maintient que Dieu connaît l'éclipse à toutes ses étapes, mais d'une connaissance d'un modèle permanent qui ne nécessite pas une modification de son essence.

Il en serait de même pour tous les évènements qui se produisent dans le temps. Ils sont le résultat de causes qui remontent jusqu'au mouvement circulaire céleste. Ce mouvement est lui-même produit par l'âme des cieux dont la cause est le désir d'imiter Dieu. La totalité de la création Lui est ainsi connue par un dévoilement homogène non affecté par le temps.

Cette doctrine, qui s'applique au temps, concerne également tout ce qui est divisible en termes de matière et d'espace. Dieu ne connaît pas les actes d'Amir, de Zaïd et de Khalid mais seulement l'homme universel. Quand nous visons « ceci » ou « cela » une relation s'établit entre un objet sensible plus ou moins éloigné et le « percevant », ce qui est impossible pour Dieu[143].

Ces arguments soutenus par les philosophes sont intenables pour al-Ghazali. En effet, ils sont absolument incompatibles avec la loi religieuse. Les accepter signifierait que si Zaïd commet une faute, Dieu ne la saurait pas parce qu'il ne connaît pas Zaïd dans son individualité. Bien plus, quand le Prophète a contesté l'attitude des païens, Dieu ne l'aurait pas su, car s'il connaît le prophétisme, il ne connaît pas le prophète individuellement qui ne peut être connu que par les sens. À l'argument des philosophes selon lequel Dieu

143 *Ibid.*, p. 136-25.

ne peut appréhender les trois étapes de l'éclipse sans qu'il se produise en Lui un changement, ce qui est impossible compte tenu de la nature même de Dieu, al-Ghazali répond que cette position est intenable parce qu'elle entraîne comme conséquence que Dieu serait ignorant du changement intervenu entre le début et la fin de l'éclipse.

Au contraire, Dieu a une connaissance permanente qui lui permet de saisir l'évolution de l'éclipse dans ses trois états. Il a une connaissance de l'éternité passée et du futur qui lui permet d'appréhender les détails des choses et des évènements. Al-Ghazali met les philosophes en contradiction avec eux-mêmes, en rappelant qu'ils soutiennent que le monde est éternel, mais néanmoins sujet à changement. Puisque l'Éternel peut changer, rien ne s'opposerait donc à ce que, pour les philosophes, l'Éternel puisse changer[144]. Conclusion évidemment impossible pour al-Ghazali.

Pour lui, au contraire, l'Auteur du monde a une connaissance unifiée de tout[145]. Ce qui existe dans le temps, aussi bien du passé et du présent que de l'avenir, ne nécessite pas un changement dans la nature, dans l'essence du Connaissant[146].

Encore une fois al-Ghazali contredit les philosophes par des arguments tout aussi spéculatifs et rationnels que ceux qu'ils utilisent eux-mêmes. Il affirme ainsi les limites de la raison dans ses efforts de compréhension de l'univers. Si les philosophes ont pu semer le doute dans l'esprit de bons musulmans, il sème maintenant le doute sur la valeur des arguments rationnels des philosophes. Al-Ghazali permet ainsi aux musulmans d'échapper au doute que les théories échafaudées par des esprits prétentieux pourraient injecter dans le cœur du Croyant. Il réalise ainsi son objectif de

---

144 *Ibid.*, p. 140-30.
145 *Ibid.*, p. 143-5.
146 *Ibid.*, p. 140-15.

protéger et réaffirmer les principes de la religion dans leur juste entendement, selon sa compréhension personnelle.

Les limites de la raison pour la compréhension du monde sont reconnues même par les philosophes, mais il ne s'en suit pas, à l'inverse, que seule la religion musulmane permette une réelle compréhension du monde. La diversité des religions est aussi manifeste que la diversité des avis des philosophes. Soutenir la primauté de l'islam dans la saisie de la vérité, c'est non seulement souligner l'incohérence des philosophes ; c'est aussi faire abstraction des autres religions, c'est faire de l'islam le sceau de la prophétie. L'ultime vérité indiscutable.

Paragraphe 3 : Vingtième discussion sur la négation de la résurrection des corps et le retour de l'âme dans le corps[147]

Sur ce point, selon al-Ghazali, la position des philosophes serait absolument contraire aux enseignements de l'Islam[148].

Pour les philosophes, l'âme durerait éternellement après la mort dans un état, pour les âmes pures, d'un bonheur si complet qu'il est indescriptible ou, pour les âmes déviantes, dans un état de malheur éternel si profond qu'il est également indescriptible. Pour les âmes tièdes, les philosophes reprennent l'idée du purgatoire où le séjour de malheur n'est que provisoire. Le bonheur éternel appartient aux êtres parfaits qui atteignent cet état par la connaissance et la pureté par l'action dévote. La nécessité de la connaissance résulte de la satisfaction qu'apporte la compréhension des intelligibles aux facultés rationnelles. Ce plaisir est cependant contré par la préoccupation de répondre à l'appétit des sens.

L'âme ignorante en ce monde devrait souffrir de sa propre ignorance parce que les satisfactions spirituelles sont

---

147 *Ibid.*, p. 208-225.

148 *Ibid.*, p. 208.

supérieures aux plaisirs des sens. En effet, les plaisirs spirituels liés à l'autre monde sont supérieurs aux plaisirs sensuels en ce bas monde. « Nulle âme ne sait ce que je cache d'allégresse (aux hommes), en récompense de ce qu'ils faisaient » (C.XII-17)[149]. Le bonheur réel en plénitude est donc atteint pour le croyant par la connaissance des sciences purement spéculatives, c'est-à-dire, pour al-Ghazali, par la connaissance de Dieu et de tout ce qui nous en rapproche.

Quant à la purification de l'âme, elle se réalise par des actes pieux et par le culte divin. Ces gestes sont nécessaires parce que l'âme, prisonnière du corps, appréhende difficilement la véritable nature des choses ; elle est en permanence portée à satisfaire les appétits du corps. Et, à la mort du corps, l'âme reste marquée par cette propension à répondre aux désirs sensibles. Cet état de l'âme entrave son élan vers le royaume des anges et les beautés des choses divines. Cette inclinaison pour les satisfactions matérielles persiste, car c'est le corps qui permet de les satisfaire.

Le seul moyen d'échapper à ces inclinaisons terrestres est de s'adonner à la poursuite de la connaissance et de se consacrer à la dévotion pour distancier l'âme des préoccupations terrestres en ce bas monde pour mieux solidifier ses liens avec l'au-delà. Dans ce long préambule, avant d'aborder directement la question de la résurrection, on constate un fois de plus qu'al-Ghazali s'adresse aux musulmans qui doivent se purifier afin que celui qui meurt ait la conviction de s'échapper de la prison du corps pour accéder à la félicité du paradis.

Toutefois, il est impossible de couper le lien entre l'âme et les contraintes terrestres qui rappellent constamment leur existence. Dans ce contexte, Al-Ghazali souligne que la loi divine prescrit de suivre une voie médiane : entre l'avarice et la générosité ; entre la peur et la témérité. Cette sagesse ne

---

149 Dans le même sens, on peut lire : C. II-62, 112, 277 ; C XIII-18 ; C. XX-75 ; C. XXV-15,16 ; C. XXXIV-37.

saurait être atteinte que par le respect des dispositions de la loi divine et le refus de suivre ses caprices personnels. Cette ascèse conforme à la loi divine forme le sens moral par la recherche de la connaissance et la pratique de la piété. Les meilleurs seront absolument bienheureux. Pour al-Ghazali, le séjour sur terre n'est qu'un passage obligé, un pèlerinage permanent, où le musulman doit suivre les prescriptions divines pour accéder à la félicité éternelle. « Tu ne saurais faire entendre Nos signes qu'à ceux qui croient, en sorte qu'ils sont soumis (à Allah) » (C. XXX-52/53). Le message ne s'adresse pas à tous les hommes, si ce n'est pour les inviter à se convertir pour faire partie de la *umma*, voie vers le paradis.

Outre ces réflexions sur le passage de la satisfaction des appétits terrestres ici-bas au bonheur dans l'au-delà, les philosophes ajoutent que celui qui meurt ressuscite[150].

Il n'y a rien là, précise al-Ghazali, qui soit contraire à la loi divine : il est admis que les plaisirs dans l'au-delà sont supérieurs à ceux d'ici-bas ; il est reconnu que l'âme survit après sa séparation du corps. Mais cette connaissance est acquise par le loi religieuse et non, comme le prétendent les philosophes, par la raison uniquement. Là où il y a véritablement conflit avec les philosophes, c'est sur leur refus de la résurrection des corps et sur le refus du bonheur des corps au paradis ou sur leur malheur dans les feux de l'enfer. Qu'est-ce qui s'oppose à la réunion de l'âme et du corps dans le bonheur éternel ? Rien et, au contraire, l'union de l'âme et du corps permet d'obtenir le meilleur résultat selon le Coran[151] et, puisque c'est possible, il faut y croire[152].

150 *L'incohérence des philosophes*, p. 213.

151 C. X-45 : « Au jour où [Allah] les réunira comme s'ils n'étaient demeurés qu'une heure du jour [dans leurs tombeaux], ils se reconnaitront mutuellement. Perdants seront [alors] ceux qui auront traité de mensonge la rencontre d'Allah et qui n'auront pas été dans la bonne direction. » Jean-Luc MONNERET, *Les grands thèmes du Coran*, Paris, Éditions Dervy, 2003, p. 316, n. 11 : « Une heure dans les

Pour les philosophes, les versets pertinents du Coran peuvent être considérés comme des métaphores au même titre que les descriptions anthropomorphiques de Dieu. Pour al-Ghazali, parce que cette interprétation de ce qui a été promis pour l'au-delà n'est pas impossible, on doit s'en tenir au sens littéral du Texte. C'est aux philosophes d'apporter la preuve de l'impossibilité de la résurrection des corps et des attributs anthropomorphiques de Dieu. Ils avancent, pour ce faire, deux arguments.

Premier argument des philosophes : la prétention du retour des âmes dans les corps soulève trois possibilités

La proposition selon laquelle l'âme retourne au corps au moment de la résurrection soulève, selon les philosophes, trois alternatives qui pour eux sont fausses : a) la personne humaine est composée d'un corps et de la vie qui est un accident ; l'âme auto-subsistante qui gère le corps n'existe pas ; la mort signifie la perte pour le corps de la vie que Dieu lui retire ; la résurrection implique pour le corps que Dieu redonne existence à ce corps anéanti et le retour de la vie qui a été détruite ; b) l'âme existe et survit à la mort et, à la résurrection, le corps détruit est ramené à l'existence avec tous ses membres ; c) l'âme retourne dans un corps, l'original ou un autre. La personne ressuscitée demeure la même parce que c'est l'âme qui constitue l'identité de la personne[153].

À la première proposition, al-Ghazali répond que la personne humaine existe par son esprit et que si celui-ci cesse d'exister, le retour à l'existence est incompréhensible. Le retour d'un non-existant à l'existence est

tombes… Les corps reviendront en vie au point que les hommes se reconnaitront. Ils auront retrouvé leur corps terrestre. »

152 *L'incohérence des philosophes*, p. 214.

153 *Ibid.*, p. 215.

incompréhensible. Ce qui revient, c'est l'ancien existant qui revient à son état antérieur.

La seconde alternative qui présume la survivance de l'âme qui retournerait dans le même corps peut être concevable, mais, pour al-Ghazali, elle est cependant impossible, car le corps s'est dissous et a été mangée par les vers. Même en s'en remettant aux pouvoirs absolus de Dieu, cette alternative est impossible.

Selon la troisième, le retour de l'âme dans un corps composé de matières et de terres diverses est également impossible. D'une part, les matériaux pour la composition des corps sont limités alors que le nombre d'âmes est infini. D'autre part, la terre ne peut être porteuse d'une âme, à moins d'être remodelée dans un état semblable à celui du sperme.

Ces trois alternatives seraient donc intenables et fausses. Ce à quoi al-Ghazali ajoute : comment peut-on contredire quelqu'un qui choisit la dernière alternative et qui soutient que l'âme survit à la mort puisqu'elle est une substance auto-suffisante ? Cette position n'est pas contraire à la loi divine selon le Coran : « Et ne crois point que sont morts ceux qui ont été tués dans le chemin d'Allah. Au contraire ! Ils sont vivants auprès de leur Seigneur, pourvus de leurs attributions » (C. III-163), et elle est compatible avec plusieurs indices qui vont dans le sens de la survie de l'âme[154]. Ces indices seraient même favorables à la résurrection de l'âme dans un corps quel qu'il soit. Voilà, soutient al-Ghazali, la vraie résurrection puisque l'identité d'une personne est acquise par son âme plutôt que par son corps[155]. De plus, argumenter de l'infinité des âmes et de la finitude des corps, comme le font les philosophes, n'a aucune justification et, de plus, est incompatible avec le pouvoir infini de Dieu sur l'organisation du monde.

---

154 *Ibid.*, p. 219-10.
155 *Ibid.*, p. 219-25.

Le second argument des philosophes pour réfuter la troisième alternative, la transmigration, il n'y a pas lieu d'en discuter selon al-Ghazali : ce que la religion transmet doit être cru.

En définitive, pour al-Ghazali, dont l'objectif est seulement de miner les prétentions de la raison prétentieuse des philosophes, la question qui se pose est de savoir pourquoi, lors de la résurrection, l'âme et le corps ne pourraient-ils pas se rejoindre alors que dans notre univers, ils se rejoignent dans le sein qui a été conçu pour eux ? Il est bien possible que cette réunion, lors de la résurrection, se réalise d'une façon différente de celle qui préside à la naissance, mais rien n'est impossible à Dieu. La loi divine précise qu'il y a résurrection, celle-ci est possible comme nous l'avons démontré et il faut donc y croire[156]. Al-Ghazali demeure cohérent : il se cantonne dans le domaine de la croyance et rejette celui de la preuve et de la démonstration.

Second argument des philosophes : la transformation de matières putréfiées ou du fer en un corps est impossible

Ce n'est pas dans les limites du pouvoir divin de transformer le fer en un tissu dont on peut faire un turban, à moins que le fer ne subisse de multiples transformations. Mais une personne humaine peut croire que ces transformations peuvent se succéder dans un délai très bref. Ceci étant, si le corps d'une personne ressuscitée est de fer, de pierre ou de terre, elle ne serait pas une personne humaine. Le corps d'une personne morte ne peut, lors de sa résurrection, être reconstitué de telle sorte que l'âme puisse le réintégrer, sauf après de multiples étapes provoquées par autant de causes. Il est impossible de dire à la terre « Soit » et qu'elle devienne une personne. La résurrection des corps est donc impossible[157].

---

156 *Ibid.*, p. 220.
157 *Ibid.*, p. 221.

Al-Ghazali reconnaît la nécessité de toutes ces étapes pour que la terre redevienne un corps humain, tout comme elles sont nécessaires pour que le fer puisse redevenir une étoffe et ensuite un turban. Ce processus peut se réaliser en un instant ou sur une plus longue période. Mais, en tout état de cause, il n'a pas été démontré que la résurrection doive se réaliser dans le temps le plus bref. Là n'est pas la question. Il faut plutôt se demander si la transformation est le fruit de la seule puissance divine ou le résultat, l'effet de multiples interactions ou de plusieurs causes. Pour al-Ghazali, les deux sont possibles comme il l'a démontré lors de la première discussion. D'une part, Dieu est tout puissant et fait advenir les évènements selon un processus habituel. Les changements sont provoqués par la puissance de Dieu, non par un processus causal, mais par un enchaînement normal et habituel qui peut être modifié[158]. D'autre part, al-Ghazali peut admettre que le résultat, la résurrection, soit atteint grâce à une cause qui est toutefois d'une nature différente de celle que les humains expérimentent. Elle manifeste la toute-puissance de Dieu.

Au moment de la résurrection, les philosophes et les athées seront très malheureux quand, selon al-Ghazali, ils réaliseront que le principe de causalité ne se limite pas à ce que chacun peut observer. Pourquoi la puissance divine, que nous ne connaissons pas, ne pourrait-elle pas provoquer la résurrection des corps et les rendre disponibles pour recevoir une âme ressuscitée ? Comment peut-on nier une telle possibilité s'interroge al-Ghazali ?

Ce à quoi les philosophes répondent en s'appuyant à leur tour sur le Coran[159] : les voies divines n'ont qu'une direction

---

[158] *Ibid.*, p. 222.

[159] « En vérité les Premiers et les Derniers seront certes réunis au point fixé d'un jour connu. » (C. LVI-50) « Si ceux qui sont infidèles nous avaient combattus, ils auraient ensuite tourné le dos et n'auraient plus ensuite trouvé ni patron ni auxiliaire, selon la coutume (sunna) d'Allah

qui ne change pas. Les actes divins procèdent de la volonté divine et la volonté divine n'a pas de multiples orientations qui expliqueraient un changement dans la volonté et dans les actes. La volonté divine ne s'ajuste pas en fonction du temps et des circonstances. Les philosophes ajoutent que leurs propositions sur le caractère unidirectionnel de la volonté divine ne contredisent pas l'affirmation d'al-Ghazali sur la toute-puissance divine et donc sa décision de poser un geste à un moment donné. Si Dieu le veut, Il peut agir. La volonté divine, permanente et éternelle, agit selon un dessein éternel. La volonté divine est éternelle même dans ses variations ; toute autre perspective est impossible[160].

Pour al-Ghazali, ces arguments ne font que reprendre ceux qui ont déjà été invoqués et réfutés au sujet de l'éternité du monde. Il a été établi qu'il est rationnellement possible que le monde ait été créé dans le temps et que tout puisse disparaître, sauf Dieu. Mais pour la religion, pour l'islam, il faut enseigner le contraire et il faut croire à la récompense ou à la punition dans l'au-delà, au paradis et à l'enfer[161].

Cette dernière affirmation illustre de façon parfaite la ligne d'argumentation suivie par al-Ghazali dans *L'incohérence des philosophes*. Il argumente avec les philosophes d'une manière rationnelle, en présentant leurs arguments (dont on dit qu'il les a fait connaître de façon éclatante) et en leur répondant de telle façon que le doute sur la valeur de leurs propositions s'insinue dans l'esprit des musulmans. Les prétentions rationnelles des philosophes sont ainsi ramenées à de simples arguments de raison qui peuvent être contredits ou réduits à de simples possibilités ou hypothèses élémentaires. De plus, ces opinions trop souvent différentes d'un philosophe à l'autre, ne font pas le poids face à la parole divine unique énoncée dans le Coran. La Vérité

---

qui fut antérieurement. Or tu trouveras la coutume d'Allah non modifiable. » (C. XLVIII-23-23)

160 *L'incohérence des philosophes*, p. 224.

161 *Ibid.*, p. 225.

islamique est ainsi réaffirmée dans toute son orthodoxie ; à la vérité philosophique heuristique et diverse, al-Ghazali oppose la Vérité théologique une et sacrée. Al-Ghazali atteindrait ainsi son objectif par rapport à l'ensemble des musulmans : démontrer l'incohérence des philosophes. Mais quelle est la force probante d'un doute opposé à un autre doute ?

À divers moments de son argumentation, al-Ghazali invoque la toute-puissance de Dieu et l'inexistence de la relation de cause à effet tel que les hommes, et les philosophes en particulier, prétendent la connaître. Nulle part, ne trouve-t-on mieux exposé qu'à la *Dix-septième discussion* sur *La causalité et les miracles* la conception ghazalienne de la causalité et son impact sur la conception de l'univers[162].

> *The connection between what is habitually believed to be a cause and what is habitually believed to be an effect is not necessary, according to us. But [with] any « this » is not « that » and « that » is not « this » and where neither the affirmative entails the affirmation of the other nor the negation of the one entails the negation of the other, it is not a necessity of the existence of the one that the other should exist, and it is not a necessity of the non existence of the one that the other should not exist–for example, the quenching of thirst and drinking, satiety and eating, burning and contact with fire, light and the appearance of the sun, death and decapitation, healing and the drinking of a medicine, the purging of the bowels and the using of a purgative, and so on to [include] all [that is] observable among connected things in medicine, astronomy, arts, and crafts. Their connection is due to the prior decree of God, who creates them side by side, not to its being necessary in itself, incapable of separation. On the contrary, it is within [divine] power to create satiety*

162 *Ibid.*, p. 166, 170.

without eating, to create death without decapitation, to continue life after decapitation, and so on to all connected things. The philosophers denied the possibility of [this] and claimed it to be impossible [...] All I know is that [...] I have left in the house a jar of water, which may well have turned into an apple tree. For God is capable of everything.

La toute-puissance de Dieu ne peut être affirmée et illustrée en termes plus concrets. Pour al-Ghazali, l'univers est le produit immédiat de la volonté divine[163]. Ce que les philosophes considèrent comme l'effet d'une cause ne serait en réalité qu'une répétition habituelle, une coutume sans qu'il y ait une connexion nécessaire entre deux faits ou deux événements successifs[164]. De cette toute-puissance divine découle une diminution du rôle de la volonté de l'homme dans la conduite des affaires de ce monde. Comme le dit Ormsby, dans ces conditions il est plus facile pour le croyant d'accepter le sort qui lui est réservé puisque c'est le résultat direct et nécessaire de la volonté divine[165]. L'acceptation de son sort, quel qu'il soit, parce qu'il résulte de la volonté divine n'est pas sans connexions politiques. Dans un monde où autorités religieuses et pouvoir politique sont intimement liés et interdépendants, la soumission à la volonté de Dieu entraîne la soumission au calife, son représentant sur terre. L'autorité religieuse musulmane acquiert ainsi un veto sur l'exercice du pouvoir civil qui ne peut déroger aux dispositions du Coran et de la Sunna telles qu'explicitées par les oulémas.

Sur les trois questions que nous avons analysées – la création du monde, la connaissance par Dieu des particularités et la résurrection des corps – al-Ghazali n'hésite pas à déclarer que la position des philosophes, qui

---

163 ORMSBY, *op. cit.*, p. 212.
164 *Ibid.*, p. 213.
165 *Ibid.*, p. 214.

n'a jamais été soutenue par aucune secte musulmane, constitue une manifestation évidente d'infidélité. Quant à la relation de cause à effet soutenue par les philosophes, après l'avoir été par les Mutazilites qui ont été condamnés, elle pourrait également, ce que al-Ghazali refuse de faire, entraîner une condamnation pour infidélité ou être considérée comme une innovation blâmable. Cependant, l'œuvre d'al-Ghazali est parvenue « à endiguer l'influence de la philosophie péripatétique en Islam, et particulièrement dans le monde sunnite [...] et a contribué, plus que toute autre initiative individuelle, à la mutation intellectuelle du monde musulman du 6e/12esiècle[166] ». Pour Henri Sérouya, la violente critique de la philosophie par al-Ghazali « eut un effet assez désastreux sur l'évolution définitive de l'Islam, dont elle fut bannie [...] c'est une lumière éteinte dans le monde arabe, alors qu'elle eut une action considérable dans l'orientation spéculative de l'esprit et du progrès[167] ».

Cette condamnation radicale des philosophes, non pas tant pour les failles de leur raisonnement que pour l'incompatibilité de leurs conclusions avec la doctrine musulmane, prouve hors de tout doute qu'al-Ghazali ne s'adresse qu'aux musulmans et non à tous les résidents de l'Empire abbaside. En tant que bon musulman, Averroès, philosophe et juriste, ne pouvait accepter une telle proposition. Comment continuer à philosopher après une telle censure sur une question fondamentale qui rend passible de la peine de mort, physique et intellectuelle ? Le musulman peut-il s'affirmer comme sujet autonome sans s'exclure de la Communauté ? Comment un sujet autonome peut-il s'affirmer face à la toute-puissance divine ? Comment élaborer une règle de droit qui soit compatible avec une pensée philosophique créatrice, si tout vient d'une parole

---

166 Seyyed Hossein NASR, *Sciences et savoir en Islam*, Paris, Sindbad, 1979, p. 49.
167 Henri SEROUYA, *La pensée arabe*, Paris, PUF, 2001, p. 109.

divine du VIIe siècle ? Averroès devait, à la fois comme bon musulman et comme philosophe et juriste, réfuter les arguments d'al-Ghazali et affirmer la place de la raison dans la découverte de la vérité. C'est ce qu'il entreprend dans *L'incohérence de l'incohérence* entre 1182 et 1193 à Cordoue, un siècle après la publication de *L'incohérence des philosophes* à Bagdad entre 1091 et 1095.

Chapitre III
De L'incohérence de l'incohérence

Al-Ghazali a écrit *L'incohérence des philosophes* pour défendre la foi et rassembler les musulmans à une époque où l'Empire abbaside est soumis à de fortes pressions : à l'intérieur, la dislocation du pouvoir califal par la montée des sultans perses bouyides (945-1055), puis turcs seldjoukides (1055-1180) et, à l'extérieur, à la pression des Mongols. Averroès écrit sa réponse, *L'incohérence de l'incohérence*[168], au moment où les Almohades, contestés à l'intérieur pour leur rigorisme excessif, résistent mal à la poussée de la Reconquista illustrée par la perte de Tolède en 1085.

Deux périodes de crise aux extrémités de la Méditerranée dans le monde arabo-musulman, mais deux réponses opposées : al-Ghazali, à Bagdad, veut assurer le maintien des institutions et préserver le pouvoir des Arabes par l'affirmation de la foi musulmane. Al-Ghazali ne réussit pas vraiment à réaliser son projet politique d'unification et de renforcement du pouvoir abbasside puisque le califat fut partagé, pour un temps, avec le Caire et Cordoue ; et, la réalité du pouvoir exercée par des Perses et des Turcs

---

[168] AVERROÈS, *Tahafut al-Tahafut (The Incoherence of the Incoherence)*, traduction de l'arabe, introduction et notes de Simon Van Den Berg, vol. 1-2, London, Luzac & Co., 1954. Désigné par la suite par *L'incohérence de l'incohérence.* Alain de Libera dit de cette traduction : « Elle est bourrée de contresens à la limite du grotesque mais comporte un commentaire étendu et très érudit. » Il n'existe pas de traduction française du *Tahafut*, sauf partielle dans AVERROÈS, *L'Islam et la raison*, trad. Marc Geoffroy, présentation de Alain de Libera, Paris, GF Flammarion, 2000, p. 165 à 204.

islamisés jusqu'à la prise de Bagdad par les Mongols en 1258. Averroès, à Cordoue, au contraire, fait confiance à la raison sans rien renier ses convictions islamiques.

Malgré ces orientations fondamentalement opposées, les divisions qui opposent al-Ghazali et Averroès porteraient plus sur la formulation des arguments que sur le fond des choses [169]. Cependant, al-Ghazali demeure avant tout un croyant et un musulman : son esprit est éclairé par les lumières du cœur qui lui font défendre des vérités que sa raison ne peut défendre ; il vit ici-bas dans un climat de peur et de dépendance pour mieux assurer sa félicité dans l'au-delà. Averroès est un philosophe arabe de religion musulmane qui est convaincu du pouvoir de la raison pour élucider les questions qui s'imposent à l'homme doté d'un corps et d'une âme[170].

Averroès ne pouvait rester insensible face à l'attaque d'al-Ghazali contre les philosophes anciens. Non seulement lui semble-t-elle injustifiée, mais elle remet en cause ses propres convictions et ses engagements. Au sein de la grande communauté des sages musulmans, il se sait personnellement attaqué dans une société almohade où le dogme doit rassembler la *umma.* Il sait également que le triomphe de la pensée d'al-Ghazali entraînerait une rigidification, une sclérose, de la pensée philosophique andalouse et, par voie de conséquence, de la réflexion et de

---

169 *L'Incohérence de l'incohérence*, p. XXXV : « The resemblance between Ghazali and Averroès, men belonging to the same culture, the greatest men in this culture, seem sometimes greater than their differences. »

170 Pour un avis plus nuancé, voir Jean-Baptiste BRENET, *Averroès l'inquiétant*, Paris, Belles lettres, 2015. « L'homme d'Averroès est un corps cogitant auquel l'intellect, séparé, n'est pas substantiellement uni ; un corps cogitant dont l'intellect n'est pas la forme informante, et qui pour cette raison ne s'intellectualise que dans l'acte momentané d'une pensée, chaque fois qu'un concept est abstrait de ses images », p. 65. Plus généralement, que serait un averroïste ? « Un incrédule hypocrite, un rationaliste railleur faisant mine dans son blasphème d'assentir à la foi », p. 77-78.

l'action politique, par une soumission à une toute-puissance extérieure. Pour lui, conseiller du prince, le triomphe des théologiens signifierait une défaite intellectuelle annonciatrice d'une défaite politique.

Averroès réagit donc à la fois par rapport à l'ensemble de la position d'al-Ghazali en exposant aussi bien les lacunes de ses arguments que leurs conséquences négatives pour l'ensemble de la communauté ; il réfute également, de façon spécifique, les prétentions d'al-Ghazali sur les questions où il est accusé d'adopter une position qui ferait de lui, comme de ses prédécesseurs, un apostat. Dans le monde musulman, hégémonique à l'époque, l'affrontement est gigantesque.

Sous-chapitre 1 : Les commentaires généraux d'Averroès sur *L'incohérence des philosophes*

Averroès récuse l'ensemble de la démarche d'al-Ghazali dans son attaque contre les philosophes. Selon lui, al-Ghazali est tellement soucieux de dénigrer les philosophes, pour réduire leur influence sur la masse des musulmans, qu'il utilise des arguments indignes d'un aussi grand esprit[171]. Notamment, en exposant les arguments des philosophes sans lui-même apporter de preuves ; il ne fait, selon Averroès, que semer lui-même le doute dans l'esprit de ses lecteurs. La superposition des doutes ne donne pas plus de certitude et ne favorise pas la découverte de la vérité.

Paragraphe 1 : Le devoir de réserve

Al-Ghazali [172] aussi bien qu'Averroès [173] font une distinction entre la « masse » des croyants qui comprennent le message du Coran par la simple rhétorique et une élite

---

[171] *L'incohérence de l'incohérence*, p. 16, 56, 95, 240, 274, 347.
[172] *L'incohérence des philosophes*, p. 2-3.
[173] *L'incohérence de l'incohérence*, p. 213. Voir également p. 218 et 343.

restreinte qui a accès à la démonstration. Pour l'un et l'autre, les gens de démonstration ont un devoir de réserve pour éviter de semer la confusion et le doute dans l'esprit de la masse par des arguments qui lui sont incompréhensibles. Pour al-Ghazali, il s'agit essentiellement de préserver les « masses » du doute que les arguments des philosophes, incompréhensibles pour eux, pourraient créer, non dans leur esprit, mais dans le cœur des gens du commun[174] ; pour Averroès, au contraire, le Coran crée une obligation de chercher à mieux connaître les étants pour mieux connaître le créateur, mais ce devoir est assorti d'une responsabilité à l'égard de la capacité de compréhension de la « masse » des croyants.

Averroès reproche à al-Ghazali d'avoir manqué à ce devoir de réserve. En effet, dans *L'incohérence des philosophes*, il expose leurs raisonnements et leurs théories de la façon la plus magistrale[175]. Sous prétexte de réfuter les arguments des philosophes et montrer leur incohérence, al-Ghazali expose le caractère variable et conflictuel de leurs théories à un public de dévots musulmans incapables d'en saisir la portée. Al-Ghazali commettrait ainsi une faute majeure puisqu'il détourne la « masse » des dévots croyants de la confiance absolue qu'ils doivent avoir dans le message coranique[176] : la parole de Dieu telle que rapportée deviendrait sujette à interprétation. Comment une parole claire[177], descendue du ciel en arabe pour que les Arabes comprennent[178], peut-elle devenir sujette à interprétation ? En somme, al-Ghazali

---

[174] Souleymane Bachir DIAGNE, *Comment philosopher en islam ?,* Paris, Philippe Rey et Jimsaan, 2014, p. 140. Voir également : Philippe CAPELLE-DUMONT, et Souleymane Bachir DIAGNE, *Philosopher en islam et en christianisme*, Paris, Cerf, 2016, p. 99s.

[175] *L'incohérence des philosophes*, p. XV.

[176] *Ibid.*, p. 215, 363.

[177] C. V-1 ; C. XXVI-2.

[178] C. XII-1, 2 ; C. XXXVI-68, 71.

adopterait lui-même la conduite qu'il reproche aux philosophes : semer le doute[179].

Al-Ghazali reconnaît l'impasse dans laquelle il se trouve : il n'a pour but que de discréditer la position des philosophes qui se contredisent entre eux sans accéder à la vérité. Mais ce faisant, en exposant lui-même les arguments des philosophes, il contribue à créer ce doute contre lequel il prétend lutter. De plus, en se limitant à dénigrer les philosophes sans présenter sa propre compréhension du monde, il laisse ses lecteurs dans l'expectative, dans le doute. Son exposé des conditions d'accès à la vérité devrait être le sujet d'un prochain livre[180].

Paragraphe 2 : Le doute dans le cœur des musulmans

Le non-respect du devoir de réserve entraîne des conséquences graves auxquelles al-Ghazali voulait lui-même remédier en dénonçant l'incohérence des philosophes et leurs innovations blâmables ; il entendait réfuter toutes les absurdités prônées par les philosophes[181]. Mais, ce faisant, il expose leurs théories à tous et leur donne un rayonnement

---

179 Si Averroès lui-même écrit un livre sur ces questions trop complexes ce n'est que pour répondre aux attaques d'Al-Ghazali et il s'en excuse : *L'incohérence de l'incohérence,* p. 363. Averroès adopte dans sa réponse à al-Ghazali une attitude semblable à la sienne : « The only aim of this book of ours is therefore to ascertain the value of the arguments in it which are ascribed to the two parties, and to show to which of the two disputants the terms "incoherence" and "contradiction" would be applied with more justification. » *Ibid.*, p. 341. Averroès exposera, de façon personnelle et systématique, sa position sur le rôle de la raison en islam dans *Le discours décisif* (*Fasl al-maqual*) comme nous le verrons dans la seconde partie.

180 *L'incohérence des philosophes*, p. 226, 227. Al-Ghazali exposera ses positions personnelles dans le *Faysal al-tafriqa.* Mais comme l'écrit Averroès dans *L'incohérence de l'incohérence* (p. 69), il n'a pas pris connaissance de ce livre qu'al-Ghazali n'écrira peut-être jamais et que les lecteurs de *L'incohérence des philosophes* ne liront sans doute pas.

181 *L'incohérence de l'incohérence,* p. 7, 9.

qu'elles n'auraient sans doute pas eu autrement. Ainsi, faisant fi de la diversité des intelligences et des modes de compréhension du Coran et de la Loi divine qu'il reconnaît lui-même, entre les esprits faibles et ceux qui sont sensibles à la démonstration, al-Ghazali sème le doute dans l'esprit des musulmans qui n'ont accès qu'aux arguments rhétoriques.

Averroès retourne l'argument contre al-Ghazali de la façon la plus affirmative

> *And since Ghazali knew that all these arguments have no other effect than to bring doubts and perplexity to those who cannot solve them–which is an act of wicked sophists [...]. To oppose difficulty with difficulty does not bring about destruction, but only perplexity and doubts in him who acts in this way, for why should he think one of the two conflicting theories reasonable and the other one vain? Most of the arguments with which this man Ghazali opposes the philosophers are doubts which arise when certain parts of the doctrine of the philosophers come into conflict with others, and when those differences are compared with each other ; but this is an imperfect refutation [...]. Indeed, it would have been necessary for him to established the truth, before starting to perplex and confuse his readers*[182] *[...]. And for this reason Ghazali tried to deceive people by a sophism.*[183] »

La discussion de questions inaccessibles pour la masse des croyants crée chez eux un doute qui les éloigne de la vérité qu'elle détient déjà, sans lui permettre d'accéder à une autre, supérieure. Ce doute constitue pour les croyants un véritable poison qui les éloigne de la vérité. C'est ce que al-Ghazali reproche aux philosophes qui l'ont précédé et, c'est précisément ce qu'Averroès lui reproche maintenant : induire la masse des croyants en erreur en semant le doute

---

[182] *Ibid.*, p. 68s.
[183] *Ibid.*, p. 66.

dans leur esprit par l'exposé de propositions qu'ils ne peuvent comprendre.

Selon Averroès, al-Ghazali perturbe l'esprit et la foi des musulmans de deux manières. Premièrement, en ne soumettant que des hypothèses plutôt que des vérités à l'ensemble de la Communauté et ensuite, en proposant à la masse des croyants des arguments qui ne leur sont pas accessibles.

> *The same applies to ideas in relation to men ; that is, there are ideas which are poison for one type of men, but are nourishment for another type. And the man who regards all ideas as fit for all types of men is like one who gives all things as nourishment for all people ; the man, however, who forbids free inquiery to the mature is like one who regards all nourishment as poison for everyone*[184].

Pour Averroès, la position d'al-Ghazali est donc intenable. Qu'il refuse le libre examen des textes à ceux qui disposent des facultés nécessaires pour les étudier ou qu'au contraire, il soumette des hypothèses non vérifiées à l'ensemble de la Communauté, dans les deux cas il ne permet pas au croyant, soit d'accéder à la meilleure connaissance pour lui, soit de préserver la foi qu'il a déjà acquise. Il prive le croyant du meilleur accès à la vérité pour lui, en injectant le poison du doute.

Paragraphe 3 : Grandeur et limites de la raison : l'humilité du philosophe

Le philosophe, dans sa recherche de la vérité, doit faire preuve d'humilité, car il ne peut jamais être absolument certain des propositions qu'il soutient : la raison humaine est limitée. Sur la relation entre le Créateur et sa création, Averroès dit : « […] in so far as it concerns this existence

---

[184] *Ibid.*, p. 215s.

nothing more can be understood than this idea of connexion », c'est-à-dire, la relation de cause à effet et plus loin, il écrit que « And the philosophers understood that this is what is meant by the divine laws when they speak of creation [...][185] ».Cette compréhension est atteinte par des preuves logiques et des démonstrations qui peuvent ne pas convaincre à première vue, mais, celui qui cherche la vérité ne doit pas trop rapidement conclure à la fausseté de la proposition ; il doit plutôt approfondir sa recherche fondée sur un plan systématique en fonction de l'objet traité[186]. Mais le philosophe doit toujours être conscient des limites de compréhension de ces questions par l'esprit humain. Malgré tous les efforts des philosophes, ces questionnements restent empreints de doute, mais d'un doute qui permet, par la remise en cause permanente qu'il génère, de se rapprocher de la vérité[187]. Averroès considère que tout dans le monde est sagesse bien que notre compréhension en soit très limitée et que notre connaissance de la sagesse du Créateur ne nous soit accessible que par la connaissance de la sagesse de la création[188].

Pour al-Ghazali, l'homme doit être humble parce que Dieu étant absolument libre, sa création n'a de valeur que parce qu'elle a été voulue par Dieu. Pour Averroès, l'homme, créé libre et doué de raison, doit être humble parce que dans sa recherche de la vérité, sa compréhension du monde est rendue imparfaite, mais progressive par les limites de son esprit. Si un homme souhaite être bien formé, bien éduqué, il faut qu'il recherche des preuves pertinentes et convaincantes aux fins de sa recherche[189]. C'est seulement à la suite de cet effort qu'il deviendra suffisamment perspicace et que le voile de l'ignorance sera levé. Ainsi, dans la relation

185 *Ibid.*, p. 112.
186 *Ibid.*, p. 125.
187 *Ibid.*, p. 126.
188 *Ibid.*, p. 249.
189 *Ibid.*, p. 29.

entre le Créateur et la création, dans le rapport entre la cause et l'effet, bien que l'homme entre toutes les créatures soit celle qui a été chargée de devoirs et d'obligations, il est difficile pour lui d'en venir à des conclusions définitives : « For this reason there are on this question no indubitable assertions, but only assertions more or less plausible and likely to be true[190] ».

Averroès considère que c'est la raison qui donne à l'homme toute sa dignité. Par contre, il reconnaît que la raison qui permet de chercher la vérité peut mener à des résultats variables selon la compétence et la formation des chercheurs, des philosophes. La vérité n'est pas donnée de Haut comme chez al-Ghazali ; le philosophe doit la chercher en recourant aux meilleurs modes de preuve. Mais la raison est faillible et les perspectives des philosophes sont différentes. Ainsi, Averroès ne peut prétendre comme al-Ghazali détenir la Vérité. Cela ne l'empêche pas de proclamer : « But to ascertain the order, which he who contemplates reality and aspires to the knowledge of First Principle, is difficult, and what human understanding can grasp of it is only its general principle[191] ». Mais par contre, « [...] their philosophy is the highest point human intelligence can reach[192] ». Averroès ne peut admettre que Dieu, qui a doté l'homme d'intelligence, puisse le priver de l'exercice de cette faculté supérieure pour le soumettre à une vérité donnée éternelle.

Cette qualité d'intelligence du monde peut encore mieux être atteinte par la confrontation des avis opposés :

> *What I have said about all these things is not proved here, but must be examined by the application the conditions which the ancients have explained and the rules which they have established for scientific research.*

---

[190] *Ibid.*, p. 139.

[191] *Id.*

[192] *Ibid.*, p. 112.

Besides, he who would like to be one of those who possess the truth should in any question he examines consult those who hold divergent opinions[193].

Cette proposition peut convenir aux philosophes et à ceux qui reconnaissent que les questions doivent être analysées avec les arguments et les preuves pertinents à leur discipline. Mais l'avis contraire a peu de poids ou est même carrément inacceptable pour ceux qui, comme al-Ghazali, s'en remettent à la Parole divine qui s'impose à l'homme comme Vérité. Toutefois, Averroès reconnaît que l'étude de certaines questions devrait être abandonnée, car les facultés humaines, quels que soient leurs mérites, ne permettent pas d'obtenir une réponse satisfaisante ; en certaines matières comme la prophétie, il reconnaît qu'il faut accepter de croire, sans comprendre[194].

Conscient à la fois de la grandeur et des limites de son outil, la raison, le philosophe reconnaît que la poursuite de la vérité ne peut être qu'une éternelle recherche, sans que l'objectif ultime ne soit jamais véritablement atteint. La raison peut même être dévoyée par une recherche qui poursuit d'autres objectifs que la découverte de la vérité. C'est ainsi qu'Averroès s'explique, pour partie, la férocité des attaques d'al-Ghazali contre les philosophes.

Paragraphe 4 : al-Ghazali écrirait-il sous influence ?

Averroès souligne à plusieurs reprises la qualité intellectuelle des œuvres d'al-Ghazali[195]. La faiblesse et même la bassesse de certains arguments invoqués contre les philosophes le surprennent d'autant plus[196]. Au premier

---

193 *Ibid.*, p. 74.

194 *Ibid.*, p. 132.

195 *Ibid.*, p. 16, 56, 63 : « That Ghazali should touch on such questions in this way is not worthy of such a man… ».

196 Une explication tiendrait au fait qu'al-Ghazali se serait limité à la seule étude de l'œuvre d'Avicenne pour attaquer l'ensemble des philosophes :

chapitre de *L'incohérence de l'incohérence* sur l'éternité du monde, Averroès répond à al-Ghazali : « To advance such sophistical arguments is dishonest [...]. What he said, he said only to flatter the masses of his times [...]. But perhaps the man may be forgiven on account of the time and place in which he lived [...][197] ». Plus loin, au sujet de la relation entre l'âme et le corps, Averroès est encore plus catégorique : « But even the best horse will stumble and it was a stumble of Ghazali that he brought out this book. But perhaps he was forced to do so by the conditions of his time and his situation[198] ».

Ces graves insinuations d'Averroès ne sont pas incompatibles avec la volonté clairement affirmée d'al-Ghazali de promouvoir l'unité de la Communauté et de soutenir le pouvoir menacé des Abbassides[199]. De là à prétendre qu'il aurait été encouragé et même soutenu par les pouvoirs politiques en place pour s'attaquer aux théories des philosophes sur l'usage de la raison et la liberté, sans offrir lui-même une véritable alternative autre que la soumission à la Vérité incarnée par le pouvoir, il y a un seuil que Alain de Libera n'hésite pas à franchir[200].

« [...] Ghazali had not reached the degree of knowledge necessary for comprehending this problem [...] and the reason is that he studied only the books of Avicenna [...] ». *Ibid.*, p. 151.

[197] *Ibid.*, p. 16.

[198] *Ibid.*, p. 63.

[199] *L'incohérence des philosophes*, p. XXIII.

[200] AVERROÈS, *L'Islam et la raison*, trad. Marc Geoffroy, présentation Alain de Libera, Paris, GF Flammarion, 2000, p. 161-162 : « Le grand artisan de cette prise en main idéologique de l'Orient abbasside est un homme d'État iranien du nom de Nizam al-Mulk (m. 1092), ministre de plusieurs sultans seldjoukides. Sa politique s'appuie sur une doctrine juridique, le shafi'isme, et une doctrine théologique, l'ash'arisme. Pour enseigner le Droit dans un cadre officiel et contrôlable, il fonde à Bagdad une institution d'enseignement à laquelle il donnera son nom, la madrasa nizamiyya. Pendant des années, il protège et stipendie des savants iraniens acquis à sa cause, dont il favorise l'exportation vers la capitale du

La collusion entre les pouvoirs politiques et les autorités religieuses devait avoir une longue et malheureuse postérité en terre d'Islam où les intérêts de chacun se combinent, encore aujourd'hui, pour fortifier le statu quo. Mais la situation d'al-Ghazali est plus ambiguë, car il a été formé à l'étude des œuvres des philosophes et, selon Averroès, serait d'accord avec les philosophes sur la grande majorité des questions traitées, puisqu'il a lui-même écrit des traités de logique. Que des accusations de mauvaise foi et même de sottise puissent être portées par Averroès contre al-Ghazali ne surprendra pas dans ce contexte[201]. En somme, pour Averroès, le livre d'al-Ghazali contre les philosophes ne serait qu'un mauvais pamphlet qui devrait s'intituler simplement : *L'incohérence.*

Le débat entre al-Ghazali et Averroès dépasse largement l'affrontement entre deux philosophes. Il engage l'avenir de toute la civilisation arabo-musulmane. Son avenir est-il mieux assuré par sa refondation sur les conditions qui ont fait son succès aux siècles précédents ou par une recherche incertaine de voies mieux adaptées à un contexte nouveau ? La question de la fermeture ou non de « la porte de l'*ijtihad* » demeure non résolue ainsi que ses conséquences sur l'évolution, pour ne pas dire la sclérose, de la société. Mais al-Ghazali a porté des accusations précises et très graves qui ont eu une influence déterminante et pernicieuse sur l'évolution des sociétés arabes, auxquelles il faut maintenant répondre.

califat, où doit être portée la bonne parole. AL-Ghazali est l'un de ceux-là. »

201 *L'incohérence de l'incohérence*, p. 208, 219-220.

Sous-chapitre 2 : Réplique d'Averroès aux attaques fondamentales d'al-Ghazali

Averroès ne pouvait demeurer silencieux devant les attaques d'al-Ghazali car elles remettaient en cause les convictions et les enseignements d'une vie, tout en menaçant de l'exclure de la Communauté et de le rendre passible de la peine de mort. Les divergences entre al-Ghazali et Averroès reposent sur des postulats fondamentaux et irréconciliables. Pour Averroès, la vérité doit être recherchée par la raison qui donne toute sa dignité à l'homme et le résultat de cette recherche peut varier en fonction des conditions et du temps. Pour al-Ghazali, la Vérité est donnée par Dieu à l'homme qui la reçoit par adhésion du cœur sans avoir la prétention de s'associer à Dieu dans la recherche de la Vérité. Cette position d'al-Ghazali s'explique par la reconnaissance d'une seule cause divine dont dépendent le présent et le futur de l'humanité. Pour Averroès, au contraire, les évènements auxquels l'homme est confronté sont le résultat de la délibération de son intelligence et de la décision de sa volonté qui sont des facultés totalement indépendantes de l'intelligence et de la volonté divine.

Qu'est-ce que la vérité ? Comment la découvrir ? Où se trouve l'incohérence ? Dans la vérité fragile et variable des philosophes ou dans la Vérité éternelle des théologiens dans un monde en permanente transformation ? Voyons les arguments des uns et des autres relativement aux trois attaques fondamentales d'al-Ghazali sur l'incohérence des philosophes : l'éternité du monde, l'ignorance par Dieu des faits particuliers et la résurrection des corps.

Paragraphe 1 : Sur l'éternité du monde

La question de la création du monde, de sa date, de sa concomitance ou non avec l'existence de Dieu n'est pas notre première préoccupation et même aujourd'hui, presqu'un millénaire plus tard, les astrophysiciens ne réussissent pas apporter une réponse définitive à ces questions[202]. Le véritable problème n'est pas la réponse à la question, mais les moyens pour y parvenir. Dans l'affrontement entre al-Ghazali et Averroès, ce qui a marqué l'histoire des idées et même l'évolution des sociétés â long terme, ce sont les arguments de chacun qui ont contribué à former les esprits.

Al-Ghazali s'en remet à Dieu qui est la cause première, seule et unique, auquel les hommes doivent se soumettre[203]. C'est la soumission complète qui crée l'homme parfait. Le modèle absolu est donné, l'objectif ultime est de s'y conformer. Descendu du ciel, parole de Dieu offerte aux Bédouins d'Arabie, le Coran marque une rupture radicale entre le temps de l'ignorance (*jahiliyya*) et le temps nouveau de la connaissance absolue. Il n'y a pas de continuité, il n'y a pas de comparaison entre l'avant (l'ignorance totale) et l'après (connaissance ultime pour le bonheur de l'homme)[204]. L'histoire commence dans sa pureté définitivement acquise.

Al-Ghazali, quels que soient les motifs qui l'inspirent (religieux, politiques, philosophiques), engage le débat avec les philosophes qui, d'une façon ou de l'autre, remettent en cause cette Vérité donnée et incontestable qu'impose la sagesse divine. Pour al-Ghazali, il n'y a pas de doute, pas d'interrogation qui inciterait à la recherche : « We ask God in His majesty… to make us among those who saw the Truth as Truth, preferring to pursue and follow its paths, and who

---

202 Il y aurait encore aujourd'hui deux ou trois théories, aussi valable l'une que l'autre, sur la création du monde.

203 « Le monde n'est rien d'autre qu'une création permanente de Dieu : renouvellement permanent de sa volonté, permanence et répétition de l'acte inaugural. À la place de la causalité, il y a, selon Ghazali, seulement des habitudes (*ada*) ou de conventions (*sunna*), le cours naturel des choses. Le monde est régi par une convention qui lui est extérieure, puisque Dieu détermine les constantes fondamentales et est cause exclusive des contingences. » MEZGHANI, *op. cit.*, p. 126.

204 HOGGAR, *op. cit.*, p. 53 et 170.

saw the false as false, choosing to avoid and shun it[205] » en conformité avec la parole du Prophète : « Je ne suis qu'un avertisseur. Il n'y a de divinité que Dieu, l'Unique, le Dominateur Suprême ! » (C. XXXVIII-65) Dans ce système, il n'y a pas de doute possible, si ce n'est sur le niveau de conformité à l'idéal annoncé, source de bonheur ici-bas et de félicité dans l'au-delà. Cet idéal religieux apparaît également, pour al-Ghazali, garant de la stabilité politique et de l'ordre social[206].

Fort de cette Vérité, al-Ghazali peut s'attaquer aux philosophes dont les propositions, contradictoires et incohérentes, plongent les croyants, imbéciles et bornés, dans le doute[207]. Pour soustraire les musulmans au doute suscité par ces fausses théories, il suffirait de rendre manifestes l'incohérence et les contradictions des philosophes[208].

Le choix d'al-Ghazali de s'en tenir à simplement dénigrer les philosophes sans proposer de solution alternative permet à Averroès de lui répondre en soulignant la légèreté de ses arguments. Trop d'entre eux ne sont que hautement dialectiques parce que les prémices du raisonnement ne sont que des notions communes équivoques[209] ; d'autres sont d'un faible pouvoir persuasif[210] ; d'autres enfin, seraient carrément faux[211]. À des arguments logiquement faibles, mais socialement et politiquement percutants[212], Averroès oppose des arguments de raison. Il refuse de s'appuyer sur

---

205 « Le croyant, lui, s'en tiendra à l'observance des ordres et commandements divins. Tel est la voie de la certitude qui évite le doute. Certitude qui est, selon un dire du Prophète, "le capital de la foi". » *L'incohérence des philosophes*, p. 1. MEZGHANI, *op. cit.*, p. 127.

206 HOGGAR, *op. cit.*, p. 33 s.

207 *L'incohérence des philosophes*, p. 2-3.

208 *Ibid.*, p. 13.

209 *L'incohérence de l'incohérence*, p. 1, 31, 32, 36, 38, 43, 66.

210 *Ibid.*, p. 7, 8, 14.

211 *Ibid.*, p. 10, 31, 44, 65.

212 *Ibid.*, p. 68.

des connaissances générales partagées par tous qui ne créent pas de vérité objective[213]. Il se refuse à répondre au doute par un doute complémentaire et souligne la nécessité d'une base commune de faits admis pour qu'une discussion puisse évoluer vers un approfondissement de la vérité[214]. Et, répondant de façon plus personnelle aux arguments d'al-Ghazali, Averroès insiste sur le fait qu'un homme de la qualité de son contradicteur ne devrait pas argumenter sur la base d'approximations qui peuvent faire forte impression auprès de la masse, mais uniquement sur le fondement de preuves certaines[215]. Entre gens qui lient et qui délient, ne sont recevables que des arguments fondés sur la raison d'un homme libre doté des qualités et de la formation nécessaires[216]. Averroès, homme éduqué, répond à al-Ghazali par des arguments de raison qui permettent sinon de découvrir la vérité, du moins de s'en approcher, ce que refuse de faire al-Ghazali dans sa réfutation des philosophes[217].

Pour Averroès, « truth as it has been defined, is the agreement of what is in the soul with what is outside the soul[218] ». La recherche de la cohérence entre l'intérieur et l'extérieur de l'âme, la recherche de la vérité, Averroès la fonde sur la relation de causalité établie par la raison. Alors que pour al-Ghazali, Dieu, la Cause première est la cause de tout et les constatations empiriques perçues comme une relation de cause à effet ne sont en réalité que le fruit d'une habitude, d'une relation acquise[219] ; à l'opposé, pour

213 *Ibid.*, p. 7.
214 *Ibid.*, p. 16, 18. Alain de LIBERA, *L'invention du sujet moderne*, Cours du Collège de France 2013-2014, Paris, Vrin, p. 36, 80.
215 *L'incohérence de l'incohérence*, p. 29, 38.
216 Alain de LIBERA, *Archéologie du sujet. Naissance du sujet*, Paris, Vrin, 2007, p. 188.
217 *L'incohérence de l'incohérence*, p. 68s.
218 *Ibid.*, p. 60 ; t. II, 60.3.
219 *Ibid.*, p. 166 : « According to us the connexion between what is usually believed to be a cause and what is believed to be an effect is not a

Averroès, l'homme libre est la cause des effets qu'il produit ou subit. Les phénomènes naturels ou psychologiques qui se produisent ne sont pas le résultat d'une simple habitude, d'une répétition normale des mêmes phénomènes ; le feu ne brûle pas par simple habitude, mais il est dans sa nature de brûler : « But one need not therefore deny fire its burning power so long as fire keeps its name and definition[220] ».

Nier l'existence du principe de causalité, c'est nier la possibilité de la science et de la compréhension de l'harmonie de l'univers :

> *To deny the existence of efficient cause which are observed in sensible things is sophistry, and who defends this doctrine either denies with his tongue what is present in his mind or is carried away by a sophistical doubt which occurs to him concerning this question [...]. Now intelligence is nothing but the perception of things with their causes, and in this it distinguishes itself from all the other faculties of apprehension, and who denies causes must deny the intellect. Logic implies the existence of causes and effects, and knowledge of these effects can only be rendered perfect through knowledge of their causes.*

---

necessary connexion ; each of two things has its own individuality and is not the other, and neither the affirmation nor the negation, neither the existence nor the non-existence of the one is implied in the affirmation, negation, existence and non existence of the other – e.g. the satisfaction of thirst does not imply drinking, nor satiety eating, nor burning contact with fire, nor light sunrise, nor decapitation death, nor recovery the drinking of medecine, nor evacuation the taking of a purgative, and so on for all the emperical connexions existing in medecine, astronomy, the sciences and the crafts. For the connexion in these things is based on a prior power of God to create them in a successive order, though not because this connexion is necessary in itself and cannot be disjoined – on the contrary, it is in God's power to create satiety without eating, and death without decapitation, and to let life persist notwithstanding the decapitation, and so on with respect with all connexions. » (Traduction par Simon van den Berg). Voir également page 222.

220 *Ibid.*, p. 319.

Denial of cause implies the denial of knowledge, and denial of knowledge implies that nothing in this world can really be known, and what is supposed to be known is nothing but opinion, that neither proof nor definition exist, and that the essential attributes which compose definition are void[221].

Entre la logique d'Averroès, qui implique l'existence de causes et d'effets pour la compréhension de l'harmonie de l'univers, et l'affirmation d'al-Ghazali, selon laquelle il n'y a qu'une Cause première qui est la cause de tout dans un monde régi par des relations d'habitude, le choc est aussi inévitable qu'irréductible. Pour l'un, la Vérité est donnée ; pour l'autre, elle est le fruit d'une recherche sans cesse renouvelée, car les facultés humaines sont limitées.

La détention de la Vérité absolue par al-Ghazali s'accommode parfaitement avec la volonté d'imposer un ordre spécifique et permanent dans les esprits et dans la société[222]. Au contraire, chez Averroès, c'est parce que cette relation de cause à effet existe par l'effet d'une cause indépendante et autonome que la loi, le droit peut exister ; que les habitants du pays peuvent passer du statut de sujet à celui de citoyen qui détient des droits. Comment la loi pourrait-elle imposer une sanction à une personne pour un résultat dont elle n'est pas la cause, dont elle n'est pas responsable ? Comment rendre responsable une personne qui a agi sous la dictée immédiate d'une Autre ? Et si cet Autre est Dieu, parfait et miséricordieux, comment le condamner ? Comment appliquer la loi du talion (C. II-178-

---

[221] *Ibid.*, p. 318-319.

[222] HOGGA, *op. cit.*, p. 107 s. « On ne peut manquer de noter le parallélisme entre une conception de la toute-puissance divine aux limites inconcevables et le pouvoir seljüqide, hégémonique et totalitaire, d'ailleurs dérivant de lui-même [...]. Le théologien défend encore, selon la doctrine ash'arite, une transcendance et une puissance divine qui ne relèvent d'aucune obligation morale [...] rien n'est obligatoire pour les créatures par la raison mais par la loi religieuse. »

179) si l'agresseur n'est pas lui-même cause de son acte ? Comment peut-il être responsable et comment l'agressé peut-il lui réclamer une compensation alors qu'il n'est pas la cause du dommage[223] ?

Si, pour al-Ghazali, la vérité se trouve dans la parole de Dieu transmise par le Coran[224], il n'en récuse pas pour autant tout pouvoir de la raison, mais il la cantonne dans une relation de dépendance par rapport à la religion[225]. Cette soumission de la raison à la religion, de la recherche de la vérité au dogme, rendait difficile sinon impossible (sauf pour les sciences pratiques : la médecine, les mathématiques, l'astronomie, l'alchimie) la poursuite de l'œuvre de la Maison de la sagesse qui avait favorisé, par la traduction des œuvres des auteurs grecs, la pénétration de la philosophie dans l'univers arabo-musulman. D'héritier légitime de l'Antiquité, de ses richesses intellectuelles et de son savoir-faire[226], l'Empire abbasside s'est replié sur lui-même. Sans prédécesseur véritable parce qu'issu du monde de l'ignorance (jahiliyya) et sans interlocuteur faute de traductions que la Maison de la sagesse avait jusque-là produites, le monde arabo-musulman a cultivé son

223 Al-Ghazali serait en contradiction flagrante avec le Coran, « Nous leur avons prescrit, dans la Tora : vie pour vie, œil pour œil, nez pour nez, oreille pour oreille, dent pour dent. Les blessures tombent sous la loi du talion ; mais celui qui abandonnera généreusement son droit obtiendra l'expiation de ses fautes » (C. V-45) Si Dieu est la cause de tout, l'homme peut-il abandonner généreusement son droit ? Un croyant peut-il commettre une erreur, si Dieu est la cause de tout ? (C. IV-92)

224 « Le Coran n'a pas été inventé par un autre que Dieu » (C. X-27) et « La vérité émane de ton Seigneur » (C. III-60 ; XVIII-29) qui lance « … contre l'erreur la Vérité… » (C. XXI-18) et dit : « La Vérité ! Je dis la Vérité » (C. XXXVIII-84).

225 Alain de LIBERA, *La philosophie médiévale*, *op. cit.*, p. 121.

226 Rémi BRAGUE, *Europe, la voie romaine*, Paris, Gallimard (Folio essais), 1992, p. 26 et 99.

authenticité et à renoncé à devenir romain, au sens où l'entend Rémi Brague[227].

Si le coup ne fut pas fatal pour la philosophie péripatéticienne en Orient[228], il n'en fut pas moins rude. Son influence diminua en faveur du soufisme sous l'influence de l'Orient (appréhension de Dieu par le cœur) et, de son opposé radical, le littéralisme hanbalite. C'est contre cette évolution que s'élève Averroès. Ainsi, chacun, al-Ghazali à l'est et Averroès à l'ouest, triomphe dans sa partie du monde arabo-musulman et leur pensée jouera un rôle déterminant dans l'avenir de leur société. Sous l'influence du littéralisme et des théologiens, l'Orient se replie sur lui-même et se sclérose progressivement non pas tant parce que sa pensée régressait en elle-même, mais parce que le monde se transformait sans qu'elle s'adapte à ces changements[229]. Cette évolution du rapport entre le dogme et la société était sans doute inévitable dans la mesure où la Parole de Dieu, vérité immuable, voulait par un engagement politique tout aussi immuable, promouvoir le bonheur sur terre avant d'assurer la félicité dans l'au-delà.

Dans l'Occident arabe, Averroès n'eut pas la satisfaction d'assister au triomphe de la raison : en fin de carrière, il fut exilé et ses œuvres brûlées. L'histoire devait cependant lui réserver une féconde postérité. Ses œuvres, parvenues en Europe grâce à des traductions en hébreux et en latin furent au centre des plus fameuses controverses de l'Université de Paris au Moyen Âge. Mais sa recherche de la vérité fondée sur la prééminence de la raison, fut condamnée aussi bien par les théologiens musulmans que par les autorités

---

227 *Ibid.*, p. 101, 55 « Est "romain" en ce sens, quiconque se sait et se sent pris entre quelque chose comme un "hellénisme" et quelque chose comme une "barbarie". Être "romain" c'est avoir en amont de soi un classicisme à imiter et en aval de soi une barbarie à soumettre. »

228 Alain de LIBERA, *La philosophie médiévale*, *op. cit.*, p. 122.

229 *Ibid.*, p. 183 s., BRAGUE, *op. cit.*, p. 145 et 161.

catholiques à Paris[230]. Entre le rationalisme d'Averroès et le dogme, qu'il fut musulman ou catholique, il n'existait pas une base commune qui eut permis un dialogue fructueux.

Mais si le prestige et l'influence de l'œuvre d'al-Ghazali a contribué à ankyloser la société arabo-musulmane pendant plusieurs siècles malgré des tentatives de réforme, celle d'Averroès, même confinée à une élite restreinte sans ambition politique, fut à l'origine de la Renaissance européenne grâce à la traduction de ses œuvres en hébreu et en latin[231] ; une Renaissance que l'Islam n'a pas connue et, bien qu'il soit à l'origine de ses fondements, dont il n'a pas permis l'épanouissement[232].

Ces débats fondamentaux pour l'époque et l'évolution future des sociétés, nous éclairent peu sur l'éternité du monde qui demeure encore aujourd'hui une question non résolue[233]. Ce ne sont donc pas les positions des philosophes, ni celle d'al-Ghazali ou la réplique d'Averroès qui doivent retenir notre attention[234]. Par contre, les arguments des uns et des autres dans ce qu'Albert Hourani a décrit comme « la plus célèbre controverse de l'histoire islamique » ont marqué l'histoire de l'humanité[235].

Al-Ghazali, dont le but dans *L'incohérence des philosophes* est surtout de dénigrer les philosophes[236] en n'invoquant que

---

230 David PICHÉ, avec la collaboration de Claude Lafleur, *La condamnation parisienne de 1277*, Paris, Vrin, 1999, p. 177 s.

231 LIBERA, *op. cit.*, p. 185. BRAGUE, *Op. cit.*, p. 147.

232 *Ibid.*, p. 161.

233 Il y aurait encore aujourd'hui deux ou trois théories explicatives de la création du monde pour les astrophysiciens.

234 Averroès souligne que son seul but dans *L'incohérence de l'incohérence* est de confronter et réfuter les arguments d'al-Ghazali : « The only aim of this book of ours is therefore to ascertain the value of the arguments in it which are ascribed to the two parties, and to show to which of the two disputants the terms "incoherence" and "contradiction" would be applied with greater justification ». *L'incohérence de l'incohérence*, p. 341.

235 HOURANI, *op. cit.*

236 *L'incohérence des philosophes*, p. 46, 13.

des propositions qui ont un impact sur l'âme du croyant et suscitent le doute dans l'esprit de celui qui est sensible aux arguments rhétoriques, oppose à leurs arguments la doctrine ash'irite de la toute-puissance de Dieu et le Coran[237]. Averroès réfute les arguments rhétoriques et dialectiques d'al-Ghazali, qui n'offrent que des preuves approximatives qui, si elles peuvent influencer la masse et semer le doute dans les esprits faibles, ne permettent pas de s'approcher de la vérité. Averroès reproche à al-Ghazali, un homme d'une grande qualité, de ne s'en tenir qu'à des arguments spécieux dans la voie de la recherche de la vérité ; l'accumulation des doutes et des confusions ne font qu'ajouter à la perplexité sans aider à la découverte de la vérité[238]. La démarche d'Averroès, qui n'est pas elle-même exempte de doute parce que l'esprit humain est limité[239], permet, en se fondant sur la raison et le principe de causalité, d'acquérir une certitude partagée en raison qui fonde une vérité[240].

Le conflit entre al-Ghazali et Averroès sur l'origine du monde et toutes les autres questions ne pouvait trouver de solution immédiate, car les prémices de l'un et de l'autre étaient trop éloignées, voire incompatibles, pour que le conflit puisse évoluer. Chacun prétendait à la vérité ; pour al-Ghazali, la Vérité absolue qui submerge le cœur ; pour Averroès, une vérité toujours en quête d'elle-même par la raison[241]. Le même débat se poursuit sur les deux autres questions fondamentales soulevées par al-Ghazali contre les philosophes, la connaissance par Dieu des réalités particulières et la résurrection des corps.

---

[237] C. XXI-16s., C. XXX-30s., C. XXXIX-5s., C. XXXV-1, C. II-117.

[238] *L'incohérence de l'incohérence*, p. 16 et 68.

[239] *Ibid.*, p. 125-126.

[240] *Ibid.*, p. 53, 56, 67, 99s.

[241] *Ibid.*, p. 99s., 229, 318s.

Paragraphe 2 : Sur la connaissance des réalités particulières

Al-Ghazali accuse les philosophes arabes qui l'ont précédé, notamment al-Farabi et Avicenne[242], de soutenir que Dieu n'a connaissance, soit que de Lui-même, soit que d'une connaissance universelle des choses indépendamment du temps, c'est-à-dire, du passé, du présent et de l'avenir. En pleine contradiction avec la loi divine et le Coran[243]. En effet, comment un Dieu qui est témoin de toute chose et des actions des hommes[244], un Dieu dont la science s'étend à tout[245], un Dieu puissant[246], un Dieu qui fixe les destins[247], comment un tel Dieu ne connaîtrait-il pas le moindre détail de la vie des hommes ?

---

242 La position d'Avicenne sur le sujet est particulièrement difficile à suivre : « To ascribe to God a plurality of thoughts is just as much attributing to Him a deficiency as to ascribe to Him a plurality of acts : God knows everything, only in a universal way ; still no single thing, not even the weight of an atom, is hidden from Him (according to the Koran XXXIV.3 ; X.62) ». S. van den Berg ajoute à juste titre : « This is something very wonderful, the understanding of which needs great intellectual subtlety. » *L'incohérence de l'incohérence*, t. II, p. 150, 275.1.

243 *L'incohérence des philosophes*, p. 136 et 143.

244 « Dieu est témoin de vos actions. » C. III-98. « Dieu est témoin de toute chose. » C. IV-33. « Dieu connait toute chose. » C. IV-32.

245 « La Science de Dieu s'étend à toutes leurs actions. » C. III-120. « La Science de Dieu s'étend à toute chose. » C. VI-126. « - Dieu est présent partout et il sait ! » C. II-115.

246 « Dieu est puissant sur toute chose ! » C. II-20. « La royauté des cieux et de la terre et de ce qui est entre les deux appartient à Dieu. Il crée ce qu'il veut, il est puissant sur toute chose. » C. V-17. « Dieu sait parfaitement que ce qu'ils invoquent hors de lui n'est rien. Il est le Puissant, le Sage. » C. XXIX-42.

247 « Le destin est fixé : toute chose revient à Dieu » C. II-210. « Il n'appartient à personne de mourir si ce n'est avec la permission de Dieu et d'après ce qui est irrévocablement fixé par écrit » C. III-145. « Il est le Maître absolu de ses serviteurs. Il envoie vers vous ceux qui enregistrent vos actes » C. VI-61.

Pour Averroès, les arguments d'al-Ghazali, qu'ils soient fondés, par rapport au temps, sur l'exemple des trois étapes de l'éclipse ou, par rapport à la matière et à l'espace, sur la relation de Zayd à l'islam, sont sophistiques et légers. Ils sont fondés sur une confusion qui présume que la connaissance divine est similaire à la connaissance humaine. Alors que les hommes connaissent les choses particulières par leurs sens et les choses universelles par leur intellect, Dieu, qui est pur intellect, ne peut connaître que les universaux. La connaissance divine ne peut être analogue à la connaissance humaine qui est le produit de la chose qui existe alors que la connaissance de Dieu est la cause de leur existence. Il n'est pas vrai, pour Averroès, que la connaissance éternelle est assimilable à la connaissance temporelle. Il ajoute que celui qui croit que ces deux modes de connaissance sont assimilables, fait de Dieu un homme éternel et de l'homme un Dieu mortel[248].

À ceux qui soutiennent qu'il n'y a pas de réalité hors de Dieu[249], Averroès répond que cette connaissance est celle de ceux qui sont enfoncés de façon inébranlable dans leurs convictions religieuses ; elle ne constitue pas une obligation liée à la foi et n'est pas enseignée par la Loi divine. Ceux qui répandent cette prétention lorsqu'elle ne doit pas l'être commettent une faute et il en est de même pour ceux qui la cachent à ceux qui devraient la connaître[250]. Averroès revient ici sur la division de la Communauté entre les savants qui doivent chercher la vérité et ceux qui doivent s'en tenir à la vérité telle que transmise par la lettre du Coran. Mais le principe supérieur demeure celui de la connaissance fondée sur la raison dirigée par le principe de causalité[251].

Ainsi, sur la question de la connaissance des particularités par Dieu (mais, les desseins de Dieu sont insondables)

---

248 *L'incohérence de l'incohérence*, p. 285.

249 *Ibid.*, p. 281.

250 *Id.*

251 *Ibid.*, p. 274.

comme sur celle de la création du monde, on ne peut arriver à une conclusion matérielle définitive. Cependant, l'option en faveur d'une certaine liberté de l'homme ou son rejet, marque un tournant décisif. Ou l'homme est totalement soumis à Dieu ; ou, doté de raison et d'une faculté d'initiative, il devient co-créateur de son avenir personnel et collectif. C'est l'option retenue par Averroès, qui reconnaît à l'homme, grâce à la raison dont Dieu l'a doté, un rôle autonome et créatif dans l'évolution de l'univers. Si l'homme a été doté de raison par Dieu, comment peut-on penser qu'Il lui en refuse ensuite l'usage pour développer sa propre compréhension du monde ?

Paragraphe 3 : Sur la résurrection des corps

La troisième et dernière accusation majeure d'al-Ghazali contre les philosophes, la négation de la résurrection des corps, est évoquée dans la vingtième discussion de *L'incohérence des philosophes.* Averroès lui réplique dans le dernier chapitre de *L'incohérence de l'incohérence* (About the natural sciences) qui tient lieu, pour ainsi dire, de conclusion. Dans ces dernières pages, Averroès répond non seulement à l'attaque d'al-Ghazali sur la résurrection des corps, mais il revient également sur les fondements théoriques de son opposition à al-Ghazali et sur la nécessité de défendre les philosophes, sur une compréhension rationnelle du monde et sur la relation entre raison et religion. Averroès souligne avec force que, loin de se situer hors de la religion, par son adhésion franche à l'islam il doit échapper à toute accusation d'hérésie[252].

Si Averroès confirme d'entrée de jeu son adhésion au principe important (mais qui n'a pas été soulevé, selon lui, par les anciens philosophes) de la non-résurrection des corps, les motifs de cette conviction peuvent surprendre : la

---

[252]*Ibid.*, p. 359, t. II, p. 203, 359.1.

résurrection de l'âme, seule, produit, entre les hommes en tant qu'hommes, un ordre qui leur permet d'atteindre au plus grand bonheur, selon leur condition[253].

Le lien entre la résurrection des seules âmes et le plus grand bonheur de l'homme en tant qu'homme et selon sa nature n'est pas évident. Une hypothétique résurrection des corps (beaux ou laids, complets ou mutilés, intègres ou disséqués) empêcherait-elle la réalisation de ce bonheur égale pour tous ? En quoi la résurrection des âmes permettrait-elle, par le respect des prescriptions des différentes religions, d'atteindre ce bonheur ? Il est surprenant de la part d'une personne qui se décrit comme un bon musulman (surtout dans l'Andalousie almohade rigoriste), qu'elle puisse soutenir que le respect des ordonnances de toutes les différentes religions puisse procurer le plus grand bonheur. La mise sur un pied d'égalité des religions monothéistes ne constitue-t-elle pas un abandon de la prééminence de l'islam, une négation du sceau que le Prophète est venu apposer[254] ?

Averroès continue en affirmant que les philosophes considèrent les lois divines (la *charia*) comme un art politique qui trouve sa source dans la raison (de l'homme) et dans l'inspiration (des prophètes), et plus particulièrement dans les principes communs à toutes les religions, malgré leurs différences[255]. Cette position d'Averroès est doublement surprenante. D'une part, il ramène l'islam au même niveau que les autres religions et, d'autre part, reconnaissant avec les autres philosophes, un partage des rôles entre l'inspiration prophétique et la raison dans la création des lois divines, il atténue l'apport de cette dernière[256]. Averroès rejette implicitement la supériorité de l'islam, mis sur le même pied que les autres religions, dont les principes généraux ne

---

[253] *Ibid*, p. 359.
[254] C. XXXIII-40.
[255] *L'incohérence de l'incohérence*, p. 359.
[256] Cette attitude apparaît difficilement compatible avec des dispositions explicites du Coran : C. IX-29 et 33 ; C. XLVIII-28.

doivent pas être attaqués par les philosophes[257]. Cette égalité peut s'expliquer par la reconnaissance par toutes les religions de l'existence d'une vie future et d'un accord général, sur les actes qui permettent d'accéder à la félicité.

En d'autres mots, les philosophes considèrent la religion comme nécessaire ou obligatoire, car elle favorise la poursuite de la sagesse chez tous les êtres humains, alors que la philosophie n'oriente que les personnes savantes vers la connaissance de la sagesse et de la vérité. Malgré cette distinction, pour Averroès, les religions demeurent attentives aux besoins de tous, aussi bien aux attentes des philosophes qu'à celles des masses. La division des croyants entre les « gens de démonstration » et la masse qui s'en tient aux procédés rhétoriques tient aux facultés des uns et des autres, mais la perfection et le bonheur complet des savants ne se réalisent que par l'établissement d'une relation féconde avec la masse des croyants. C'est le devoir du savant de ne pas dénigrer les principes de la religion dans laquelle il a été élevé et de les expliquer de la façon la plus juste, en insistant sur leur caractère universel plutôt que sur leurs particularismes. Le philosophe doit éviter d'émettre des doutes sur les principes de la religion ou de les expliquer d'une façon contraire à celle indiquée par le Prophète. S'il devait manquer à ce devoir, le philosophe, plus que tout autre devrait être traité d'incroyant et subir les sanctions prévues par la religion dans laquelle il a été élevé[258].

Non seulement Averroès considère-t-il toutes les religions comme respectables, mais, tout musulman qu'il soit, il invite les philosophes à choisir la meilleure religion de l'époque, sachant qu'elle sera éventuellement remplacée par une autre[259]. La position d'Averroès est pour le moins ambiguë ; il affirme être un bon musulman, tout en affirmant

---

257 *Id.*

258 *L'incohérence de l'incohérence*, p. 360.

259 *Id.*

que toutes les religions sont respectables, qu'il faut respecter la religion dans laquelle on a été élevé tout en pouvant en changer quand une meilleure apparaît. Mais Averroès soutient aussitôt que la sagesse n'a jamais cessé de s'exprimer à travers la voix des prophètes dont les savants, les « gens de démonstration », sont les héritiers[260]. Ce qui lui permet d'affirmer la prééminence de la religion qui trouve sa source dans l'inspiration des Prophètes et la raison des philosophes : « Every religion exists through inspiration and is blended with reason. And he who holds that it is possible that there should exist a natural religion based on reason alone must admit that this religion must be less perfect than those which spring from reason and inspiration[261] ». On touche ici aux limites de la raison si souvent évoquées par Averroès malgré son engagement inconditionnel en faveur de celle qui donne toute sa dignité à l'homme.

Et Averroès précise, ajoutant à l'ambiguïté, que ce sont les paroles des prophètes et les décisions des législateurs qui orientent les prescriptions des religions qui elles-mêmes guident les masses, et, dans cette perspective, l'islam, par ses prières et sa conception d'au-delà, permet d'atteindre ses objectifs mieux que les autres religions. Contre ceux qui voudraient modifier ou transformer les prescriptions de l'islam et éloigner les hommes de la vertu, Averroès préconise une union des théologiens et des philosophes pour leur apporter la contradiction et, advenant qu'ils prennent le pouvoir, les liquider[262].

Après s'être opposé aux arguments des théologiens, après avoir défendu les philosophes, comment expliquer cette proposition d'associer les uns et les autres ? Après avoir

---

[260] *Ibid.*, p. 361.

[261] *Id.*

[262] *Ibid.*, p. 362. Une telle violence, surprenante de la part d'un philosophe, s'explique sans doute par le fait qu'en sa qualité de conseiller du prince, il était particulièrement préoccupé par le maintien de l'ordre public.

reconnu l'égalité des religions et même la possibilité d'en changer pour une nouvelle meilleure, comment en venir à affirmer la supériorité de l'Islam ? Quel est le rôle exact de la raison dans la pensée d'Averroès, si l'union de la raison et de la parole prophétique permet de développer les principes et règles d'une religion supérieure ? Suprématie de la raison ou de l'inspiration prophétique, ou symbiose des deux ? Averroès se sent-il obligé de donner des gages de saine orthodoxie à la Communauté pour éviter toute accusation d'apostasie, d'une part, et, d'autre part, peut-être, de créer un climat plus favorable à la réception de son approche rationaliste des questions religieuses ? Alors qu'al-Ghazali voulait unir tous les croyants de la Communauté pour solidifier le projet politique de l'Empire abbasside soumis à des divisions internes et à des pressions extérieures, Averroès serait-il soumis à des contraintes théologiques telles qu'il doive mitiger ses positions et accepter, en cas de crise majeure, des collaborations hypothétiques qu'en réalité il récuse ?

Comment concilier le travail de la raison et l'inspiration prophétique ? Comment passer de l'argumentation réservée au cercle restreint des philosophes à la norme religieuse pour l'ensemble de la Communauté ? Comment concilier, d'une part, le juste et le bien du philosophe, élaborés dans le cercle restreint des sages et des conseillers du prince avec, d'autre part, le juste du juriste, du législateur et du juge, qui prescrivent le juste pour le bien de l'ensemble de la Communauté ?

Ce passage du spéculatif au pratique, Averroès l'assume, lui dont toute la carrière a oscillé entre l'un et l'autre : l'homme ne peut vivre en ce monde sans la connaissance des sciences pratiques, ni, en ce monde et dans l'autre, sans les vertus spéculatives. Ces catégories sont perfectionnées et complétées par l'exercice des vertus pratiques qui elles-mêmes ne deviennent fortes que par l'adoration de Dieu, selon les rites des différentes religions[263]. Et Averroès termine *L'incohérence de l'incohérence* par cette dernière phrase qui marque, à la fois, son opposition à al-Ghazali et l'abandon de son engagement strictement rationnel et philosophique : « And no doubt this man erred in religious questions as he erred in rational problems. God is the succourer for the finding of what is true, and He invests with the truth whomever He chooses[264] ».

Bien que Dieu soit l'aidant et l'assistant de ceux qui cherchent la vérité, Averroès prend néanmoins position contre la résurrection des corps soutenue par al-Ghazali, qui s'appuie sur de nombreux versets du Coran[265]. Pour Averroès, l'âme est immortelle tel qu'il est établi par la raison et la religion et lors de la résurrection, ce n'est pas le corps qui ressuscite, mais un simulacre du corps, une image du corps. L'affirmation de la résurrection des corps par un Dieu tout-puissant peut satisfaire les attentes des masses qui recevront alors une récompense effective pour toutes leurs bonnes actions ici-bas. Pour les « gens de démonstration », le Coran doit être interprété, car ce qui a péri et est dispersé ne peut réapparaître que sous forme de représentation.

Après avoir souligné avec insistance le rôle capital de l'inspiration prophétique, la prééminence de la religion qui associe intuition et raison, le rôle de Dieu, Averroès semble revenir à une conception rationnelle du phénomène de la résurrection. Comment dénouer ce noeud d'ambiguïtés et même de contradictions ? Il donne peut-être lui-même la réponse en conclusion de *L'incohérence de l'incohérence* : « I have decided to break off my inquiry about these things here, and

[263] *Ibid.*, p. 359.
[264] *Ibid.*, p. 363.
[265] C. XXX-25 : « Vous surgirez de la terre. » C. II-73 : « Nous avons dit : "Frappez le cadavre avec un membre de la vache". Voici comment Dieu rend la vie aux morts ; il vous montre ses signes. » C. XXX-40 : « C'est Dieu qui vous a créés. Il vous a ensuite accordé vos moyens de subsistance, puis il vous fera mourir, après quoi il vous fera revivre. »

I ask pardon for their discussion, and if it were not an obligation to seek the truth for those who are entitled to it – and those are, as Galen says, one in a thousand – and to prevent from discussion those who have no claim to it, I would not have treated all this[266] ».

Averroès expliquerait donc sa propre incohérence, ou ce qui apparaît comme tel, par la nécessité où il se trouve, en répondant aux accusations d'al-Ghazali, de s'adresser à deux publics : les « gens de démonstration » qui ont droit à la vérité et la masse qui ne doit pas être perturbée dans sa foi par des vérités qui lui demeurent inaccessibles et ne pourraient que susciter le doute dans son esprit.

C'est dans ses œuvres personnelles qui s'adressent à un public restreint de lettrés qu'Averroès peut, sans réserve, exposer sa conception du rôle de la raison en toutes matières qui engagent la vie des hommes, aussi bien en ce qui concerne la recherche des principes philosophiques du bien et du juste que de leur mise en œuvre par des normes juridiques qui régissent la vie quotidienne de tous les membres de la Communauté. C'est ce que nous verrons dans la seconde partie. Premièrement, le rôle de la raison dans la recherche de la vérité, c'est à dire, du bien et du juste dans la perspective du philosophe et, ensuite, sa mise en œuvre dans l'intérêt de l'ensemble des citoyens par le juriste. Comment passer de la recherche de la vérité et du bien commun par un groupe limité de sages et de philosophes à la mise en œuvre de ces principes dans la vie quotidienne des croyants par le droit qui s'applique à tous ?

---

266 *L'incohérence de l'incohérence*, p. 363.

Partie II
Averroès juriste : de la philosophie au droit

Dans une société arabo-musulmane pré-moderne, le droit, forcément musulman, la *charia*[267] vise moins à assurer l'ordre dans les relations entre les citoyens qu'à établir au sein de la Communauté des conditions holistiques qui vont permettre à chacun de mener une vie bonne ici-bas pour accéder à la félicité dans l'au-delà. Le droit apparaît comme le complément pratique de la religion ou plutôt comme l'expression de la religion dans la vie quotidienne. Le but n'est pas d'établir un équilibre harmonieux entre des citoyens égaux, mais de susciter, chez tous les croyants musulmans, des conduites qui aideront le frère à se conformer au modèle coranique de la Loi révélée qui, par excellence, permet d'obtenir la récompense éternelle dans l'autre vie.

---

[267] Pour Baudouin Dupret, ce droit n'aurait pas existé puisqu'il « a été inventé par des savants européens au XIXe siècle ». Baudouin DUPRET, *op. cit.*, p. 117. Il y avait pourtant dans les sociétés arabo-musulmanes, avant le XIXe, un corps de règles, une normativité musulmane, qui régissait la vie en société et cette normativité islamique était reconnue et sanctionnée par les cadis. L'élément nouveau pour un juriste occidental réside dans le fait que la mise en œuvre de cette normativité musulmane devenue droit avait pour but le bon fonctionnement, ici-bas, d'une société composée de personnes de foi musulmane en vue de la béatitude de chacun dans l'au-delà. Le droit occidental (droit civil, Commun Law) n'a pas la prétention d'aider le citoyen (qui n'est pas considéré comme chrétien, juif ou musulman) à accéder à l'au-delà ; il vise seulement à favoriser l'harmonie entre tous ici-bas.

Cette Loi révélée qui impose des conduites déterminées et le respect de la Vérité se réalise d'autant mieux dans une société homogène sur le plan religieux, quoique de façon différenciée, selon les aptitudes des membres de la Communauté. Dans une société hétérogène, mais majoritairement musulmane, les mêmes conduites ne peuvent être exigées de résidents non musulmans pour lesquels le droit doit prévoir un statut spécial (la *dhimmitude* pour les autres Gens du livre), sans parler des circonstances où des musulmans peuvent difficilement respecter les conduites les mieux compatibles avec la Loi. De la même façon, la Loi ne peut être appréhendée de manière identique par tous les musulmans dont les aptitudes pour la comprendre divergent. Bien plus, l'interprétation de cette Loi ne peut être laissée à tous et chacun, en pleine liberté, car tous n'ont pas les aptitudes, la formation et les dispositions pour comprendre le sens apparent et saisir le sens caché de la Loi.

Dans le *Fasl al-Maqal* (*Le Discours décisif*, 1179-1180), Averroès précise la nature de cette Loi, l'accord entre la religion et la raison, le recours nécessaire à la raison pour faire apparaître la Vérité de la Loi et enfin les modalités d'accommodement entre la religion et la raison. Mais cette Loi, toute d'origine divine qu'elle soit et orientée vers l'eschatologie, elle n'en a pas moins vocation à orienter la conduite terrestre des musulmans. La question qui se pose alors est celle du passage de la Révélation tel qu'elle est descendue selon l'orthodoxie, à sa mise en œuvre dans la Loi et son évolution pour le bien de la Communauté des croyants. Faut-il en rester, par fidélité à la Révélation, dans le cadre stricte du Texte sacré et trouver en lui-même les ressources pour le comprendre, pour en percer les mystères, pour en découvrir le sens allégorique ou caché afin d'accéder à la Vérité ? Est-il permis, ou plutôt faut-il, aller au-delà du texte sacré (mais n'est-ce pas déjà remettre en cause son caractère sacré ?) pour rechercher tous les moyens pour accéder à une meilleure compréhension du message véhiculé par le Texte divin qui ne peut, ne serait-ce qu'à cause de sa concision, avoir réponse à toutes les questions (dont certaines ne se posaient même pas au temps du Prophète) ? Comment apporter une solution islamique aux nouvelles interrogations sans interpréter le Coran et la Sunna ? N'est-ce pas porter atteinte au caractère sacré du Coran et de la charia qui en a été extraite, que d'en soumettre la vraie compréhension, l'interprétation et le développement à des hommes, fussent-ils pieux ? Confier à des hommes la recherche du sens de la Révélation dans ses aspects juridiques, n'est-ce pas ouvrir la porte à des erreurs d'interprétation ou à des conflits entre le message divin et le résultat des efforts de recherche de la raison humaine ?

Quand on lit : « Voici, en vérité, un noble Coran contenu dans un livre caché. Ceux qui sont purs peuvent seuls le toucher. C'est une révélation du Seigneur des mondes. » (C. LVI-77) ; « Voici les versets du Livre clair : nous les avons fait descendre sur toi en un Coran arabe. - Peut-être comprendrez-vous ! » (C. XII-2), la compréhension du Livre ne devrait poser aucune difficulté. Il serait inutile de recourir à des ressources extérieures pour mieux comprendre ce qui est déjà expressément clair. La connaissance de la Vérité pour le croyant est dans le texte, elle s'acquiert par le texte : « Par une grâce de ton Seigneur : voilà le bonheur sans limites ! Nous avons rendu cela facile à comprendre dans ta langue. Peut-être réfléchiront-ils ! » (C. XLIV-57) Serions-nous dans un univers clos qui se suffit à lui-même ? C'est la question à laquelle Averroès veut répondre. Dans un premier temps, comment un musulman sincère peut-il accéder à la Vérité, à une meilleure connaissance du Créateur ? Comment créer les conditions pour que les membres de la Communauté des croyants vivent dans un environnement qui favorise une meilleure connaissance du Créateur et la concrétisation, en ce monde, du Message sacré dans la perspective de l'au-delà ?

Face à la rareté des dispositions juridiques du Coran et de la Sunna, les oulémas et les *fuqaha* ont dû, sur la base des textes fondateurs, élaborer des règles qui répondent à la diversité et à la complexité des situations vécues dans la vie quotidienne. Dans la *Bidayat al-Mujtahid wa Nibayat al-Muqtasid* (*Le début pour qui s'efforce et la fin pour qui se contente de l'enseignement reçu*), Averroès explicite le développement de la *charia* dans l'école juridique malikite. Mais avant d'aborder le développement du droit lui-même, une étape préliminaire s'impose : comment se développe sur le fondement d'un texte d'origine divine un corpus de normes pour une société civile en évolution ? Comment s'articulent foi et raison ?

La Révélation islamique d'origine divine (« S'ils ne vous répondent pas, sachez qu'en vérité, ceci est descendu avec la science de Dieu. Il n'y a de Dieu que lui » (C. XI-14) d'après la tradition orthodoxe ne pouvait, après la mort du Prophète et la fin de la Révélation, se développer que sous l'influence des savants musulmans et, bien qu'ils soient pieux, sous l'empire des « hommes qui lient et délient ». Dans le *Discours décisif*, Averroès explore la relation entre la Révélation divine et sa compréhension et son interprétation par les hommes qui l'ont reçue.

Chapitre I
Fasl al-maqäl
(Le livre du *Discours décisif* où l'on établit la connexion entre la Révélation et la philosophie)

Le *Discours décisif* (1179-1180) prend la forme d'une *fatwa*[268] émise par Averroès en sa qualité de juriste et juge (*cadi*). Il s'exprime « dans la perspective de l'examen juridique » pour étudier la relation entre la Révélation (la foi) et la philosophie (la raison) en vue de préciser la Loi, de la développer et de la déployer en fonction des attentes et des besoins de la Communauté. Peut-il exister une relation entre l'un et l'autre, et, dans l'affirmative, comment s'articule cette relation ?

En bon musulman, Averroès ne considère pas nécessaire de définir la Religion puisqu'il vit dans une société presque parfaitement homogène où elle fait consensus. Par contre, il définit la philosophie et la présente comme un moyen de mieux connaître la religion.

---

[268] Une *fatwa*, c'est-à-dire, un avis juridique. Cette définition peut sembler anodine si on méconnait l'importance du droit dans la pensée musulmane. Pour bien des auteurs (W. Montgomery WATT, *Mahomet, prophète et homme d'État*, Paris, Payot, 1962 ; Beaudouin DUPRET, *La charia : qu'est-ce à dire ?*, Paris, Fondation Res Publica, n° 13, 2013, p. 14), la loi islamique, la charia, serait l'élément structurant essentiel de l'islam, l'équivalent de la théologie dans l'univers catholique. Ainsi, la *fatwa* prononcée par un éminent juriste musulman pourrait être assimilée, d'une certaine façon et dans certaines limites, à un dogme pour les catholiques.

> *Si l'acte de philosopher ne consiste en rien d'autre que dans l'examen rationnel des étants, et dans le fait de réfléchir sur eux en tant qu'ils constituent la preuve de l'existence de l'Artisan, [...] et si la Révélation recommande aux hommes de réfléchir sur les étants et les y encourage, alors il est évident que l'activité désignée sous ce nom de philosophie est, en vertu de la Loi révélée, soit obligatoire, soit recommandée*[269].

Déjà, la traduction et l'interprétation par Averroès des œuvres d'Aristote (qui créait un nouvel univers intellectuel fondé sur la raison plutôt que sur des textes sacrés) ne pouvait que créer une commotion dans la communauté des juristes malikites et chez l'ensemble des penseurs musulmans. Qu'Averroès soutienne maintenant que l'étude rationnelle des étants soit, non seulement souhaitable, mais même prescrite par la Loi révélée ne peut qu'accentuer les dissensions, même dans le cercle restreint des savants. En effet, Averroès pousse à l'extrême limite l'opposition qui, depuis la traduction des auteurs grecs, divise les tenants du respect scriptural rigoureux de la Révélation divine et ceux qui veulent la comprendre à la lumière des éclaircissements que les facultés humaines peuvent apporter, notamment grâce à l'apport de la philosophie grecque.

L'analyse des différentes étapes de la réflexion d'Averroès permet de comprendre sa conclusion : la Révélation divine impose aux musulmans moins un ensemble de règles datées

---

[269] AVERROÈS, *Discours décisif*, introduction par Alain de Libera, traduction inédite, notes et dossier par Marc Geoffroy, Paris, GF Flammarion, 1996, p. 103-105. Ci-après, *Discours décisif* (les citations du *Discours décisif* sont tirées de la traduction de M. Geoffroy, à moins d'indication au contraire). Autres traductions consultées : Léon GAUTHIER, *L'accord de la religion et de la philosophie. Traité décisif*, Paris, Islam / Sindbad, 1988, 70 p. ; Charles E. BUTTERWORTH, *The Book of the Decisive Treaty Determining the Connection between the Law and Wisdom and Epistle Dedicatory*, Provo/Utha, Brigham Young University Press, 2001, p. XLII, 65.

que le devoir de rechercher la Vérité en s'appuyant sur les meilleures méthodes rationnelles pour connaître les étants, eux-mêmes preuve de l'existence du Créateur.

Dès les premières phrases du *Discours décisif*, on retrouve tous les éléments qui font de cette œuvre la clef de voûte de la construction averroessienne de la conception islamique de l'univers : 1) la Loi divine, son origine, sa nature, son évolution ; 2) la raison, le raisonnement rationnel, sa source, son développement ; 3) la relation entre la Loi divine et le raisonnement rationnel, la préséance de l'un sur l'autre dans la recherche de la Vérité.

Sous-chapitre 1 : La Loi divine

La Loi divine, c'est la *charia* extraite du Coran et des hadiths avant d'être interprétée en fonction du consensus de la Communauté et selon les règles de l'analogie (*qiyas*). Pour le bon musulman, les versets du Coran ont été divulgués au prophète Mohamed par l'archange Gabriel qui les a ensuite transmis à ses Compagnons et ses Successeurs. D'où l'origine divine des versets juridiques explicités par la Sunna qui rapporte les paroles et les actes du Prophète. Mais lorsque le Prophète décède, en 632, le Coran, tel que nous le connaissons, et la Sunna, telle qu'elle s'est constituée plus tard, n'existent pas encore. Le Coran, dans la version orthodoxa qui nous est parvenue, date du temps du calife Uthman qui fut le troisième calife (de 644 à sa mort en 656). Entre le début, vers 612, de la prophétie où Mohamed reçoit les premières révélations et la constitution de la vulgate coranique sous Uthman, il s'est écoulé une quarantaine d'années[270]. La codification de la Révélation a été rendue nécessaire par la perte de la mémoire islamique suite au décès de nombreux Compagnons du Prophète et par la

270 François DÉROCHE, *Le Coran*, Paris, PUF (Que sais-je ?), 2009, p. 22, 70 et 76.

provenance, des confins du nouvel empire, de versions incompatibles du Coran faites d'éléments présentés comme authentiques[271]. Des éléments de la prophétie ont donc été transmis, verbalement ou par écrit, des Compagnons du Prophète aux Successeurs, d'une part, et, d'autre part, aux responsables de la recension du Coran qui ont dû opérer des choix entre les différents éléments qui leur parvenaient[272]. Cette opération de reconstitution et structuration de la Prophétie, si elle fut réalisée par des personnes sérieuses et respectueuses des révélations faites à Mohamed, elle n'en demeure pas moins une œuvre totalement humaine dans un contexte particulièrement difficile, compte tenu de l'immensité de l'empire, des conflits entre les différentes factions ethniques et politiques ainsi que des conflits religieux qui deviennent manifestes lors la bataille de Siffin en 657.

Le processus de collection des hadiths et de la constitution de la Sunna s'effectue dans des conditions similaires, mais les difficultés sont accentuées par le fait que le travail de récupération des hadiths a été réalisé beaucoup plus tardivement[273]. En effet, les recueils de hadiths ont été constitués plus d'un ou deux siècles plus tard en se fondant sur des chaînes de témoins (*isnad*) qui n'offrent pas toujours les garanties souhaitables[274].

---

[271] Alfred-Louis de PRÉMARE, *Les fondations de l'islam, Entre écriture et histoire*, Paris, Seuil, 2002, p. 278.

[272] DÉROCHE, *op. cit.*, p. 71 s.

[273] E.I., *Hadith* ; Mohammad Ali AMIR-MOEZZI, dir., *Dictionnaire du Coran,* Paris, Robert Laffont, 2007, p. 379 ; *Encyclopédie de l'islam religion et civilisation*, Paris, Albin Michel, 1997, p. 339. PRÉMARE, *op. cit.*, p. 321, 462.

[274] Chez les sunnites, il y a six principaux recueils de hadiths. Deux sont considérés authentiques : le sahih de al-Bukhari (810-870) et le sahih de Muslim ibn al-Hajjaj (819-875). Les autres recueils qui font moins autorité sont de : An-Nassa'i (830-916), Abu-Dawud (817-889), Al-Tirmidhi (824-893) et Ibn-Maja (824-887).

Ces deux sources de la Loi ont, pour l'orthodoxie sunnite, une origine divine, mais la façon dont elles ont été développées fait apparaître une intervention strictement humaine qui s'est manifestée par les choix qui ont dû être opérés entre différentes paroles qui prétendaient toutes avoir été révélées par l'intermédiaire du Prophète. Si le Coran et la Sunna sont d'origine divine, sujets aux réserves exprimées plus haut, il faut reconnaître que la Loi divine, tel que nous la connaissons aujourd'hui, est une construction humaine développée par les oulémas et les *fuqaha* des premiers siècles de l'Hégire qui se sont fondés sur l'analogie et le consensus de la Communauté. Cette construction humaine sur la base de la Révélation divine a donné lieu à la création de quatre écoles juridiques qui promeuvent, à l'égard de certains points suffisamment significatifs pour justifier leur existence, des interprétations divergentes du message divin unique[275].

Cette rédaction de la Loi divine sur les fondements de la Révélation, bien qu'elle se soit faite, dans un contexte religieux, par des oulémas, des *fuqaha* et autres dignitaires

---

[275] Les quatre écoles juridiques (*madhab*) reconnues par les sunnites sont fondées sur le Coran, la Sunna, le consensus et l'analogie (qiyas), mais chacune valorise un élément particulier qui en fait la spécificité. L'école malikite, fondée par l'Imam Malik ibn Anas (711-795), privilégie la pratique des premiers habitants de Médine et l'*istihsan* (principe de préférence ou de nécessité). Le hanafisme, fondé par Abu Hanifa (699-767), est l'école la plus importante et réputée la plus libérale ; elle valorise le recours à l'analogie (*qiyas*) et accepte l'opinion personnelle (*ra'y*) qui se développe dans la perspective de la recherche de « la solution la meilleure ». Le chafiisme, école fondée par al-Chafii (767-820), privilégie la recherche de connexion entre les situations passées et les nouvelles pour faire évoluer le droit et privilégie les hadiths. Le hanbalisme, fondé par Ahmad bin Hanbal (780-855) est l'école la plus conservatrice qui s'en tient à une interprétation littérale du Coran fondée sur l'origine divine du Coran ; elle n'admet pas le jugement personnel sauf exception rarissime. On constate, au moins chez les trois premières, la recherche d'un mécanisme autre que les sources religieuses, qui permet de tenir compte, avec plus ou moins de souplesse, des conditions socioéconomiques de chaque époque.

religieux, n'en demeure pas moins une œuvre de raison, à prétention divine. Ainsi, elle ne vise pas à distinguer le légal de l'illégal pour le bon fonctionnement de la société civile, mais plutôt à hiérarchiser des actes et des paroles (obligataires, recommandés, permis, blâmables, interdits) en vue de la récompense dans l'Autre vie. La charia, œuvre de raison qui refuse de se reconnaître comme telle, ne serait qu'explicitation par des sages musulmans des éléments juridiques parcellaires de la Révélation, non pour des citoyens, mais pour des croyants (« Le Musulman doit souhaiter pour son frère musulman ce qu'il souhaite pour lui-même ») [276] . Néanmoins, ces interprétations de la Révélation rendues nécessaires par son manque de clarté[277], son imprécision et ses lacunes, ont été réalisées par des hommes au meilleur de leurs connaissances et de leurs

---

[276] Al QAYRAWANI, trad. et avant-propos par Léon Bercher, Ibn Abi Zaid, *La Risala ou Épitre sur les éléments du dogme et de la loi de l'Islam selon le rite malikite*, Alger, Éditions populaires de l'armée, 1975, p. 301.

[277] Ce travail d'interprétation du Coran, reçu dans une société bédouine d'Arabie, a été nécessaire malgré la proclamation de son caractère divin et donc parfait et clair : « Une lumière et un Livre clair vous sont venus de Dieu. Dieu dirige ainsi dans les chemins du Salut ceux qui cherchent à lui plaire. Il les fait sortir des ténèbres vers la lumière, – avec sa permission – et il les dirige sur un chemin droit » (C. V-15,16) ; « Alif, Lam, Ra. Voici les versets du Livre clair : nous les avons fait descendre sur toi en un Coran arabe. Peut-être comprendrez-vous ! » (C. XII-1,2). Un livre dont les versets sont clairement exposés ; un Coran arabe, destiné à un peuple qui comprend » (C. XLI-3). Blachère, dans sa traduction des mêmes versets, ne met pas en doute la capacité des musulmans de comprendre un message par ailleurs clair, mais invite les lecteurs du Coran à raisonner : « A L R Ce sont là des signes du Livre explicite nous l'avons fait descendre en forme de Coran arabe escomptant que vous raisonniez ». Chez Masson, il y a une interrogation, un doute sur la capacité de compréhension ; chez Blachère on trouve plutôt une invitation à rechercher le sens du Livre explicite. Dans les deux cas, la clarté ou le caractère explicite du Livre est remis en question et appelle une intervention humaine.

intérêts. Il y a là une première intervention des hommes[278] rendue nécessaire par le Coran lui-même qui donne diverses interprétations du message divin dont on retrouve les résidus aujourd'hui dans les quatre écoles juridiques (*madhab*) qui subsistent.

Que la Loi divine invite à l'examen rationnel de l'univers et des étants ne doit donc pas surprendre puisque cette invitation accompagne même les versets du Coran qui affirment sa clarté et sa précision. Bien plus, l'étude rationnelle des étants apparaît, non seulement souhaitable, mais prescrite par le Coran. La Religion, non seulement n'interdit pas de faire usage de la raison, de philosopher, mais, au contraire, préconise une meilleure connaissance de l'Artisan par une meilleure connaissance de ses œuvres, de l'Univers. De nombreux versets du Coran invitent le croyant à approfondir sa croyance par l'étude rationnelle de la Révélation :

> *Réfléchissez donc, ô vous qui êtes doués de clairvoyance (C. LIX-2).*
>
> *Dans la création des cieux et de la terre, dans la succession de la nuit et du jour, il y a vraiment des Signes pour ceux qui sont doués d'intelligence, pour ceux qui pensent à Dieu, debout, assis ou couchés et qui méditent sur la création des cieux et de la terre (C. III-190, 191)*[279].

Cette invitation de la Révélation à mieux connaître Dieu, l'Artisan, par la connaissance de son œuvre, n'est pas, selon Averroès, facultative mais obligatoire : « puisqu'il est donc bien établi que la Révélation déclare obligatoire l'examen des étants au moyen de la raison et la réflexion sur ceux-ci, et

---

[278] Naïla SALIMI, *La charia : qu'est-ce à dire ?*, Res Publica, n° 13, Paris, 2013, p. 71 s.

[279] Averroès s'appuie également sur les versets suivants : C. VII-185 ; C. VI-75 ; C. LXXXVIII-17,18.

que par ailleurs, réfléchir n'est rien d'autre qu'inférer, extraire l'inconnu du connu [...][280] ».

Dans un univers religieux comme celui de l'Andalousie du XIIe siècle dominé par le malikisme [281] et par les Almohades (1147-1269), la question qui se pose est celle du passage du connu à l'inconnu, de la connaissance des étants à celle de l'Artisan. La pensée musulmane dispose de ressources internes (*qiyas*-analogie et consensus de la Communauté) pour franchir cette étape. La Révélation appelle à faire usage de la raison et pour ce faire elle connaît les arguments rhétoriques, dialectiques, démonstratifs et le syllogisme juridique qui n'est autre que le *qiyas*, c'est-à-dire, le raisonnement à deux termes par analogie [282]. Mais l'obligation créée par le Coran de connaître Dieu par la connaissance des étants implique d'utiliser les meilleures méthodes pour acquérir une connaissance plus parfaite de Dieu. La Loi prévoit l'utilisation du syllogisme juridique (le *qiyas*, l'analogie) développée par les juristes musulmans, mais permet-elle, ou mieux, impose-t-elle de recourir au syllogisme rationnel mis au point par les Grecs[283] ?

Sous-chapitre 2 : Le syllogisme rationnel

L'injonction du Livre saint faite aux musulmans de réfléchir (C. LIX-2 ; XIV-52), de comprendre (C. XII-2 ; XLIII-2), de faire preuve de clairvoyance (C. VI-104) et de discernement (C. XXV-1) crée pour chacun une obligation d'utiliser les moyens à sa disposition pour mieux assimiler le message divin et ainsi s'engager dans la Voie, le droit

---

280 *Discours décisif*, n° 4.

281 Mohammad Abou ZAHRA, *L'imam Mâlik, sa vie et son époque, ses opinions et son fiqh*, Paris, Al Qalam, 2007, 392 p.

282 AVERROÈS, *L'Islam et la raison*, traduction de Marc Geoffroy, présentation par Alain de Libera, Paris, GF Flammarion, 2000, p. 82, note 4.

283 *Ibid.*, p. 83.

chemin. Les gens du commun apprennent par la rhétorique et la dialectique ou à la simple lecture du message clair : « Ô vous les hommes ! Une parabole vous est proposée ; écoutez-la », « Dieu est, en vérité, celui qui est fort et puisant », « Ô vous qui croyez ! Inclinez-vous, prosternez-vous, adorez votre Seigneur, faites le bien. » (C. XXII-73, 74, 77). Par contre, les philosophes dont la connaissance des étants est plus approfondie auront une connaissance de Dieu plus parfaite[284]. Cette connaissance est parfaite pour les uns et les autres, en ce sens que les gens du commun peuvent avoir la meilleure connaissance possible en fonction de leurs moyens ; il en est de même pour les philosophes dont la connaissance est plus spéculative. Tous acquièrent des connaissances différentes, mais parfaites pour chacun d'eux, s'ils font l'effort attendu. Averroès justifie ces trois formes d'apprentissage en s'appuyant sur la sourate seize du Coran : « Appelle les hommes dans le chemin de ton Seigneur, par la sagesse et par la belle exhortation ; et dispute avec eux de la meilleure façon » (C. XVI-125). Mais le Coran ne contient aucune indication spécifique[285] sur la façon de passer du connu à l'inconnu[286], de l'œuvre à l'Artisan[287]. « Descendez tous ! Une direction vous sera sans doute donnée de ma part » (C. II-38).

Pour Averroès, cette direction peut être décelée en s'appuyant sur la tradition islamique, mais également sur le travail et la réflexion des prédécesseurs grecs ou autres[288],

---

[284] *Discours décisif*, n° 5.

[285] *Discours décisif*, n° 7 : « [...] Il (le syllogisme rationnel) n'existait pas au premier âge de l'Islam. »

[286] Le devoir coranique de connaître l'Artisan par la connaissance de ses œuvres ne peut se réaliser que par la réflexion qui sera développée par les savants musulmans.

[287] « Dans la création des cieux et de la terre, dans la succession de la nuit et du jour, il y a vraiment des Signes pour ceux qui sont doués d'intelligence. » (C. III-190)

[288] *Discours décisif*, n° 8, 9, p. 109 : « Mais si d'autres que nous ont déjà procédé à quelque recherche en cette matière (le syllogisme rationnel), il

même s'ils sont issus d'une tradition religieuse différente[289] : les progrès de la raison ne connaissent pas de frontières ethniques ou religieuses. Ces emprunts au travail des chercheurs antérieurs à l'Islam ne peuvent être considérés comme des innovations blâmables, « excepté par un petit nombre de littéralistes bornés[290] », puisqu'ils répondent à une obligation coranique de recherche de Vérité. Ce sont ces littéralistes qui se placent hors la loi, en refusant d'utiliser les meilleurs moyens pour accéder à la connaissance la plus parfaite de Dieu. La Révélation se divulgue aux yeux des croyants de la manière la plus appropriée en fonction des aptitudes des uns et des autres. Chaque musulman a le devoir d'appréhender au mieux de ses moyens le « dépôt de la foi » (C. XXXIII-72).

Averroès insiste sur le fait que la démonstration rationnelle élaborée par les prédécesseurs, bien éloignée de l'adhésion stricte à la lettre du texte coranique, ne constitue pas une innovation blâmable (*bida*), car l'examen rationnel par le syllogisme démonstratif correspond à ce que sont les outils manuels pour les activités pratiques, outils dont on questionne l'efficacité plutôt que l'origine[291]. La véritable connaissance de Dieu impose l'utilisation des meilleurs outils même s'ils n'étaient pas connus et donc, non utilisés, aux premiers temps de l'Islam. Si d'autres n'avaient pas précédé les musulmans dans cette recherche, ceux-ci auraient eu l'obligation de s'y consacrer. Mais puisque la recherche a déjà été faite, les musulmans ont le devoir de s'appuyer sur elle, de « puiser à pleines mains dans leurs livres » pour mieux connaître les étants et, par suite, l'Artisan. La prééminence qu'Averroès accorde à la raison et à la connaissance de ses mécanismes de fonctionnement, pour

---

est évident que nous avons l'obligation, pour ce vers quoi nous nous acheminons, de recourir à ce qu'en ont dit ceux qui nous ont précédé. »

289 *Ibid.*, p. 111.

290 *Ibid.*, n° 7.

291 *Id.*

découvrir la vérité, est indépendante de la religion : « il importe peu que ceux qui ont mis au point le syllogisme démonstratif soient de notre religion[292] ». Il ne s'agit que d'un outil, que d'une méthode développée et acquise par une science qu'il faut s'approprier, car

> *il est évident que nous n'atteindrons, connaître les étants, que si dans cette étude les uns relaient les autres, et que le chercheur antérieur s'appuie sur son prédécesseur, à l'instar de ce qui s'est produit dans les mathématiques*[293].

Cette connaissance progressive des étants, de génération en génération, peut se poursuivre sur un plan purement théorique, mais également, sur le plan plus pratique du droit. Dans un cas comme dans l'autre, il faut se hausser sur les épaules de « nos prédécesseurs des peuples anciens », car un individu seul ne saurait parvenir à la vérité. Cette évidence valable « non seulement pour les sciences théoriques, mais aussi pour les sciences pratiques » semble avoir été oubliée par les juristes et par les théologiens musulmans qui, à partir d'une certaine époque (XIIe-XIIIe siècle), ont refusé de se hausser sur les épaules de leurs prédécesseurs pour continuer l'effort rationnel personnel d'élaboration de la norme juridique (*Ijtihad*)[294]. La règle de droit ayant atteint son niveau optimal d'achèvement, il suffisait désormais d'adhérer à l'une des écoles juridiques.

---

[292] *Ibid.*, n° 9, p. 111.

[293] *Ibid.*, n° 11, p. 111.

[294] Pour un avis contraire, voir : Waël B. HALLAQ, « Was the Gate of Ijtihad Closed ? », *International Journal of Eastern Studies*, 16, 1984, p. 3-44. Charles SAINT-PROT, *La tradition islamique de la réforme,* Paris, CNRS Éditions, 2010, p. 67 s. « En réalité la stagnation qui a pu saisir la pensée islamique, et en particulier la pensée juridique, ne résulte pas de la fermeture de la porte de l'*ijtihad* mais d'un essoufflement et d'une dérive progressive. Le *taqlid* s'explique surtout par des raisons historiques. » Et si cette stagnation du droit, ce triomphe du *taqlid* sur l'*ijtihad* ne constituait pas précisément cette fermeture intellectuelle de la porte de l'*ijtihad* ?

Admettre le triomphe du *taqlid* (imitation) sur l'*ijtihad* (effort d'interprétation) qui « s'explique surtout par des raisons historiques », c'est reconnaître la réalité de la fermeture de la porte de l'*ijtihad* sous la pression de multiples facteurs internes et externes qui menacent la cohésion de l'islam. Saint-Prot écrit :

> *Au XIIIe siècle, la chute de l'État abbasside de Bagdad (1258) qui était jusqu'alors le centre de gravité de l'Islam, et l'hostilité des envahisseurs mongols envers l'Islam vont conduire à une période de désarroi politique et intellectuel au cours de laquelle les penseurs musulmans conservateurs, craignant une désintégration encore pire orientent tous leurs efforts vers la seule préservation d'une vie sociale uniforme pour la population en excluant jalousement toute innovation du droit de la charia tel qu'il avait été défini par les anciens docteurs de l'Islam*[295].

On peut voir dans cette volonté de préserver les acquis plutôt que de chercher des solutions nouvelles, le triomphe des idées d'al-Ghazali qui comme nous l'avons vue s'appuie sur la Vérité éternelle du Coran pour exclure le doute et par conséquent la recherche et éventuellement l'innovation.

À ces motifs, il faut ajouter les conflits internes à l'Islam entre sunnites, chiites, kharidjites et de multiples sectes ainsi que, à l'autre extrémité de la Communauté, en Andalousie, la progression de la Reconquista (1212, défaite de Las Navas de Tolosa).

Ce repli sur soi c'est, écrit Averroès, « le comble de l'ignorance et de l'éloignement de Dieu[296] », car il manifeste un rejet d'une obligation imposée par le Coran de connaître Dieu par une meilleure connaissance des étants. Refuser aux hommes aptes, c'est-à-dire, doués d'intelligence suffisante et

---

295 SAINT-PROT, *op. cit.*, p. 79.

296 *Discours décisif*, p. 115.

de moralité supérieure, de mieux connaître Dieu par la méthode de l'examen rationnel (même si elle a été mise au point par nos prédécesseurs venus de peuples anciens) constitue selon la lettre même du texte sacré une faute. Il faut laisser ouvertes, ou plutôt, ouvrir les portes d'accès à la connaissance de Dieu, même si ces méthodes inconnues du Coran peuvent mener parfois à des innovations inconsidérées ou à des interprétations erronées. La méthode démonstrative, bonne en elle-même, ne doit pas être rejetée parce qu'elle peut accidentellement, à la suite d'une utilisation défectueuse, donner un résultat erroné[297].

> *Si tout cela est bien établi (l'acceptation et l'utilisation des méthodes élaborées par nos prédécesseurs anciens), et que nous, Musulmans, sommes convaincus que cette divine Révélation qui est nôtre est la Vérité, et que c'est elle qui éveille et appelle à ce bonheur qu'est la connaissance de Dieu [...] et de Ses créatures, eh bien c'est parce que cette conviction s'établit pour chaque Musulman par la méthode propre à produire son assentiment déterminé par la nature de chacun*[298].

Pour Alain de Libera, cette méthode est « l'une des trois méthodes d'argumentation (démonstration, dialectique, rhétorique) présentes à divers titres dans le Texte révélé[299] », ce que le texte d'Averroès confirme en précisant quelques lignes plus loin : « Ainsi, comme notre divin Texte révélé appelle les hommes (en leur présentant) ces trois méthodes, il doit (nécessairement) produire l'assentiment de la totalité des hommes[300] ». Ces diverses méthodes doivent produire « l'assentiment de la totalité des hommes », mais un assentiment qui n'est pas de même qualité pour tous, en fonction de la méthode d'argumentation retenue.

---

297 *Id.*
298 *Ibid.*, n° 15, p. 117.
299 *Ibid.*, p. 188, note 44.
300 *Ibid.*, n° 17, p. 117.

On peut alors se demander ce qui distingue l'examen rationnel des étants mis au point par les prédécesseurs des peuples anciens, de la méthode propre à la divine Révélation qui mène à la Vérité et au bonheur qu'est la connaissance de Dieu ? Qu'ajoute la méthode développée par les prédécesseurs des peuples anciens à la méthode révélée par le Texte divin si, dans les deux cas, la méthode est triple pour convenir à la diversité des aptitudes des hommes : la démonstration, l'argumentation dialectique et l'argument rhétorique ? En quoi consiste l'apport décisif des peuples anciens ? Il porte sur la démonstration uniquement en permettant d'améliorer le syllogisme juridique analogique qui ne produit qu'une connaissance probable alors que le syllogisme rationnel, à trois termes, produit une connaissance certaine. Pour le philosophe, il s'agit d'une avancée majeure d'autant plus significative qu'elle permet d'affronter avec conviction et certitude le dogme religieux.

Sous-chapitre 3 : Foi et raison

La connaissance de la Vérité, la connaissance de Dieu, n'est pas la même pour chaque musulman. Tous les musulmans y ont accès, mais à des niveaux variables en fonction de la « hiérarchie des natures humaines pour ce qui est de l'assentiment[301] ». De cette hiérarchie des natures humaines il résulte que si tous les musulmans ont accès à la Vérité, ils n'y ont pas accès par les mêmes arguments, ni à un même niveau de qualité. Les arguments démonstratifs, dialectiques et rhétoriques permettent à chacun, en fonction des arguments auxquels il est réceptif, d'acquérir une meilleure connaissance des étants et par conséquent d'accéder à la Révélation[302].

---

301 *Discours décisif*, n° 16.

302 *Id.*, n° 16, note 46.

Averroès insiste en précisant que « la mission du Prophète [...] possède cette particularité d'avoir été adressée à tout homme, blanc ou noir : parce que la Révélation apportée par lui comprend l'ensemble des méthodes par lesquelles on appelle à connaître Dieu [...][303] ». Le Livre saint parle à chaque homme et il contient une méthode qui favorise son assentiment à Dieu : « Appelle les hommes dans le chemin de ton Seigneur, par la sagesse et par la belle exhortation ; et discute avec eux de la meilleure manière » (C. XVI-125).

Certains doivent s'en tenir, par une argumentation rhétorique, au sens littéral, au sens obvie de la Révélation qui est le seul qu'ils sont aptes à assumer. De plus, il faut éviter de proposer à ces personnes, aux facultés limitées, des interprétations plus élaborées qui pourraient, par incompréhension, semer le doute dans leur esprit et les éloigner de la Révélation.

D'autres, doués des facultés nécessaires, doivent chercher derrière le sens obvie, le sens caché de la Révélation[304]. Cette

---

[303] *Ibid.*, n° 17, p. 185, note 48.

[304] « La démarche philosophique de mise en conformité de la loi divine avec l'intellect fut une quasi-obsession des philosophes. Ce n'est pas parce que le droit musulman prend sa source dans le texte sacré qu'il est contraire à l'intellect. Cette question du rapport du droit à l'intellect a été élucidée par l'islamologue Robert Brunschvig. Celui-ci distingue entre l'expression de "soumis à la raison" et celle de "contraire à la raison". Si le droit musulman prend sa source dans le texte sacré et non dans la raison, cela signifie qu'il ne lui est pas soumis quant à sa source, mais non qu'il lui est contraire. Il y a bien une justification secondaire du droit musulman par la raison... Mieux vaut parler d'intellect (plutôt que de raison). Car si la raison, dans un cadre cartésien, est de part en part humaine, nous sommes aujourd'hui dans une ère post-cartésienne. L'intellect, lui, n'est pas spécifiquement humain... Aussi, concilier la loi divine avec l'intellect divin ne pose pas de problème. » Ali BENMAKHLOUF, *Pourquoi lire les philosophes arabes,* Paris, Albin Michel, 2015, p. 154. Évidemment si nous sommes dans une ère post-cartésienne, la conciliation loi divine et raison (cartésienne) devient moins difficile puisque nous basculons dans un univers entièrement divin. Nous

démarche est la seule qui réponde aux exigences de leur foi et qui de plus constitue une obligation pour tous ceux qui peuvent approfondir le Texte divin. Le sens obvie de la Révélation doit être interprété conformément aux usages tropologiques[305], c'est-à-dire, à la cohérence globale de la langue arabe. Ce qui est remis en cause, ce n'est pas le résultat de la démonstration, mais le sens apparent du Texte révélé.

Pour Averroès, le résultat de la démonstration étant incontestable, s'il y a contradiction entre la Révélation et l'examen rationnel des étants, il faut rechercher l'interprétation juste du Texte sacré puisque la vérité ne peut contredire la Vérité [306]. Averroès ajoute même, immédiatement, ce qui peut surprendre huit siècles plus tard : « C'est là une proposition dont nul musulman ne doute et qui ne suscite point d'hésitation chez le croyant[307] ». Cette affirmation qui, à première vue, peut sembler iconoclaste, repose pourtant sur une base scripturaire incontestable[308]. Le Coran précise que tous les versets ne doivent pas être lus avec le même esprit, certains s'exprimant en termes

---

changeons d'univers mental pour considérer l'islam, le droit musulman, dans sa cohérence propre. Le système se referme sur lui-même.

305 *Le discours décisif*, p. 190, note 50.

306 *Ibid.*, p. 121, n° 21.

307 *Id.*

308 L'analyse des rapports entre sciences et savoir en islam par S. H. Nasr fait clairement ressortir le caractère innovateur de la position averroïste : « Cette hiérarchie se fonde aussi dans la croyance que la *scientia* – la connaissance humaine – doit être tenue pour noble et légitime aussi longtemps qu'elle est subordonnée à la *sapientia* – la Sagesse divine [...]. Il y eut de cela un ou deux exemples dans l'histoire de l'Islam, quand des écoles rationalistes tentèrent d'affirmer leur indépendance par rapport aux gnostiques, en opposition avec eux et avec les autres interprètes orthodoxes de la Révélation islamique. Les forces spirituelles de l'Islam furent cependant assez solides pour maintenir la hiérarchie entre l'intellect et la raison et, ce faisant, empêcher l'avènement d'un rationalisme indépendant de la Révélation. » S. H. NASR, *Sciences et savoir en Islam*, *op. cit.*, p. 18-19.

spécifiques et univoques alors que d'autres exigent, par leur caractère métaphorique, d'être interprétés par des hommes d'une science profonde, les hommes de la démonstration[309]. Mais si le Texte révélé est apparemment clair, faut-il pour autant penser qu'il fasse l'unanimité dans la Communauté, sans en chercher le sens caché ?

Les énoncés ambigus doivent donc être interprétés et les interprétations qui dérogent au consensus ne doivent pas être considérées comme des innovations blâmables. Non seulement le Coran lui-même laisse place à l'interprétation de certains de ses versets dont le sens est obvie, mais au surplus, « il y a consensus chez les musulmans pour considérer que les énoncés littéraux de la Révélation n'ont pas tous à être pris dans leur sens obvie, ni tous à être étendus du sens obvie par l'interprétation ; et divergence quant à savoir ce qui est à interpréter et ce qui ne l'est pas[310] ». Il y a donc consensus général sur l'opportunité d'interpréter ou non une disposition au sens obvie, mais la divergence apparaît dès qu'il faut décider si tel verset particulier doit être interprété. Divergence également sur le résultat de l'interprétation.

Sur les questions religieuses pratiques (les prières, le jeune) le consensus s'impose et il ne peut y avoir place à interprétation. Cependant, les questions théoriques dont la signification demeure ouverte sont sujettes à interprétation. Les questions théoriques, y compris les questions philosophiques, ne concernent que les gens de la démonstration, les gens de l'élite (*al-qhaca*) qui peuvent débattre de ces questions, sans être troublés dans leur foi dont la véracité n'est pas remise en doute. Pour ces

---

309 « C'est lui qui a fait descendre sur toi le Livre. On y trouve des versets clairs – la Mère du Livre – et d'autres figuratifs [...]. Ceux qui sont enracinés dans la Science disent : "Nous y croyons ! Tout vient de notre Seigneur !" mais seuls, les hommes doués d'intelligence s'en souviennent » (C. III-7).

310 *Discours décisif*, n° 22, p. 121.

questions théoriques, il ne peut exister de consensus[311] et par conséquent les tenants d'une interprétation dissidente ne peuvent être taxés d'infidélité pour rupture du consensus[312].

Selon Averroès, pour les gens du commun (*al-âmmal*) comme pour tous les musulmans, les questions pratiques de la religion et du droit ne souffrent pas d'interprétation, car la subtilité des interprétations pourrait leur échapper et semer le doute dans leur esprit et mettre en cause, pour eux, la Vérité de la Révélation. Ainsi, pour Averroès, la grande majorité des musulmans n'auraient de l'Islam qu'une connaissance tronquée et réduite à une pratique rigoureuse (au moins dans une société musulmane homogène) qui fait consensus. Une connaissance compréhensive de l'Islam est donc réservée aux musulmans, gens de sagesse et de connaissance, qui sont aptes à en comprendre le sens et la portée dans toute sa complexité[313].

L'obligation faite aux gens de la démonstration, ces savants auxquels Dieu a réservé cette faculté de débattre des questions théoriques et de faire apparaître le sens caché de certains versets du Texte sacré constitue, en toutes circonstances, une démarche honorable parce qu'elle est particulièrement difficile ; ceux qui découvrent la Vérité seront récompensés et ceux qui tombent dans l'erreur seront pardonnés[314].

Les gens de démonstration qui pratiquent l'*ijtihad*, en droit ou en philosophie, ne sont pas tenus à une obligation de résultat, mais à l'effort le meilleur qu'ils puisent produire : « Dieu n'impose à chaque homme que ce qu'il peut porter » (C. II-286). La liberté, nécessaire à la pratique de la recherche critique par la démonstration, ne peut être commandée et peut donc normalement donner des résultats contradictoires, inhérents à la recherche libre de la vérité.

---

311 *Ibid.*, n° 27, p. 127.
312 *Ibid.*, n° 28, p. 129.
313 *Ibid.*, n° 26, p. 125.
314 *Ibid.*, n° 34, p. 137, note 86.

Par ailleurs, les gens de rhétorique, non aptes à l'exercice de la démonstration parce qu'ils ne disposent pas des facultés qui y sont nécessaires, doivent se limiter au sens obvie du Texte sacré pour éviter d'être emportés par le doute et tomber dans le péché ou l'infidélité. Ces musulmans qui constituent l'immense masse, Dieu ne leur impose que ce qu'ils peuvent porter : les gens du commun (*al-ammal*) doivent respecter le consensus ; les gens de l'élite (*al-qhaça*) doivent chercher derrière le sens apparent, le sens réel de la Révélation.

Les sages, les savants, peuvent errer dans leurs recherches et leurs erreurs sont pardonnables alors que l'erreur de « celui qui n'est pas de la partie », c'est-à-dire, la personne du commun, est impardonnable et fait de lui, soit un infidèle si l'erreur porte sur les dogmes fondamentaux de la Loi, soit un innovateur blâmable[315].

Les gens de rhétorique et de dialectique doivent s'en tenir au sens obvie du Texte divin, au risque d'infidélité, alors que les gens de démonstration peuvent inversement encourir le risque d'infidélité s'ils refusent d'aller au-delà du sens obvie de certaines sourates pour en faire apparaître le sens caché[316]. Averroès est on ne peut plus explicite : « Celui qui se trompe en cela (en interprétant) est pardonnable pourvu qu'il fasse partie des savants[317] ». À l'inverse, ceux qui ne sont pas hommes de science « ont l'obligation de recevoir (les énoncés portant sur ces questions) dans leur sens obvie ; les interpréter serait, de leur part, infidélité dans la mesure où cela conduit à l'infidélité[318] ».

La société musulmane est donc strictement clivée entre ceux (la très grande majorité des croyants) qui doivent s'en tenir, se soumettre, au sens apparent de la Révélation et ceux (une minorité de sages) qui doivent chercher derrière le sens

---

[315] *Ibid.*, n° 35, 36, 37, p. 139s.
[316] *Ibid.*, n° 40, p. 143.
[317] *Ibid.*, n° 42, p. 145.
[318] *Ibid.*, n° 44, p. 147.

apparent, la signification réelle du Texte divin. Cette obligation de chercher est complétée par une interdiction de diffuser les résultats de la recherche, auprès des gens du commun, pour éviter de créer de la confusion dans leur esprit. Les résultats de la recherche, de l'interrogation critique, doivent demeurer dans le cercle étroit des gens de démonstration. Une diffusion plus large pourrait semer la confusion dans les esprits, la dépravation chez un grand nombre ou même le trouble dans la société[319].

Il revient donc aux autorités politiques musulmanes, dont c'est l'intérêt, de contrôler et de limiter la diffusion du résultat de ces recherches scientifiques auprès de ceux qui ne sont pas aptes à les connaître[320]. Les recherches et les livres fondés sur la démonstration ne doivent cependant pas être totalement interdits, car ce serait aller à l'encontre d'une obligation coranique et ferait « du tort à la classe la plus parfaite des humains et à la classe la plus parfaite d'être[321]. » La réflexion philosophique par la démonstration doit donc se limiter au cercle restreint des savants qui peuvent en apprécier les subtilités sans être troublés dans leur foi par la recherche du sens véritable de la Révélation derrière le sens apparent.

En définitive, dans son *Discours décisif*, Averroès établit que le but de la Révélation consiste à enseigner la science vraie et la pratique vraie. La science vraie consiste en la connaissance de Dieu par une meilleure connaissance des étants par la démonstration, c'est-à-dire, par la philosophie. La pratique vraie se réalise par l'accomplissement des actes extérieurs, corporels ou psychiques qui rapprochent de Dieu et éloignent du mal. C'est la science pratique, science de la Loi, dont le respect et la pratique permettent, pour le plus grand nombre d'atteindre la Béatitude[322]. Ainsi, tous les

---

319 *Id.*

320 *Ibid.*, n° 46.

321 *Ibid.*, n° 47.

322 *Ibid.*, n° 50, 54.

musulmans, par des moyens correspondant à leurs aptitudes, celles de l'élite et celles du commun, peuvent accéder par la représentation et l'assentiment au Texte sacré, à la parole de Dieu. Averroès est très explicite : « Les interprétations ne doivent pas être révélées à la foule[323] » qui doit s'en tenir à la pratique vraie. Ainsi, si les savants doivent s'interroger sur le sens obvie et le sens caché des dispositions de la Révélation, les autres (la grande majorité) doit s'en tenir au respect de la pratique vraie. L'élite à une obligation d'interrogation par la démonstration ; le commun a une obligation de soumission à la pratique vraie. Les uns et les autres accèdent à Dieu et à la Béatitude par les moyens dont ils disposent. La démonstration par la raison permet d'accéder à la science vraie pour les personnes aptes à l'exercice de la démonstration ; pour les autres, la rhétorique les amène à assentir à la pratique vraie. L'interrogation philosophique pour les uns, un groupe très restreint ; la pratique scrupuleuse de la Loi pour la masse. Le doute, l'interrogation, l'*ijtihad* pour les savants ; la soumission respectueuse pour le commun.

La question qui se pose alors est de savoir quels versets peuvent ou doivent être interprétés et par qui. Qui a acquis la compétence nécessaire pour interroger la Révélation, pour tenter de faire apparaître le sens caché d'un verset derrière son sens apparent ? Comment le fruit du travail des savants qui ne doit être partagé que dans le cercle restreint des collègues affecte-t-il l'ensemble de la communauté ?

Quand Butterworth[324] laisse entendre qu'Averroès a été exilé à Lucena, en 1195, pour s'être consacré de façon

---

[323] *Ibid.*, n° 56.

[324] Charles E. BUTTERWORTH, traduction, introduction et notes d'AVERROÈS, *Decisive Treatise and Epistle Dedicatory*, Provo, Utah, Brigham Young University Press, 2001, p. XIV. Ibn Khaldun est plus précis : « L'an 593 (1196-1197), quand il [Al Mansur] fut de retour dans cette ville (Séville), il fit emprisonner le cadi Abu'l Walid b. Ruchd, que l'on accusait d'entretenir des opinions peu orthodoxes et d'en avoir

excessive à la philosophie et à la science des anciens, on peut déduire que l'usage de la raison et de la démonstration devenait source de perturbation dans la communauté musulmane. La division de la Communauté devenait inacceptable au moment où les autorités politiques devaient rassembler toutes leurs forces. La pression exercée par les chrétiens, animés par l'esprit de la *Reconquista*, exige des musulmans le maximum de cohésion religieuse et politique. Tant que l'affirmation de la prééminence de la raison restait limitée au cercle restreint des savants, il était difficile d'y voir une cause d'exil. Mais la diffusion de cette pensée « révolutionnaire » dans la *umma* pouvait semer le doute, sinon la confusion, dans les esprits et, par conséquent, affaiblir la détermination des musulmans face au péril chrétien.

Pour que le raisonnement critique instille le doute dans les esprits au point de troubler l'ordre public, il faut que les résultats de la recherche des savants sortent du cercle étroit de la confrérie pour atteindre le commun et s'y répande insidieusement. L'interrogation philosophique sur le sens caché du message prophétique qui n'affecte qu'un nombre très limité de musulmans, sort du cercle des savants pour rejoindre celui de la pratique et du droit qui affecte la conduite de tous les membres de la Communauté. Cette pratique incontestée de la masse des croyants est renforcée par cette affirmation : « La Communauté des croyants ne

---

consigné une partie dans ses écrits » ; IBN KHALDUN, *Histoire des berbères et des dynasties musulmanes de l'Afrique septentrionale*, (trad. W. M. de Slane), Éd. Berti, Alger, 2003, p. 507. Pour Merrakechi, l'impertinence de Ibn Rushd envers Abou Yousouf et l'affirmation « Or il est clair que Vénus est une divinité » auraient entraîné sa déchéance et son exil. Abd el-Wahid MERRAKECHI, *L'histoire des Almohades*, Revue africaine, Alger, Adolphe Jourdan/Office des publications universitaires, 1893, n° 209-210, p. 193. L'avis de Butterworth semble confirmé par un texte de Ibn Usaybi'a rapporté par S. DENOIX et Anne-Marie EDDÉ, *Gouverner en Islam IX*^{e}*-XV*^{e} *siècle*), Paris, Publications de la Sorbonne, 2015, p. 248.

peut tomber dans l'erreur[325] ». Mais par l'esprit critique, la cohésion de la *umma* peut être remise en cause et les autorités politiques peuvent à juste titre s'en inquiéter. La stabilité, la cohérence, le dogme perdent leur force de rassemblement de la Communauté. Le droit, la normativité musulmane, n'est plus uniquement d'origine divine, mais le fruit de la délibération des hommes doués de raison, même si l'opération est au départ fondée sur la Révélation, et se réalise, par la suite, dans un contexte musulman homogène. Le bien commun n'est plus uniquement défini par les Textes sacrés, mais par l'interprétation qu'en donnent les savants de la Communauté après délibération.

Il est difficile d'imaginer une imperméabilité absolue entre le travail des savants et, d'autre part, la foi et la pratique de la masse. Si tel était le cas, le travail des savants demeurerait strictement spéculatif et serait sans effet concret parce que sans répercussion sur la conduite de la masse[326]. Dans un contexte musulman où l'esprit critique serait valorisé, comment peut s'opérer le passage de la théorie à la pratique, de la philosophie au droit ? Comment s'articule la relation entre l'élite qui approfondit la Vérité du message coranique et la masse des croyants qui, sans être troublé dans sa foi, le met en pratique ? Comment s'effectue la transmission du savoir pour passer de la pratique traditionnelle à une pratique réfléchie ? Averroès qui n'est pas contraint par le cadre de la polémique avec al-Ghazali, affirme, dans *Le discours décisif*, son engagement rationaliste fondé sur le Coran. La parole divine n'impose pas une Vérité donnée descendue du ciel ; Averroès démontre, au contraire, que le Coran impose, à ceux qui le peuvent, une obligation de chercher la vérité. L'homme doté de raison, de cette

325 Marie BERNARD, *L'accord unanime de la communauté comme fondement des statuts légaux de l'islam d'après Abu L-Hussayn al-Basri*, Paris, Vrin, 1970.
326 Nous avons vu qu'al-Ghazali était convaincu de l'influence que ses écrits pouvaient avoir sur la conduite religieuse et politique de ses compatriotes : assujettissement au pouvoir dont l'autorité est incontestable.

raison qui fait sa grandeur, doit chercher la vérité, avec tous les risques que cette démarche comporte, pour être vraiment fidèle à la parole divine, à l'islam.

Sous-chapitre 4 : Conflit entre le Texte sacré et le résultat de la délibération raisonnée

Se pose alors la possibilité d'une divergence ou d'une incompatibilité entre la lettre du Texte divin et le fruit de son analyse critique à la lumière des attentes et des besoins de la Communauté. Comment imaginer que la Parole divine ne puisse être prioritaire ? Faut-il limiter le caractère sacré et donc intangible, non sujet à interprétation, de la Révélation aux relations entre le musulman et son Dieu ? Dans les matières sujettes à interprétation, quelle hiérarchie établir ? Selon Farah Antün, « son principe (celui de Averroès) est qu'il faut mettre la religion en conformité avec la science, et non la science en conformité avec la religion[327] ». La science, la recherche critique, retrouve alors toute la liberté qu'elle perd lorsqu'elle doit, ce qui est impossible à moins de se nier elle-même, se conformer au dogme. La responsabilité légale des gens de démonstration de dégager le sens caché, derrière le sens obvie, est indissociable du libre arbitre de l'homme de science[328].

Si Averroès est exilé à la fin de sa vie, c'est sans doute que son rationalisme risquait de contaminer la pensée musulmane et le fonctionnement de l'ensemble de la Communauté en introduisant le doute et l'innovation, dans un système étroitement corseté par le caractère intangible du Texte sacré, source d'inspiration du droit.

La Révélation s'adresse à tous les hommes qui peuvent aspirer à la Béatitude dans la vie future. Mais tous les hommes ne peuvent assentir de la même façon au message

---

[327] Farah ANTÜN, dans AVERROÈS, *Discours décisif*, Dossier, p. 223.
[328] *Discours décisif*, n° 34, p. 137.

divin. Ainsi, Averroès répartit les hommes en trois classes en fonction de leur aptitude à comprendre la Loi révélée : 1) La grande masse des musulmans qui ne sont pas aptes à l'interprétation et adhèrent à la Loi par la rhétorique ; 2) ceux qui connaissent par une interprétation dialecticienne ; 3) enfin, ceux qui sont aptes « à connaître l'interprétation certaine » par leurs facultés et leur science, « assentent » par la démonstration. Averroès précise qu'il ne faut pas exposer à la démonstration ceux qui ne peuvent assentir que par l'interprétation dialectique et, encore moins, la foule de ceux qui n'adhèrent que par la rhétorique. La divulgation d'une interprétation à des personnes qui ne sont pas aptes à la comprendre peut conduire à l'infidélité par le doute suscité par la remise en question du sens obvie et son remplacement par un sens nouveau dégagé par l'interprétation[329]. La masse des musulmans n'est pas apte, selon Averroès, à poursuivre cette démarche intellectuelle, à en comprendre le sens et les conclusions. D'où le risque d'infidélité pour la masse des Croyants désemparés par tant d'incohérence apparente et, également, pour le savant responsable de ce trouble.

> *Quant à celui qui expose ces interprétations à ceux qui ne sont pas hommes à les connaître, c'est un infidèle dans la mesure où il incite les gens à l'infidélité, ce qui est le contraire de ce à quoi appelle le Législateur... En exposant ces croyances viciées à la foule, ils ont ainsi causé la perdition de la foule et la leur, dans ce monde et dans l'autre*[330].

Le Législateur et le juriste se trouvent dans la même situation que le médecin ; ils cherchent, tous deux, à maintenir ou, au besoin, à rétablir la santé de l'âme pour l'un et du corps pour l'autre. Il importe peu que le croyant ou le patient connaisse les modalités du diagnostic posé et le

---

[329] *Ibid.*, n° 56, p. 137.
[330] *Ibid.*, n° 58, p. 159.

remède approprié : l'essentiel, c'est que le patient recouvre la santé et que le croyant raffermisse la santé de son âme, sa piété révérencieuse[331]. Cette piété, le musulman l'acquiert par l'assentiment à la Révélation tel que ses aptitudes lui permettent d'y accéder. Averroès le dit de façon explicite :

> *Ce que recherche le Législateur par (l'institution de) la science légale et de la pratique légale n'est autre que cette santé. C'est d'elle que procède la béatitude dans l'au-delà ; de son contraire que procèdent les tourments dans l'au-delà*[332].

Les masses musulmanes atteignent la béatitude par la pratique légale dans le respect du sens obvie de la Révélation et ne doivent pas être perturbées par diverses interprétations qui prétendent faire apparaître le sens véritable du Texte sacré. La diversité des interprétations peut en elle-même semer le trouble ; ce risque est d'autant plus sérieux que certaines interprétations peuvent s'avérer viciées ou mal fondées.

Le devoir imposé aux savants de dégager la vérité réelle du Texte sacré n'est pas sans risque, même si les résultats restent confinés dans un cercle restreint. En effet, des diverses interprétations sont nées les sectes et écoles juridiques qui prétendent chacune représenter la Vérité de l'Islam alors que les autres seraient des infidèles suspects d'innovation blâmable. L'unité de l'islam (unité fondamentale de la Révélation coranique) est ainsi remise en question par ces multiples interprétations. La masse n'est pas apte à se confronter à une telle diversité (*une rupture de l'unité originelle idéale de la doctrine de l'Islam*) difficilement compatible avec l'Un. De plus, l'élite constate que, parfois, les conditions de validité de l'interprétation ne sont pas remplies et donnent un résultat incohérent de la Révélation. Ne

---

331 *Ibid.*, n° 60-62, p. 160 s.
332 *Ibid.*

peuvent être utilisés, écrit Averroès, que « les procédés qui figurent dans le Livre précieux exclusivement[333] » avant de préciser que : « ceux qui les (les procédés qui figurent dans le Livre précieux) altèrent par des interprétations… oblitèrent la sagesse qui sous-tend ces énoncés, et rend inopérant l'acte qui en constitue le dessein : assurer la félicité humaine[334] ». Comment concilier cette option exclusivement en faveur des procédés coraniques et l'ouverture au raisonnement rationnel ? Comment s'en tenir exclusivement aux procédés du Livre divin et recommander en même temps de « monter sur les épaules de nos prédécesseurs » ?

À défaut de recourir au syllogisme, le « dépôt de la foi » (C. XXXIII-72) serait perverti par le Sage qui n'assume pas sa lourde responsabilité face à la Révélation. Il faut, pour assumer cette responsabilité, ne chercher le sens de la Révélation que dans le Livre précieux qui précise les genres de procédés disponibles pour permettre à chaque musulman d'atteindre cet état de piété révérencieuse, en fonction de ses aptitudes. Les hommes sont tous appelés à la Vérité mais par des voies différentes, la rhétorique et la dialectique pour le plus grand nombre et la démonstration, y compris par le syllogisme grec, pour une minorité.

Pour Averroès, « les hommes du premier âge arrivaient à une vertu parfaite et à une révérencieuse piété », car ils avaient encore échappé à l'interprétation que l'acceptation du syllogisme démonstratif ne peut qu'accentuer, pour s'en tenir au sens obvie du Livre, à moins que ce sens obvie lui-même exige une interprétation [335]. Pour éviter les interprétations douteuses, inappropriées ou les innovations blâmables qui mènent aux divergences des sectes et des écoles et par conséquent au fractionnement de la

---

333 *Ibid.*, n° 67, p. 167.

334 *Ibid.*, n° 68.

335 *Id.*, note 143, A. de Libera, p. 214.

Communauté, rien de mieux que de revenir au Livre précieux.

On y trouve les arguments les plus susceptibles d'entraîner la persuasion et l'assentiment ; une cohésion que seuls peuvent interpréter, s'il y a matière à interprétation, les hommes de démonstration et, enfin, préciser les signes orientant vers l'interprétation vraie[336].

En conclusion du *Discours décisif*, Averroès signale son intention d'approfondir toutes ces questions, car « son âme... est au comble de la tristesse et de l'affliction » suite aux altérations et mauvaises interprétations de la Loi révélée. Cette désespérance est d'autant plus pénible qu'elle est souvent causée par des amis philosophes[337]. Mais Averroès ne perd pas espoir, car les nouvelles autorités politiques, les Almohades, rejettent le conformisme imitatif des malikites en faveur d'une approche mitoyenne fondée sur la raison pour l'examen rationnel des Sources de la Révélation.

En définitive, Averroès préconise une approche rationnelle du Livre sacré et une interprétation des versets qui l'exigent, selon les directives que précise le Livre lui-même. L'analyse doit se faire dans la perspective de favoriser, chez le musulman, le développement de cet état de piété révérencieuse qui permet d'accéder à la béatitude éternelle. Cette démarche n'est pas sans risque. Il faut éviter de semer le doute dans l'esprit des croyants les plus humbles. Et, à l'inverse, il faut éviter le conformisme qui freine la recherche du sens véritable de la parole divine dont le Coran fait une obligation pour tous les croyants, en fonction de leurs aptitudes. Cette recherche doit se fonder sur la raison qui dégage les voies déjà préconisées, explicitement ou implicitement, par le Livre saint. En cas de conflit entre les dispositions du Coran et les résultats de l'interprétation fondée sur la raison, c'est cette dernière qui

---

336 *Ibid.*, n° 70.
337 *Ibid.*, n° 71.

doit avoir priorité, car il ne saurait y avoir deux vérités et celle que dégage la raison implique une compréhension défectueuse des dispositions pertinentes du Livre sacré.

En bon musulman qu'il est, Averroès voit dans l'analyse critique des Textes sacrés un devoir imposé par la religion elle-même, devoir qui doit s'exercer selon les méthodes et les pratiques préconisées par le Coran lui-même. Cette démarche réservée aux hommes de démons-traction permet de découvrir la science vraie et de s'engager dans les pratiques vraies qui assurent le bonheur en ce monde et la Béatitude dans l'autre.

Mais l'intégration du syllogisme démonstratif mis au point par les ancêtres grecs dans le système musulman de réflexion ne fait pas qu'ajouter une nouvelle méthode de raisonnement pour mieux connaître les étants afin d'accéder à une meilleure connaissance de Dieu. La pensée des sages Anciens donne accès à une technique plus perfectionnée qui permet d'obtenir un résultat certain par opposition au résultat simplement probable du syllogisme juridique. Bien plus, le syllogisme démonstratif introduit à tout un système de pensée qui valorise le sujet par opposition à la Communauté et même, possiblement, au détriment de la cohésion de celle-ci. Bien sur, les premières traductions du grec à l'arabe portent sur des thèmes d'un intérêt pratique immédiat pour les nouveaux maîtres du monde : la médecine pour mieux traiter les guerriers blessés, l'astronomie pour mieux diriger les voyageurs sur terre et sur mer, la géographie pour connaître les terres à conquérir.

Mais, très rapidement, c'est l'ensemble de l'héritage grec qui est mis à la portée des intellectuels musulmans. Un héritage articulé autour de l'être et du *logos* difficilement compatible avec une Révélation divine indiscutable et une société dans laquelle l'individu n'a d'identité que dans le cadre de sa tribu et de la *umma*. L'adoption du syllogisme démonstratif, même pour répondre à une injonction du Coran d'utiliser les méthodes qui favorisent une meilleure connaissance des étants, n'importe pas qu'une nouvelle technique de raisonnement dans la pensée musulmane, mais aussi, et surtout, il insuffle une autre (nouvelle) conception de l'homme et de la vie en société. Entre la soumission à la Loi divine qui est Vérité et la recherche de la vérité par la raison humaine, le conflit était inévitable et fondamental. L'affrontement a marqué toute l'histoire de l'Islam, jusqu'à nos jours, avec des succès successifs et alternés de la foi et de la raison.

Le *Discours décisif* porte au paroxysme cet affrontement en accordant la priorité aux fruits de la raison en cas d'incompatibilité avec une disposition de la Loi sacrée. Elle doit alors être interprétée pour rendre son sens compatible avec les conclusions de la raison. Cette exigence est d'autant plus contraignante que, par le syllogisme, la raison peut arriver à une connaissance certaine. C'est le triomphe de la raison et de la raison d'un sujet qui, quoique foncièrement musulman, ne peut qu'aspirer à l'autonomie en se dégageant d'une pensée trop encadrée et formaliste qu'il sait ne plus être juste.

Les *fuqaha* et les autorités religieuses de même que les pouvoirs politiques (les uns et les autres étant étroitement liés) n'ont pas manqué de pressentir les dangers de dissension au sein de la Communauté causés par l'intrusion de la raison critique. En fait, la Communauté des croyants risquait d'évoluer vers une société de sujets qui, tout en demeurant musulmans, pouvaient comprendre chacun pour soi « le message clair transmis parle Prophète » et acquérir une marge d'appréciation et de manœuvre dans la conduite de sa propre vie et des affaires de la Cité. L'harmonie sur terre n'est plus conçue seulement en fonction de la félicité dans l'au-delà. L'ordre dans la Cité (le bien, le juste, le beau) fondé sur la raison acquiert une légitimité propre sans liaison nécessaire avec l'au-delà.

L'attaque pouvait être mortelle pour un islam rigoriste privilégiant une pratique rituelle. La réaction des pouvoirs politiques et religieux fut à la mesure du risque : autodafé des œuvres et l'exil pour Averroès.

La légitimité de la raison, détachée de tout lien nécessaire avec l'au-delà, est affirmée par un philosophe qui est également juriste, juge et même juge en chef (*qadi mutlaq*) à Séville et Cordoue. Son œuvre philosophique ne pouvait pas ne pas imprégner sa pratique juridique, ses décisions judiciaires et ses avis au Prince. Comment le même homme, savant tenu au secret de ses délibérations, pouvait-il rendre jugement en fonction de ses convictions (et de la preuve présentée devant lui, évidemment), sans faire passer dans ses jugements la substance des secrets du sérail ? Le juge qui rend des décisions affectant les justiciables et, par ricochet, tous les citoyens musulmans, peut-il être totalement dissocié du philosophe ? Comment la réflexion philosophique réservée aux délibérations privées d'une élite, peut-elle s'insinuer dans les décisions publiques du juge ?

Chapitre 2
Bidayat Al-Mujtahid wa nibayat al muqtasid
(Début pour qui s'efforce et fin pour qui se contente de l'enseignement reçu)

La philosophie d'Averroès est fondée sur la recherche de la vérité par la raison qui ne peut contredire la foi. Puisque la raison et la foi ne peuvent se contredire ; puisqu'il ne peut y avoir deux vérités, l'une selon la foi et une autre selon la raison, en cas de contradiction apparente, selon Averroès, c'est que la religion a été mal comprise. Cette philosophie ne s'adresse qu'à une élite restreinte, à ceux qui peuvent comprendre, c'est-à-dire, ceux dont la foi ne sera pas troublée par des analyses et des discussions de cette nature.

Dans le prolongement de cette philosophie, le droit prend une autre dimension, car il s'applique et s'impose à l'ensemble de la population, c'est-à-dire, à ceux qui comprennent aussi bien qu'à ceux qui ne comprennent pas. Le droit, selon Averroès, est donc fondé sur la foi/religion parce qu'un grand nombre de ceux à qui il s'applique n'ont pas accès à la raison et ne comprendraient pas la possibilité d'un conflit entre la loi et la religion qui ne font qu'un en islam. Ainsi le droit/la loi s'impose d'autorité à ceux qui ne comprennent pas. La philosophie et le droit se distinguent donc notamment par le public à qui ils s'adressent et par conséquent par les méthodes qu'ils retiennent dans la poursuite de la vérité. Vérité spéculative pour l'une qui s'adresse à ceux qui comprennent, et vérité concrète et quotidienne pour tous, y compris ceux qui ne comprennent pas les motifs de la règle[338].

La Bidayat al-Mujtahid wa Nibayat al-Muqtasid (1168) est considérée comme une œuvre de maturité, même si Averroès n'avait que 40 ans au moment de sa rédaction[339]. Il faut cependant souligner que la rédaction de la première version de la *Bidayat* est antérieure à la nomination d'Averroès au poste de *cadi* de Séville (1169-1170) et de Cordoue (1171)[340] avant même qu'il soit nommé *cadi* en chef de cette même ville, capitale du Califat. Bien que ce ne soit pas incompatible, plutôt qu'une œuvre de maturité, ne peut-on y voir davantage une œuvre pédagogique anticipant une prochaine nomination [341]. C'est du moins ce que laisse entendre la première phrase de la préface de la *Bidayat* :

> *My purpose in this treatise is to lay down in it for myself, by way of remembrance, the issues (masa'il) of the ahkam that are agreed upon and those that are disputed, along with their evidences, and to indicate those bases of the dispute that resemble general rules and principles, for the jurist may be presented with problems on which the law (shar`) is silent*[342].

---

338 Sur la relation entre la philosophie et le droit, on peut lire avec intérêt : Jérome LÈBRE, *Derrida - La justice sans condition*, Paris, Michalon, 2013, p. 16s.

339 IBN RUSHD, *Bidayat al-Mujtahid wa Nibayat al-Muqtasid, The Distinguished Jurist's Primer,* traduction Prof. Imran Ahsan Khan Nyazee et Rev. Prof. Mohammad Abdul Rauf, The Center for Muslim Contribution to Civilization, Reading, Garnet Publishing Limited, 2006, vol. I, 609 p., vol. II, 619 p. Dorénavant cité comme la « Bidayat ». Mohdad HARFA MENSIA, *Ibn Rushd et le zahirisme pratique in La lumière de l'intellect, La pensées cientifique et philosophique de Averroès dans son temps*, (Ed. Ahmad Hasnawi), Leuwen, Peeters, 2011, p. 463.

340 Jean-Paul CHARNAY, *Esprit du droit musulman*, Paris, Dalloz, 2008, p. 4.

341 Dominique URVOY, *Averroès, les ambitions d'un intellectuel musulman*, Paris, Flammarion, 1998, p. 123.

342 BIDAYAT, p. XLIII.

Averroès, de son propre aveu, aurait donc rédigé cet ouvrage pour lui-même à titre d'aide mémoire. Il avait, déjà à quarante ans, non seulement une connaissance profonde du droit malékite en vigueur en al-Andalous mais également des règles des autres écoles juridiques *(madhad)* et même des pratiques de diverses régions.

La *Bidayat* est une œuvre de la nature d'un *khilaf*, c'est-à-dire, une analyse des diverses solutions retenues par les juristes musulmans au sein de leur école juridique[343]. Pour une personne formée dans un système juridique autre que musulman, ce type d'ouvrage peut apparaître comme un traité de droit comparé musulman ; un ouvrage qui expose et compare les solutions et les motifs des options retenues par les juristes des différentes écoles à l'intérieur du système de droit musulman. Contrairement à l'idée reçue d'un droit musulman homogène, issu d'une source unique, celui-ci apparaît dans toute sa diversité. L'existence de quatre grandes écoles reconnues et la diversité des principes et des solutions qu'elles retiennent, les perspectives variées de juristes de différentes villes (Basra, Kufa, Médine, Cordoue) ou de différentes régions amènent à s'interroger sur la nature et l'unité du droit musulman *(sharia)*[344].

Le droit musulman a souvent été comparé à la *Common Law* anglaise, en ce sens qu'il ne s'agit pas d'un droit écrit, d'un droit codifié. Là s'arrête sans doute l'analogie. Le droit anglais a été développé par les juges suite à la conquête normande (1054), à partir des coutumes populaires, et ensuite, dans une perspective moins formaliste (développement de l'*equity*) pour que la justice soit plus

---

343 À l'opposé, La Risâla de Ibn Abi Zayd Ai-Qayrawani ne présente que les éléments du dogme et de la loi de l'Islam selon le rite malikite et correspond à un traité de droit. (Alger, Éditions populaire de l'armée, 1975, traduction Léon Bercher).

344 Denys de BÉCHILLON, *Qu'est-ce qu'une règle de droit ?*, Paris, Odile Jacob, 1997. Waël B. HALLAQ, *The Origins and Evolution of Islamic Law*, Cambridge, Cambridge University Press, 2005, p. 150 s.

équitable en fonction de l'évolution sociale. Par contre, les principes du droit musulman sont ancrés, de façon expresse ou implicite, dans une source transcendantale : le Coran et la Sunna à laquelle le justiciable musulman doit se conformer. À partir de ces bases différentes, chaque système a été développé, non par des juristes universitaires comme dans les pays d'Europe continentale de droit codifié, mais par des avocats plaideurs devant les tribunaux pour la *Common Law* et par des théologiens/juristes (*mujtahid, fuqaha*) pour la charia.

En *Common Law*, le droit se développe par l'affrontement devant le tribunal des intérêts divergents de deux parties ; en droit musulman, le droit est donné par la parole et les actes du Prophète et la règle s'élabore, s'explicite, en vérifiant sa conformité à cette parole et à ces actes pour modeler la conduite attendue du croyant. Dans la *Common Law,* le droit s'élabore par le raisonnement et l'affrontement des arguments d'avocats représentant les intérêts opposés des parties au litige. Au départ, il n'y a pas de texte, ni de loi mais uniquement le sens de la justice du juge qui tranche entre les prétentions des parties. En droit musulman, il y a une source, un législateur (*a law giver*), un Dieu et son Prophète dont les règles visent non seulement à établir l'ordre dans la cité, mais également à favoriser la sanctification du musulman en vue de la vie future. Le droit musulman n'est donc pas conçu en fonction d'un citoyen, mais de l'adepte d'une religion[345]. Le droit musulman ne s'applique qu'aux personnes qui adhèrent à l'Islam et accessoirement aux Gens du livre (une création du Coran) et aux esclaves. C'est ainsi que le droit musulman a été amené à créer un statut juridique particulier pour les non-musulmans : la *dhimmitude.* Le *dhimmi* est soumis à la fois à un régime de protection et de soumission : il n'est pas un « citoyen » à part entière, car il n'est pas un musulman qui seul peut prétendre à la plénitude

---

345 CHARNAY, *op. cit.,* p. 10s.

des droits et, s'il n'est pas astreint au service militaire (et donc privé du partage du butin), il est soumis à des impôts spéciaux. Le droit musulman ne peut donc s'appliquer intégralement à tous que dans un pays homogène sur le plan religieux où toutes les personnes sont égales devant la loi. Dans cette perspective de réalisation du salut par le droit, le raisonnement personnel, quelle que soit sa qualité, apparaît comme un simple avis sans grande valeur[346]. À l'opposé, la *Common Law* comme son nom l'indique, est la loi commune à laquelle sont soumis tous les habitants du territoire de l'Angleterre. Même les catholiques, après le schisme de Henri VIII, étaient soumis aux lois civiles bien qu'ils soient exclus de certaines fonctions publiques.

Dans le conflit entre les intérêts des parties dans un litige, les principes et les règles de la *Common law* peuvent évoluer en fonction de la conception de la justice que se fait le juge dans ce cas particulier et de l'intérêt général de la société. En droit musulman, l'origine transcendante des sources, « Allah is the Grantor of the Truth[347] », rend toute évolution plus difficile ; les musulmans doivent se conformer au droit tel qu'énoncé par le Législateur divin, pour leur bien sur terre et leur salut dans l'au-delà.

Dans ce contexte, Averroès ne s'adresse donc, dans la *Bidayat*, qu'à l'ensemble des musulmans, juristes ou non. Mais il doit, en même temps, être conscient que le droit se conçoit pour tous les musulmans auxquels il s'applique, c'est-à-dire, à ceux qui comprennent et à ceux qui ne comprennent pas. Il doit donc rester dans les limites de l'orthodoxie au risque de troubler la foi de ces derniers et

---

346 « As the law derived finally would be declared a *hukm* (injunction) of Allah, it is a matter of grave responsibility, and the person has to be careful in arriving at a final ruling. His own reasoning, however plausible it might be, has little value and is considered mere guesswork. He must, therefore, adduce further evidence from within the Qur'an and the Sunna in support of his opinion ». BIDAYAT, p. xxxI.

347 *Ibid.*, p. 452, 515.

l'ordre public. Il est donc difficile, sinon impossible, de faire passer ses concepts philosophiques (notamment, la liberté et l'autonomie de la personne) dans des règles de droit sans plonger ses compatriotes dans le doute, ce qu'il refuse catégoriquement. Il ne peut assurer la cohérence de sa pensée philosophique, de ses réflexions juridiques et de ses décisions judiciaires que de façon implicite.

Pour Averroès la somme des avis des différentes écoles juridiques (*madhab*) et des juristes des diverses régions du Dar al-Islam, exposés dans la Bidayat, constitue un aide-mémoire pour lui face à un tel foisonnement d'interprétations du message du Prophète. Cependant il ne poursuit pas que des objectifs personnels. Il souhaite contribuer à la formation des théologiens/juristes (*mujtahid*) qui pourront ensuite produire leur propre effort de compréhension (*ijtihad*). À cette fin, la *Bidayat* n'expose que les principes sur lesquels les juristes restent en désaccord, les conflits suscités par le recours à la règle de l'analogie (*qiyas*) et les situations sur lesquelles les textes (Coran et Sunna) demeurent silencieux. L'objectif d'Averroès est de dégager les principes supérieurs pour offrir une voie de solution juste à une société andalouse qui a perdu son assurance et sa cohésion.

Averroès revient à plusieurs reprises[348] sur cet objectif et notamment dans ce passage plus élaboré :

> *Those who come across well known issues disputed among the jurists of the regions and they are related to transmission, must verify them in this topic. The purpose is the recording of the well known issues over which dispute arose between the jurists of the regions together with the issues expressly stated by the shar'. This is so, and we have stated this more than once, because our intention in this book is to èstablish the issues expressly stated by the texts, agreed upon or disputed, and to*

---

[348] *Ibid.*, p. I-211, I-215/216, I-219, II-219, II-534.

mention those issues about which the texts are silent, but in which disagreement of the jurists of the regions has become well known.

Truly, the knowledge of these two categories of issues provides the mujtahid with general principles for those issues over which the texts are silent and in cases where disagreement among the jurists of the region is not well known, irrespective of an opinion from any of the jurists having been related in it. It is likely that one that works through these issues and understands the principles of the causes that generated the disagreement of the jurists in them, will be able to derive what is required in each particular case, I mean, what in the answer for it in the opinion of each one of the fuqaha' of the regions, that is, in one particular issue itself, and will know when a jurist has opposed his own principle and when he has not. This is the case when an opinion has been related from him on that issue. If, however, a verdict has not been related from him or it has not reached the investigator of these principles, it is possible for him to come up with the answer in accordance with the principles of that jurist according to whose school he is rendering an opinion, and according to the truth to which his ijtihad leads him [...].

It is, however, a strength of this book that through it a person can attain, as we have said, the status of ijtihad as he proceeds, along with a knowledge of the Arabic language and of the usul al-fiqh that is sufficient for this purpose. It is for this reason that we thought that the most suitable title for this book would be if we name it: Bidayat al-Mujtahid wa Kifayat al-Muqtasid[349].

Averroès insiste sur les perspectives pédagogiques de son œuvre en soulignant la nécessité d'acquérir une véritable compréhension des principes en jeu et de la méthodologie

[349] *Ibid.*, II-467/468.

plutôt que de mémoriser les solutions déjà retenues, mais devenues inadéquates pour résoudre les problèmes à venir :

> *As our purpose is to record the issues that are expressly covered by the law or are very close to those expressly covered, we thought it desirable to record in this book seven well-known issues, which are like prin-ciples, or models for the guidance of the (would be) mujtahid in whatever he may encounter of the issues of this book. We have designed the book in such a way that with the help of its methodology he may attain the status of ijtihad, if he has acquired what is sufficient for him of 'ilm al-nahw, language and the methodology of usul al-fiqh – and out of these it is sufficient to know what is proportionate to the requirements of this book or even less. It is by learning the relevant issues and being equipped with these tools, that he deserves to be called a faqih, not by merely learning too many details of fiqh, even if he has memorized the maximum that is possible for a human being.*
>
> *We find the (so-called) jurists of our time believing that the one who has memorized the most opinions has the greatest legal acumen. Their view is like the view of one who thought that a cobbler is he who possesses a large number of shoes and not one who has the ability to make them. It is obvious that the person who has a large number of shoes will (some day) be visited by one whose feet the shoes do not fit. He will then go back to the cobbler who will make shoes that are suitable for his feet. This is the position of most of the faqihs of these times*[350].

Deux éléments de ce texte sont fondamentaux pour bien saisir la modernité d'Averroès : sa méthodologie fondée, non sur la mémorisation des solutions retenues par les prédécesseurs, mais sur la méthode utilisée pour y parvenir,

---

350 *Ibid.*, II-232/233.

et son option en faveur d'un retour à la méthodologie des pieux ancêtres (*the faqihs of these times*) plutôt qu'aux solutions qu'en leur temps ils ont élaborées et auxquelles, des siècles plus tard, les contemporains d'Averroès restent attachés (*the so-called jurists of our times*)[351]. En privilégiant la formation du jugement du futur théologien/juriste (*mujtahid*) plutôt que la mémorisation des solutions d'une époque révolue, Averroès confirme à la fois, ses qualités pédagogiques et une ouverture à l'adaptation du droit au contexte sociologique comme l'ont fait les Pieux ancêtres en leur temps. Et en même temps, il s'engage en faveur de la généralisation de ces principes pédagogiques et euristiques pour tous les *mujtahid* et *fuqaha* de son époque dont il réprouve le conservatisme[352]. Ce n'était certes pas la meilleure façon de se faire des amis parmi ses collègues et on peut déjà trouver là les prémices des affrontements qui, dans une société imprégnée de rigorisme almohade et menacée par les armées chrétiennes de la *Reconquista*, mèneront à sa disgrâce à la fin de sa vie. Averroès se prononce donc en faveur d'un retour aux Pieux ancêtres ; non aux règles et pratiques qu'ils ont élaborées pour répondre aux besoins de leur époque, mais aux principes euristiques qui ont présidé à l'élaboration de ces mêmes règles qui ont fait de l'Islam le premier pouvoir et la grande civilisation du monde pour plusieurs siècles.

Cet aide-mémoire pour lui-même et ce traité de droit comparé musulman pour former les futurs théologiens/juristes (*mujtahids*), Averroès le réalise selon un plan systématique pour que chacun puisse s'y retrouver en

351 On peut difficilement trouver confirmation plus explicite de ce qu'il est maintenant convenu d'appeler « la fermeture de la porte de l'*ijtihad* ». Ce qui ne signifie évidemment pas que le droit soit devenu totalement ankylosé mais plutôt en retard sur l'évolution de la société et par comparaison avec d'autres sociétés. Toutefois, ce concept n'a peut-être pas de pertinence en droit musulman où la qualité du droit se mesure à sa conformité avec le message du Prophète.

352 BIDAYAT, p. I-XLIII.

fonction de ses intérêts. Chaque chapitre, il y en a cinquante-sept, aborde un thème spécifique. Chaque thème est traité en fonction des solutions retenues par chacune des grandes écoles de droit (*mahdab*) et par des juristes de différentes régions ; l'incroyable diversité du droit musulman éclate dans une homogénéité non contestée.

La diversité des solutions juridiques s'explique par la diversité des paroles du Prophète, à l'évidence, pas toujours facilement conciliables, par les divergences entre les paroles et les actes du Prophète, par la diversité des pratiques en fonction des provinces, par la priorité accordée à un acte ou à une parole isolée plutôt que de tenter de les harmoniser pour faire apparaître l'unité réelle sous une diversité apparente, par l'usage de l'analogie (*qiyas*) qui ne se fonde pas toujours sur le même *ilm* (savoir religieux, sagesse), par la diversité des traditions, par la prise en considération ou non de l'abrogation d'un verset, et enfin, par le fait que les sources imposent une simple recommandation ou une obligation.

Mais à quoi tient l'unité d'un système juridique qui permet un tel fractionnement des solutions[353] ? Sans doute à l'unité religieuse des sources (le Coran, la Sunna) et au sentiment d'appartenir à la grande famille des musulmans, la *umma*. La parole du Prophète peut prétendre à l'unité divine, à la clarté et donc à une compréhension immédiate : « Voici le Livre ! Il ne renferme aucun doute » (C. II-2) « Voici les versets du Livre clair ; nous les avons fait descendre sur toi en un Coran arabe. Peut-être comprendrez-vous[354] ! ». Mais la diversité des interprétations par des personnes dont la bonne foi, la piété et la compétence ne sauraient être remises en question, prouve que même pour des personnes dont la

---

353 BIDAYAT, I-175 : conditions de validité de la prière du vendredi ; II-303 : « Human beings differ with respect to work just as they differ in other things » ; II-319 : « The disciples of Malik differ, into three opinions, when differing properties have similar market value [...] ».

354 C. XII-1, 2. Voir également : C. II-97 ; C. XI-99.

foi est indiscutable, la clarté du message n'est pas évidente, malgré des proclamations en sens contraire.

> *Ne craignez pas les hommes ; craignez-moi ! Ne vendez pas mes signes à vil prix. Les incrédules sont ceux qui ne jugent pas les hommes d'après ce que Dieu a révélé... Les injustes sont ceux qui ne jugent pas les hommes d'après ce que Dieu a révélé... Les pervers sont ceux qui ne jugent pas les hommes d'après ce que Dieu a révélé. Nous t'avons révélé le Livre et la Vérité pour confirmer ce qui existait du Livre, avant lui, en le préservant de toute altération. Juge entre ces gens d'après ce que Dieu a révélé ; ne te conforme pas à leurs désirs en te détournant de ce que tu as reçu de la Vérité. Nous avons donné à chacun d'entre eux une règle et une Loi*[355].

Le message du Prophète peut être d'origine divine, un, vrai et clair, mais les Compagnons du Prophète et leurs Successeurs ne l'ont pas perçu ainsi. Ils l'ont interprété selon leur propre effort de compréhension (*ijtihad*). La *Bidayat* rend manifeste ce paradoxe : le message Un et clair, en arabe, se transforme en une diversité de conceptions théologiques (sunnite, chiite, karijite) et en une diversité encore plus grande de solutions et d'applications juridiques concrètes. Un Message unique, mais une grande diversité de Voies vers un unique Paradis.

Cette diversité de la Loi, de la Voie, se comprend et même s'impose lorsqu'on considère le contexte socio-politique de l'Arabie préislamique, la diversité des cultures et civilisations transformées par l'Islam (et par lesquelles l'Islam a été modelé) et les espaces géographiques où l'Islam s'est imposé.

Le nouvel espace idéologique islamique marque une rupture avec la *jahiliyya*, cet espace d'ignorance antérieur. Mais, toute rupture se réalise, en partie, en fonction de la

---

[355] C. V-44, 45, 47, 48.

réalité précédente rejetée ; en réaction à celle-ci, ce qui implique que la rupture et la nouvelle réalité, le nouvel équilibre qu'elle engendre porte, par réaction, la marque de l'ancien[356]. Cet effet de réaction à la rupture et, en même temps, de continuité par rapport à la *jahiliyya* est bien illustré par ces deux exemples :

> *All of the jurists maintain that the pre-Islamic custom of smearing the head of the child with bloodof the sacrifice stands abrogated in Islam. This is because of the tradition of Burayda al-Aslami, who said, «in the days of jahiliyya, when a son was born to one of us, a sheep was slaughtered for him and his head was smeared with its blood. When Islam came, we (stopped that practice and instead) slaughtered (a sheep) and shaved his head and smeared it with saffron ». Al-Hasan and Qatada deviated and said that the head of the child is to be touched with cotton that has been dipped in blood. It is desirable to break the animal's bones in order to be in variancewith the custom of jahiliyya, when the people used to sever them from the joint*[357].

> *[…] the Prophet (God's peace and blessings be upon him), who said, «There is no grouping in Islam and any grouping that existed in the days of jahiliyya, Islam only adds to its strength». On the whole, they accepted this in the way They accepted the obligation of clientage as a group*[358].

Une rupture dans la continuité s'opère donc par le passage de l'idolâtrie et de l'ignorance à l'islam. Cette rupture/continuité n'est pas seulement religieuse ; elle se réalise également par rapport à l'ethnie, à la pratique des

356 BIDAYAT, p. I-407, II-180, II-317 ; II-433, II-516.
357 *Ibid.*, I-562, I-214.
358 *Ibid.*, II-499.

Arabes[359] et des Bédouins[360]. Le lien d'appartenance ne se crée plus en fonction de l'appartenance à une tribu arabe ou au statut social de bédouin, mais par l'appartenance à la grande famille islamique, la *umma islamiyya*. Ainsi, le droit n'est plus constitué des pratiques et des coutumes d'une tribu ou d'un clan qui se développent pour répondre aux exigences de la vie du groupe dans un milieu hostile[361]. Sans rompre de façon catégorique, ni définitive avec le *'orf* des Bédouins[362], le droit devient celui des musulmans.

Le droit des musulmans et uniquement des musulmans ; il ne s'applique pas aux résidents de l'ensemble du territoire, mais uniquement aux adeptes de la nouvelle religion. Idéalement, tous les habitants du territoire seraient musulmans et tous seraient soumis au même droit, en parfaite égalité. Mais, dès l'origine, des Juifs et des chrétiens (Gens du Livre, *ahl al-Kitab*) ont habité l'Arabie ainsi que d'autres groupes comme les Sabéens et des animistes ou polythéistes[363].

Le caractère religieux du droit musulman et son application aux seuls adeptes de la religion entraînent forcément la nécessité de créer un régime juridique auquel

---

359 *Ibid.*, I-179, I-483, II-133, II-452.
360 *Ibid.*, I-365, I-544, II-200, II-558.
361 Joseph CHELHOD, *Le droit dans la société bédouine*, préface de Jean CARBONNIER, Paris, Librairie Marcel Rivière, 1971, p. XI. « Quel est donc l'esprit du droit bédouin ? On serait tenté de se demander si à ce droit l'esprit n'est pas venu du dromadaire [...]. Après tout, qu'un système juridique se fût construit autour d'un animal, il n'y aurait pas lieu de s'en étonner dans nos pays d'Occident, qui se flattent d'avoir reçu du cheval la chevalerie en héritage et par delà, pour un peu, tout le régime féodal [...]. » Montesquieu, cependant, nous a habitués à chercher l'esprit des lois dans le terrain plutôt que dans les bêtes [...]. Cette étude [...] nous aura fait prendre conscience de ce que peuvent être de tels droits, dans le double déterminisme auquel ils sont soumis : du vide et de l'errance. On pourra discuter, entre spécialistes, quel est des deux facteurs – l'espacement et le nomadisme – celui qui a été prépondérant. »
362 *Ibid.*, p. 63.
363 C. II-111/114, C. II-211s., C. III-49s., C. V-12s., C. V-67s.

seront soumis les non-musulmans : un régime pour les Gens du Livre (Juifs, chrétiens et zoroastriens) et un autre pour les apostats et mécréants. Le statut de *dhimmi* pour les Gens du Livre les place à la fois dans un régime de soumission et de protection. Mais un statut de seconde classe dont on ne peut se débarrasser que par une conversion à l'Islam.

Que le droit musulman ne s'applique qu'aux seuls musulmans en matière religieuse ou à connotation religieuse, nul ne peut y faire objection. Ainsi en est-t-il en matière de purification[364], de prière[365] , de charité-*zakat*[366], de jeune-*siyam*[367], de pèlerinage à La Mecque-*hajj*[368]. Que la normativité religieuse s'impose en matière juridique sans lien avec la religion n'est compréhensible que dans la perspective où tous les aspects de la vie sont considérés comme des éléments de la Voie dans une perspective eschatologique. La religion constitue alors la source de la norme en toutes matières. Les règles qui autorisent le raisonnement individuel pour un « effort interprétatif [qui] est continuel et survient dans le cadre des fondements universels de la shari'a sans les outrepasser, tout en se conformant à ses principes établis [...] et en garantissant la préservation des buts généraux de la shari'a, étant donné ce que cela comporte comme préservation de la religion, de l'intégrité physique, de la raison, de la vertu et des biens[369] ». Ou, comme le dit Ali Mezghani de façon plus succincte, « [...] il n'a pas été

364 BIDAYAT, Livre 1.
365 *Ibid.*, Livres 2 et 3.
366 *Ibid.*, Livre 5.
367 *Ibid.*, Livre 7.
368 *Ibid.*, Livre 9.
369 À PROPOS DE LA CONSTITUTIONNALITÉ DE LA SHARI'A, *Présentation et traduction de l'arrêt du 26 mars 1994 de la Haute Cour Constitutionnelle égyptienne*, DUPRET, Beaudouin, Islamic Law and Society, vol. 4, n° 1, 1997, p. 91-113.

possible, en contexte musulman, de reconnaître le droit dans son autonomie[370] ».

Le livre de la guerre (*jihad*), inspiré par le Coran et la Sunna, organise la confrontation avec les polythéistes dans le but de faire partager l'islam par tous : « Combattez les infidèles jusqu'à ce que la sédition soit anéantie, et que toute croyance devienne celle de Dieu (Allah). » (C. VIII-40) ou encore « O croyants ! Combattez les infidèles qui vous avoisinent ; qu'ils vous trouvent sévères à leur égard. Sachez que Dieu est avec ceux qui le craignent » (C. IX-124). Cette exhortation à l'anéantissement de l'adversaire n'exclut pas que la guerre soit soumise à des règles dites de guerre juste[371].

Cette guerre s'exerce dans un monde binaire en fonction de la foi ; le territoire à protéger (*Dar al-Islam*) et le territoire à conquérir (*Dar al-Harb*) pour élargir celui de l'Islam, mais également pour s'approprier les richesses des polythéistes (le butin). L'objectif est donc de conquérir de nouveaux territoires pour l'Islam tout en protégeant ceux qui sont déjà acquis : « Il ne faut pas que tous les croyants marchent à la fois à la guerre. Pourquoi ne marcherait-il pas plutôt un détachement de chaque tribu, afin que, s'instruisant dans la foi, les uns puissent instruire à leur tour leurs concitoyens, et afin que ceux-ci puissent se prémunir » (C. IX-123).

L'élaboration des chapitres sur la vente, l'échange, le louage, les sûretés, les hypothèques (le droit commercial, en général) et sur les successions, sur la base des fondements coraniques, surprend davantage. Mais il faut reconnaître que les références au Coran ou à la Sunna sont moins nombreuses en matière commerciale. En effet, ces activités sont régies de longue date par des pratiques commerciales qui ont reçu l'agrément des différentes parties impliquées.

---

370 Ali MEZGHANI, *L'État inachevé. La question du droit dans les pays arabes*, Paris, Gallimard, 2011, p. 87.
371 BIDAYAT, I-456.

Elles ont été assumées par les théologiens/juristes (*mujtahidun*) qui souhaitaient islamiser la société arabe et les sociétés conquises (berbère, perse, byzantine et même indoue), mais ne pouvaient pas être insensibles à des pratiques qui régissaient les échanges à la satisfaction des parties et qui apparaissaient, donc, justes. Le nombre limité de versets normatifs dans le Coran aurait pu favoriser l'adaptation et l'évolution du droit musulman dans tous les domaines où le Texte sacré ne donne pas de solution définitive. Il aurait alors suffi, pour les *mujtahidun* et les autres savants, de trouver des solutions qui, sans être nécessairement conformes à la charia, n'étaient pas incompatibles avec celle-ci. Les possibilités d'adaptation apparaissent alors presque sans limites. Mais le caractère transcendant de la Parole, le souci de la conformité et de l'ordre ont fait obstacle à une évolution souple.

C'est dans ce contexte de foi musulmane rigoriste qu'Averroès en tant que bon musulman dans une société où le droit est conçu comme la Voie privilégiée de réalisation du message du Prophète, élabore sa propre conception du droit. Pour le cercle étroit des philosophes, il a soutenu qu'en cas de conflit entre les solutions de la religion et de la raison, cette dernière devait avoir priorité, car le conflit résultait d'une mauvaise compréhension de la parole divine[372]. Pour l'ensemble des croyants, pouvait-il de la même façon soutenir qu'en cas de conflit entre la religion et le droit, la règle élaborée par la raison juridique devait avoir priorité ? Ne risque-t-il pas alors de semer le doute sur la religion elle-même dans l'esprit du croyant ? La liberté qu'autorise une discussion philosophique, entre personnes qui comprennent, est-elle toujours acceptable lorsqu'il s'agit de trouver la règle juridique juste pour l'ensemble de la population ?

---

372 AVERROÈS, *L'Islam et la raison, Anthologie de textes juridiques, théologiques et polémiques,* trad. Marc Geoffroy, Paris, GF Flammarion, 2000, p. 86s.

C'est ce qu'il faut maintenant essayer de découvrir, d'abord au travers des principes généraux du droit musulman et, ensuite, par l'analyse des solutions spécifiques mises de l'avant par Averroès. Comment passer de la vérité philosophique à laquelle une élite accède parla raison, au droit qui cherche à instaurer le bien commun, la justice pour tous.

Sous-chapitre 1 : Les principes fondamentaux du droit musulman

Les principes généraux du droit dépendent de sa source primaire et de ses modalités d'élaboration, d'une part, et du processus de sa mise en œuvre par le législateur, par les autorités judiciaires (juge ou *cadi*) ou par les juristes, d'autre part. Les conditions historiques de développement du droit façonnent dès l'origine son évolution future. L'histoire de la *Common Law*, du droit civil continental et du droit musulman illustre bien les voies différentes que peut emprunter la recherche de la justice dont on a pu dire qu'elle « est la première vertu des institutions sociales comme la vérité l'est des théories[373] ». Quelles sont les voies du droit musulman pour assurer ce passage de la vérité au juste ? Comment le philosophe Averroès à la recherche de la vérité aménage-t-il, avec Averroès le juriste et le juge, la réalisation de la justice ?

Paragraphe 1 : Fondement et nature du droit musulman

La première question qui se pose, avant même de parler du « droit musulman », c'est de bien identifier la notion de droit. Un droit d'origine divine, transcendant, est-il de même

[373] John RAWLS cité par Paul RICOEUR, *Le juste, la justice et son échec*, Paris, L'Herne, 2005, p. 9. Ricœur ajoute : « C'est ainsi que le juste est promu au sommet de la pratique. On pourrait attendre à cette place éminente l'idée du bon. Mais l'idée du juste n'est autre que l'idée du bon considérée dans le rapport à autrui. »

nature qu'un droit élaboré par des citoyens ou leurs représentants ou encore un droit élaboré par des avocats et des juges ? L'origine du droit marque-t-elle sa mise en œuvre de telle façon que le produit fini soit de nature différente ?

Le droit est, selon Gérard Cornu, « Un ensemble de règles de conduite socialement édictées et sanctionnées qui s'imposent aux membres de la société[374] ». Le dictionnaire Robert définit le droit : « Ce qui constitue le fondement des droits de l'homme vivant en société, des règles régissant les rapports humains ». Sous ce rapport, toute règle, la plus primitive et la coutume la plus élémentaire jusqu'à la loi la plus sophistiquée en passant par la *fathwa* et le *dahir*, constituent du droit, quels que soient leur origine, leur mode d'élaboration, leur mode de sanction, toutes les règles (même non écrites) qui régissent le comportement des hommes en société constituent du droit. Ainsi, le droit civil codifié et sanctionné par l'État pour gouverner la conduite de tous les citoyens, la *Common Law* développée de façon autonome par les avocats et les juges et le droit musulman donné aux croyants par le Législateur divin (*Law Giver*) constituent tous, chacun selon son génie, du droit. Génie qui manifeste et explicite la notion de justice telle que la conçoivent les membres de la société.

Mais cette communauté, qui implique l'existence d'une autorité publique, sinon d'un État qui, soit directement par l'adoption d'une loi, soit indirectement par l'assumation de pratiques, de coutumes ou de traditions, déclare le droit. Dans les pays dits démocratiques, le droit est avant tout le résultat de la délibération des citoyens dans la cité. Cette délibération s'exerce d'abord au moment des élections, ensuite au sein de l'assemblée nationale et enfin, par l'exercice des droits fondamentaux que sont la liberté de

---

[374] Gérard CORNU, *Vocabulaire juridique*, Paris, Quadrige dicos poche, 2016. Sur l'impossible définition du droit, voir : Cours d'histoire du droit de Geneviève Chrétien-Vernicos (DVERNICOU@aol.com).

conscience, d'assemblée et d'expression. C'est le second sens du mot droit retenu par le dictionnaire : « Règles juridiques en vigueur dans un État ». Mais comment entrent-elles en vigueur ? Par l'action et la volonté des hommes ; peuvent-elles également l'être par la volonté de Dieu ?

Il n'y a pas si longtemps encore, depuis sa fondation chez les Grecs, le droit venait des Dieux puis, de la nature qui elle-même venait de Dieu[375]. La laïcisation du droit, jusqu'à devenir une technique pure chez Kelsen[376], en a fait la simple expression du pouvoir dans un espace clos. Finie la transcendance, fini l'universalisme. Le choc entre cette conception du droit et le droit musulman ne pouvait être que frontal : origine divine/élaboration humaine ; volonté de Dieu/volonté des hommes ; droit immuable/droit adaptable ; adaptation des hommes au droit/adaptation du droit aux hommes ; vision eschatologique du droit/organisation de la vie en société ; rédemption du croyant/ gestion des intérêts des citoyens [377]. Le droit musulman, tant qu'il règle la vie de personnes vivant dans un espace largement homogène, c'est-à-dire peuplé de croyants en l'islam, peut prétendre être du droit au sens du droit civil ou de la *Common Law*. Dès qu'il prétend sauver les âmes, il devient une théologie appliquée qui ne concerne que les croyants. D'où la nécessité d'un régime dérogatoire, exceptionnel pour tous les autres, croyants ou non, et le renoncement à l'universalité, sauf dans la perspective de la conquête de la totalité du *Dahr al-Harb* et de la conversion de tous les sujets, anciens et nouveaux à l'islam. « Il y a pour chacun, une Direction vers laquelle il se tourne. Cherchez à

---

375 Jacqueline de ROMILLY, *La loi dans la pensée grecque*, Paris, Les Belles lettres, 2002.

376 Hans KELSEN, *La théorie pure du droit*, Paris, Dalloz, 1962. Voir : Pierre NOREAU, « La norme, le commandement, et la loi : le droit comme objet d'analyse interdisciplinaire », *Politique et Sociétés*, vol. 19, n° 2-3, 2000, p. 153-177.

377 *Ibid.*

vous surpasser les uns les autres dans les bonnes œuvres » (C.II-148) ; « Voilà ceux qui obtiendront leur récompense ; un pardon de leur Seigneur ; des jardins où coulent les ruisseaux ; ils y demeureront immortels. Comme est belle la récompense de ceux qui font le bien. » (C. III-136).

Dans cette perspective d'un droit qui encourage à pratiquer les bonnes œuvres et à faire le bien pour obtenir le pardon de leur Seigneur et la récompense éternelle, la *charia* classe les actes, non en fonction de leur légalité ou illégalité, mais selon une échelle qui va de l'interdiction à l'obligation. Entre ces deux extrémités, on trouve, d'une part, les actes répréhensibles et, d'autre part, les actes recommandés avec, au centre, les actes permis dont la commission ou l'omission demeure absolument discrétionnaire et neutre. Cette classification des actes trouve sa justification dans une perspective eschatologique dont le souci premier est de guider le musulman pour qu'il obtienne la « récompense de ceux qui font le bien ». Elle se justifie également dans la perspective holistique du droit musulman : dans l'effort permanent pour atteindre le Paradis, tous les actes comptent et chacun est donc évalué, non seulement en fonction de l'aménagement des relations entre les hommes et de l'ordre dans la société, mais également, et peut-être surtout, en fonction des rapports entre l'homme et Dieu.

Dans ce contexte, tout acte a une portée sociale et religieuse ou, plutôt, tout devient religieux [378]. L'Islam s'empare de tous les aspects de la vie du croyant, sujet de droit, pour l'amener à la béatitude dans l'au-delà. À l'inverse, en droit occidental, tout ce qui n'est pas défendu est permis. Le concept fondamental est la légalité fondée sur la liberté de faire ou de ne pas faire. Dans cet espace de liberté, qui échappe au droit, le citoyen est mu par des considérations

---

[378] « La religion est l'âme et l'esprit des Lois, les Lois sont le corps et la manifestation extérieure de la religion. » Abu Ya'qub al-SIJISTANI, *Livre des sources* (Kitab al-Yanabi), cité dans *PENSER L'ISLAM, Hier et aujourd'hui – Les grands textes*, Le Point, Références, nov.-déc. 2015, p. 55.

extra-juridiques qui peuvent avoir une connotation morale, traditionnelle ou coutumière, d'intérêts financiers ou autres. Le droit est circonscrit par la seule perspective de l'harmonie sociale et de la vie bonne dans une société donnée.

En résumé, dans la mesure où il régit tous les aspects de la vie du croyant dans une perspective de moralisation de sa conduite, le domaine du droit est beaucoup plus étendu en droit musulman qu'en droit occidental. Il y a une confusion du droit et de la théologie qui englobe tout acte privé ou public, toute conduite aussi bien civile que religieuse. Par contre, son caractère holistique en limite l'application générale aux seuls musulmans. Ainsi, le droit qualifie tous les actes de la vie des musulmans, mais uniquement de la vie de ceux-ci à l'exclusion des adhérents à autre religion. La société n'est plus constituée par un regroupement de citoyens, mais par une communauté de croyants.

Paragraphe 2 : Une rupture avec la période antérieure de l'ignorance (jahiliyya)

La nouvelle normativité religieuse de l'islam sanctionne une rupture avec les pratiques tribales en vigueur dans l'Arabie préislamique. Il y a rupture entre un droit élaboré par des hommes pour des hommes qui vivent dans un milieu désertique, à la limite de la survie, et un droit descendu du ciel pour les Arabes. Le Bédouin nomade qui vit dans le désert n'est pas soumis à une autorité extérieure, civile ou religieuse, qui définit le droit.

> *[...] il y a le « orf », un ensemble de règles coutumières faites par le Bédouin et pour le Bédouin et dont il convient de tenir compte chaque fois que l'on a affaire à l'un de ces descendants d'Ismaël. Ici comme ailleurs, nul n'est censé ignorer la loi ; le « orf », qui dérive du verbe « arafa », connaître, signifie, en effet, la chose connue de*

tous et d'après laquelle on règle ses rapports avec autrui[379].

On ne peut donc pas dire, au sens strict, qu'il y a passage de l'ignorance à la connaissance : la société bédouine n'était pas livrée à l'anarchie ; elle était soumise à des règles qui répondent aux besoins de tribus nomades en quête constante de moyens de survie. La rupture se situe dans le passage d'un droit d'origine sociologique à un droit d'origine divine. Le Prophète aurait dit :

Allah a éloigné de vous l'orgueil de la jahiliyya et la vantardise des gens de cette époque qui tiraient gloire de leurs ancêtres ; de deux choses l'une : ou bien vous êtes de pieux musulmans, ou bien de misérables pervers[380].

On ne saurait être plus clair : l'islam introduit une rupture religieuse avant qu'elle devienne juridique. Pour discréditer une proposition, rien de mieux que d'affirmer qu'elle représente un retour à la *jahiliyya*[381]. L'interdiction de la *riba* (le prêt usuraire) est promue par opposition à une pratique de l'époque de la *jahiliyya*[382]. De même, la vente d'une chamelle enceinte et de sperme, autorisées au temps de la *jahiliyya*, sont désormais interdites car elles comportent un risque[383].

Malgré cette volonté affirmée de rupture, des décisions prises dans l'état d'ignorance doivent être respectées pour maintenir l'ordre dans la société. Ainsi, le partage d'une maison convenue avant l'Islam sera respecté pendant une période de transition[384]. De la même façon, diverses références dans le Coran (C. IX-90-105, 120 ; C. XLVIII-

---

379 CHELHOD, *op. cit.*, p. 5, 8-9.

380 AL-QAYRAWANI, (traduction Léon Bercher), *La risala*, Alger, Éditions populaires de l'armée, 1975, p. 326-327.

381 BIDAYAT, p. II-130.

382 *Ibid.*, p. II-158.

383 *Ibid.*, p. II-180.

384 *Ibid.*, II-317.

11/16 ; C. XLIX-14/17) illustrent bien l'encrage de l'islam dans l'histoire, dans la continuité de son espace culturel et géographique. S'il est un aspect du droit musulman par lequel il consacre une rupture radicale, c'est son caractère religieux, fruit de la Révélation.

Paragraphe 3 : La sanctification du croyant par le droit

Les principes fondamentaux du droit musulman ne sont pas à leur face même juridiques, mais s'inscrivent dans l'économie générale de l'Islam, tel que présentée dans le Coran et la Sunna. Les règles spécifiquement juridiques énoncées dans le Coran ne peuvent être dissociées des prescriptions religieuses et, ensemble, elles forment un tout indissociable (la bonne Voie) visant à assurer la félicité du croyant au ciel par une bonne vie sur terre. La conception du droit et son développement visent donc à favoriser la sanctification du croyant. La vérité vient du Seigneur qui trace la Voie qui s'incarne dans les bonnes œuvres. « Il y a pour chacun une direction vers laquelle il se tourne. Cherchez à vous surpasser les uns les autres par les bonnes œuvres » (C. II-148) ; « Voilà ceux qui obtiendront leur récompense : un pardon de leur Seigneur ; des jardins où coulent les ruisseaux ; ils y demeureront immortels. Comme est belle la récompense (dans le ciel) de ceux qui font le bien (sur terre) » (C. III-136).

Comme le souligne Averroès, au sujet des modalités de la prière, la division entre les *fuqaha* porte sur ce qui est « mieux » et « plus méritoire » plutôt que sur ce qui est juste ou injuste[385]. Même dans les affaires, la bonne conduite est préférable indépendamment des droits du créancier. « Si votre débiteur se trouve dans la gène, attendez qu'il soit en mesure de vous payer. Si vous faites l'aumône en abandonnant vos droits, c'est préférable pour vous. Si vous

---

[385] *Ibid.*, I-223.

saviez. » (C. II-280). Et la conclusion s'impose d'elle-même : « Dieu est satisfait d'eux et ils sont satisfait de lui : voilà le bonheur sans limites. » (C. V-119). Comme le souligne Averroès, au sujet de la prière faite en communauté, elle entraîne, indépendamment de toute notion de juste et d'injuste, une perfection au-delà de ce qui est nécessaire ; elle est donc recommandée au croyant. « Perfection is something additionnal to sufficiency[386] ».

Dans les situations inextricables, quand le doute persiste après avoir utilisé toutes les règles d'interprétation, le caractère religieux du droit est confirmé par le recours ultime : « Allah knowns best [...] the Law Giver knowns best[387] », « Allah guides to what is right [...] Allah guides to the truth[388] ». Le *mujtahid* pour bien exercer son *ijtihad* doit donc être bien formé en droit, mais aussi être une personne pieuse qui connaît la volonté d'Allah[389]. Enfin, à l'étape ultime, c'est le cadi qui applique la norme à un cas d'espèce, et comme l'écrit Mathieu Tillier :

> *Le cadi est avant tout un juge : c'est celui [...] qui « tranche » (al-qâti') les affaires en délivrant une sentence (hukm) [...]. Le cadi exerce une fonction de nature religieuse : sa mission est avant tout de faire appliquer la Loi issue de la Révélation, que ce soit à travers les sentences qu'il rend pour mettre fin à un conflit ou punir les infractions, ou que ce soit pour gérer la société au quotidien, par exemple, en administrant les biens de mainmorte (wakf) ou en assumant la tutelle des orphelins*[390].

---

386 *Ibid.*, I-555.
387 *Ibid.*, I-99, I-109, I-115, I-143.
388 *Ibid.*, I-178, I-206, I-251, I-452, I-515, I-552.
389 *Ibid.*, I-182.
390 Mathieu TILLIER, *Vies de cadi de Misr 237/851---366/976*, Le Caire, Institut français d'archéologie orientale, 2002, p. 2.

Paragraphe 4 : Le juste comme premier objectif du droit

La volonté d'Allah ne peut évidemment être compatible avec des solutions empreintes de risques ou de hasard, voire avec un résultat qui s'avère aléatoire, déséquilibré ou finalement injuste. Le droit musulman rejette donc de la façon la plus explicite les notions de risque et de hasard qui peuvent mener à des excès. Il privilégie la recherche de l'équivalence, la solution équitable pour toutes les parties. En ce sens, la *charia* apparaît comme le droit du juste milieu[391] qui cherche à prévenir les excès dans un sens ou dans l'autre. De même, la contrainte est rejetée en faveur de la conciliation et de l'arbitrage[392].

Cette conception d'un droit qui trace la Voie à suivre en fonction d'un objectif de justice prédéterminé apparaît difficilement compatible avec un système juridique fondé sur la liberté contractuelle des parties dont les excès peuvent être corrigés par l'équité. Le droit musulman renverse l'équation en donnant priorité à une idée préconçue du juste et en y soumettant le principe de liberté. Le droit n'est pas conçu comme l'expression de l'équilibre entre les intérêts des parties, mais comme la mise en œuvre de la volonté d'Allah pour le bonheur de sa Communauté. Cette exigence d'équité dans des relations humaines, caractérisée par l'absence de déséquilibre (*riba*) est particulièrement manifeste en matière de contrat de vente.

> *This is because the aim of prohibiting riba is (to avoid) the excessive injustice implicit in it and that justice in transactions demands an appro-ximate equivalence [...]. Fairness is achieved by equivalence in measureand weight, there being no preferences in utility. Prohibition of excess (tafadul) in these things prevents transactions in them as their benefits arenot different and transaction is*

---

391 BYDAYAT, II-75.

392 *Ibid.*, II-81.

necessitated only when benefits differ. Therefore, two illahs prohibited excess in these measured and weighedthings : first, to ensure fairness in them ; and, second to prevent extravagant transactions. In the prohibition of excess in dinars and dirhams the underlying cause is readily apparent ; their purpose is not profit, but the valuation of other things that have necessary benefits[393].

Ce déséquilibre est prohibé non seulement en ce qui concerne la valeur de l'échange, mais également eu égard au délai de livraison qui augmente les risques[394]. *Cette dernière considération demeure majeure dans une société toujours à la limite de la subsistance où les moyens de conservation sont limités*[395]. *Ainsi, une chèvre ne peut être vendue avec prise de possession différée contre deux chèvres, à moins que la première soit achetée pour l'alimentation et les secondes pour le lait. Averroès précise qu'en ce cas : « [...] he [Malik] considered similarity of benefits and not excess* [396] *». Toujours la notion d'équivalence a priorité.*

Ce souci d'équilibre se manifeste non seulement pour les transactions entre Arabes musulmans, mais également dans les rapports de ceux-ci avec les Bédouins qui ne connaissent pas les prix pratiqués en ville ; les Bédouins doivent être protégés contre leur ignorance[397]. Avec le même souci d'équité, il est défendu d'aller au-devant de la caravane pour profiter de meilleurs prix[398]. De façon générale, en excluant les biens de première nécessité (l'eau, le feu, le bois de chauffage, les pâturages qui ne peuvent être vendus et sont

393 *Ibid.*, II-161.
394 *Ibid.*, II-160.
395 *Ibid.*, II-164/170, II-210.
396 *Ibid.*, II-164.
397 *Ibid.*, II-200.
398 *Ibid.*, II-199.

d'accès libre), en cas de conflit entre le vendeur et l'acheteur, les droits de ce dernier ont priorité selon l'école malékite :

> *This is so, as the seller may be doing one of the two following things: he has been negligent in so far as he did not seek out the defect and inform the buyer about it ; or he knew about it, but he swindled the buyer*[399].

Il faut noter que, bien avant le droit civil, le droit musulman a combattu l'enrichissement sans cause qui est longtemps apparu comme une dérogation inadmissible à la liberté contractuelle bourgeoise et capitaliste. Un commentaire semblable peut être fait eu égard au consommateur défavorisé (le Bédouin ignorant) qui en droit civil a longtemps été placé, par une fiction du droit, sur un pied d'égalité avec le vendeur. Le juste en droit musulman est fondé sur une exigence morale d'équivalence alors qu'en droit occidental – civil ou *Common law* – c'est la liberté contractuelle des parties qui doit permettre d'atteindre cet équilibre. Rétablir l'équilibre suite à « l'enrichissement sans cause » d'une des parties apparaît comme une dérogation à la liberté contractuelle.

Ce souci de l'équité en droit musulman, fondé sur l'exclusion du *riba* (le déséquilibre) et du *ghar*ar (le risque) peut entraîner des conséquences négatives sur les transactions commerciales dont le caractère définitif peut être remis en cause. La poursuite de la justice, même après la conclusion de la vente entre deux parties consentantes, peut donner ouverture à une restauration de l'équilibre entre les prestations ou à l'annulation de la transaction.

> *The jurists agreed that infasid sales that have taken place, as long as the mabi has not been converted – through new contracts, growth, decrease, or the fluctuation of the markets – its hukm is restoration, I mean, the seller returns the price and the buyer the priced commodity*

---

[399] *Ibid.*, II-217.

[…]. If the goods havebeen converted (in a void sale), fairness requires that they be restored in value[400].

Il est remarquable de constater que chaque système juridique doit corriger les conséquences excessives de ses choix fondamentaux. La liberté contractuelle entre des parties, abusivement considérées comme égales, peut entraîner des excès qui versent dans l'injustice. Doivent alors être utilisées des notions comme l'équité ou l'enrichissement sans cause pour rétablir un résultat qui soit compatible avec l'idéal de justice. Inversement, une trop grande emphase sur l'équilibre des avantages pour les parties et la nécessité d'y remédier peut rendre les transactions suspendues à une évaluation ultérieure, susceptibles de remise en cause et d'annulation ; situation inconfortable pour un investisseur ou un commerçant. Le souci de justice doit donc être limité aux situations manifestement abusives pour ne pas nuire indûment à la sécurité des transactions.

Les principes fondamentaux du droit et ses normes plus spécifiques doivent être mis en œuvre selon des procédures qui tendent à assurer la réalisation des objectifs pour lesquels ils ont été élaborés. Ces règles procédurales, parfois considérées comme des droits fondamentaux par les juristes de droit civil ou de *Common Law*, trouvent souvent leur origine dans le droit romain. Le droit musulman connaît-il ces mêmes règles considérées comme essentielles, en Europe, pour la justice procédurale et quelles sont celles qu'il a lui-même développées pour assurer le bon fonctionnement de son propre système. C'est l'objet des prochains développements.

---

400 *Ibid.*, II-203.

Sous-chapitre 2 : Les fondements procéduraux du droit musulman

Le droit musulman poursuit ultimement un objectif religieux, la sanctification du croyant, dans une perspective eschatologique alors que les droits occidentaux, droit codifié ou *Common Law*, veulent plus simplement aménager les rapports terrestres entre les citoyens. Malgré cette différence radicale, il est tout à fait remarquable que les moyens procéduraux soient similaires. Bien sûr, les moyens techniques et matériels mis en œuvre (palais de justice, archives, dossiers) sont incomparables ce qui n'empêche pas les principes procéduraux de présenter des similitudes frappantes.

Paragraphe 1 : *Audi alteram partem* – Entendre l'autre parti

Tout juriste qui a suivi un cours de droit romain lors de sa formation universitaire est convaincu de l'origine romaine de la locution *Audi alteram partem.* Ce principe fondamental de justice naturelle est également connu du Prophète et des théologiens/juristes des premiers siècles de l'Islam. Averroès rapporte que le Prophète a dit : « Je décide en fonction de ce que j'ai entendu » et de façon plus explicite : « Ne décidez pas en faveur d'une partie tant que vous n'avez pas entendu l'autre [401] ». Cette obligation d'entendre les deux parties s'inscrit dans l'obligation plus générale faite au *cadi* de maintenir l'égalité entre les parties. Les deux parties doivent être entendues en leur présence, en commençant par le demandeur qui doit soumettre sa preuve à laquelle le défendeur répond. Le jugement sera rendu par le *cadi* sur la base de ces témoignages contradictoires.

---

401 *Ibid.*, II-567-568.

La présence d'une maxime romaine (écrite en arabe) dans le Coran surprend au premier abord. Comment expliquer qu'une locution latine expression du génie juridique des Romains, retenues ensuite par les systèmes légaux (droit civil continental et *Common Law*) issus du droit romain, se retrouve dans le droit musulman ? On peut croire que *Audialteram partem* est une simple règle de bon sens juridique dont les Arabes sont aussi bien pourvu que les Romains ; d'autant plus que leur système juridique valorise l'équilibre plutôt que l'affrontement entre les parties. Les arabo-musulmans auraient alors eux-mêmes développé cette exigence d'un traitement procédural équitable des parties. On peut imaginer que les commerçants arabes sont entrés en relations d'affaires avec leurs homologues romains qui en achetant leurs épices imposaient également les principes fondamentaux de leur droit. Les *limes*, frontières militaires, n'empêchaient pas les échanges culturels. Ces deux hypothèses seraient vraisemblables si, selon l'orthodoxie, le Coran n'était pas une parole divine directement descendue du ciel et la Sunna la parole de son Représentant sur terre. *Audi alteram partem* apparaît comme un principe fondamental de justice (naturelle) de tout système judiciaire qui cherche à éliminer l'arbitraire, l'apparence de justice. Pour atteindre cet objectif, l'audition des deux parties constitue un minimum incontournable, quel que soit le système.

Paragraphe 2 : *Nemo judex in sua causa* – On ne peut être juge de sa propre cause

Les deux parties doivent être entendues par une personne qui peut accorder à chaque témoignage sa juste valeur, son juste poids dans sa délibération. Le principe de justice et d'équilibre inhérent au droit musulman interdit donc à toute personne intervenant dans le processus de définition du droit d'être dans une situation de conflit d'intérêts. Ainsi, le *cadi* devra décider en fonction des témoignages qu'il a entendus et non en fonction de sa connaissance personnelle des faits ou sous l'influence d'une des parties. Toutefois, sur les questions de droit, après avoir entendu les parties, le *cadi* peut et même doit privilégier les arguments de l'une en se fondant sur sa propre compréhension du droit [402]. Le mandataire ne peut acheter ou vendre les biens sous mandat, à moins de le faire aux conditions du marché, dans la monnaie couramment utilisée et avec paiement immédiat, sans crédit [403]. Les témoins ne doivent pas avoir de lien d'affection ou d'intérêt avec l'une ou l'autre des parties. La divergence entre les juristes porte sur l'intensité du lien d'affection ou d'intérêt qui justifie l'irrecevabilité du témoignage. La question de la crédibilité des témoignages n'est pas soulevée ; le témoignage est permis ou refusé, mais non évalué[404].

Le droit musulman apparaît donc sensible à la qualité du processus qui permet d'arriver à une décision juste. L'interface entre le droit substantiel, norme donnée par le Prophète, et le droit procédural qui en permet la mise en œuvre, fait ressortir le rôle des hommes (*fuqaha, cadi, mujtahid*) dans le processus d'élaboration et de création du droit musulman. De même, le caractère sacré et unique de la *charia* est atténué par la diversité des interprétations attestées par l'existence d'au moins quatre écoles reconnues.

Les maximes *Audi alteram partem* et *Nemo judex in sua causa* frappées comme un Louis d'or grâce à la concision du latin, ne seraient pas, en réalité, des inventions romaines. Elles appartiennent à tout système juridique soucieux d'établir des règles de procédure qui permettent aux arguments des parties au litige d'être entendus et d'être entendus par une personne qui leur accorde une même attention. Sur ce plan,

---

402 *Ibid.*, II-564/565.
403 *Ibid.*, II-365.
404 *Ibid.*, II-559.

le droit musulman offre les garanties procédurales d'un jugement juste et équitable.

Paragraphe 3 : La présomption de bonne foi

La question de la présomption de bonne foi ne se pose pas réellement dans un système de droit religieux ; a fortiori, la bonne foi va de soi, elle est présumée de la part de tout bon musulman, en sa qualité de religieux. Averroès déclare que les actes d'une personne ne doivent pas être entourés de suspicion,[405] mais on ne trouve aucune mention explicite de l'exigence de bonne foi dans la *Bidayat.* Dans un droit, expression paradigmatique d'une religion, qui règle des différents entre membres d'une même Communauté, la question de la bonne foi ne se pose pas comme dans un système où chacun défend ses intérêts sans se préoccuper de conformité avec un modèle idéal.

Paragraphe 4 : La qualité de témoin

Le bon musulman ne peut refuser de témoigner, car « celui qui refuse de témoigner pèche en son cœur. » (C. II-283). Et seul un musulman irréprochable, et par conséquent réputé de bonne foi, peut donner un témoignage admissible. Les non-croyants ne peuvent agir comme témoins, sauf circonstances exceptionnelles, à l'occasion d'un voyage, par exemple (C. V-106). On exige des témoins qu'ils soient intègres, majeurs (aient atteint l'âge de puberté), libres, non esclaves et qu'ils ne soient pas eux-mêmes poursuivis[406]. Un Bédouin nomade ne peut témoigner contre un arabe sédentaire par suite de son ignorance des conditions de la vie urbaine.

Toutefois, les témoignages de musulmans n'ont pas tous la même valeur. « Le témoignage des femmes n'est admis

---

405 *Ibid.*, II-172.

406 *Ibid.*, II-556s.

que dans les actions qui portent sur les biens. À cet égard, cent femmes ne valent pas plus que deux qui, elles-mêmes, équivalent à un homme[407] ». En droit musulman, la capacité de témoigner et la force probante du témoignage sont liées au statut de la personne plutôt qu'à la qualité du témoignage lui-même. On pourrait même dire que la qualité et le poids du témoignage sont liés au statut de la personne. Dans ce contexte, la maxime *Audi alteram partem* perd de sa signification, car, même entendue, les témoignages n'ont pas le même poids, la même valeur de crédibilité. Bien qu'entendu, le témoignage est majoré ou minoré en crédibilité en fonction du statut de la personne qui le porte. La force probante du témoignage apparaît moins liée à sa qualité propre (témoin oculaire, connaissance des faits, expertise personnelle, etc.) qu'au statut social du témoin : meilleur est le musulman, plus crédible est le témoignage.

Paragraphe 5 : Le fardeau de la preuve

En droit musulman, le fardeau de la preuve incombe à celui qui invoque une exception dont il doit faire la preuve[408]. Dans le cadre d'un procès, c'est le demandeur qui supporte le fardeau de la preuve pour modifier une situation en sa faveur[409]. Le demandeur offre son témoignage et le défendeur prête serment[410] pour permettre au *cadi* de rendre jugement en fonction de la connaissance judiciaire des faits que l'audience lui a permis d'acquérir[411].

Si les droits substantifs reconnus par différents systèmes juridiques peuvent différer, notamment par leur origine et par les objectifs poursuivis, une telle divergence ne semble pas exister en matière procédurale. Quelles que soient les

---

407 AL-QAYRAWANI, *op. cit.*, p. 263.
408 BIDAYAT, II-8, II-408.
409 *Ibid.*, II-568.
410 *Ibid.*, II-515.
411 *Ibid.*, II-566.

conceptions de la justice en droit privé continental, en *Common Law* ou en droit musulman, les moyens procéduraux pour atteindre l'objectif de justice sont largement similaires. Le respect de la procédure semble, sauf exception, donner des chances égales aux parties de faire valoir leur point de vue et assurer la réalisation de l'objectif de justice.

Les règles qui assurent l'égalité des parties dans le débat judiciaire ou la négociation contractuelle semblent paradoxalement similaires dans un système fondé sur l'affrontement des intérêts des parties et dans un système où le droit est donné par une autorité. Mais il ne faut pas confondre les sources du droit et leur mise en œuvre. Le Code Napoléon et le Coran du Prophète n'ont peut-être pas la même autorité morale (quoique le code soit longtemps demeuré intouchable), mais les principes procéduraux de leur mise en œuvre apparaissent largement similaires. Indépendamment des systèmes juridiques, des conceptions de la justice et de leurs objectifs concrets, il semble que les règles procédurales, de façon générale, soient les mêmes pour assurer l'identification des droits et leur respect avec un minimum de crédibilité. La justice, l'application crédible des règles de droit n'est pas indépendante de la procédure suivie. Bien sûr, au-delà des grandes affirmations de principe (*audi alteram partem*, par exemple), il faut être sensible aux modalités d'application et, en matière judiciaire, à la formation du juge et à son indépendance à la fois personnelle et structurelle.

Quelle est l'influence de la pensée philosophique d'Averroès sur sa conception du droit et l'évolution de celui-ci, sachant qu'elles affectent l'ensemble de la Communauté, aussi bien la masse des Croyants que l'élite intellectuelle ? Nous n'avons pas trouvé de manifestations explicites de son rationalisme sur les aspects procéduraux du droit. Alain de Libéra souligne toutefois que placé devant un choix, il opte pour la solution la plus libérale[412]. Par contre, son insistance sur le rôle de la raison pour mieux connaître la création et à travers elle le Créateur[413] ; l'importance qu'il accorde à la relation de cause à effet pour l'homme raisonnable[414] dont il reconnaît par ailleurs les limites[415] ; son refus de la fatalité imposée de l'extérieur[416], tous ces facteurs conjugués, qui manifestent une conception d'un homme responsable de la prise en charge de sa vie ici-bas, ne peuvent pas être restés sans effet sur son activité juridique et judiciaire. Pour en trouver l'expression concrète, il faudrait sans doute étudier les décisions qu'il a rendues en sa qualité de cadi[417].

À défaut de trouver dans le droit procédural l'expression des principes de la philosophie d'Averroès, peut-être en trouverons-nous la manifestation dans le droit substantif ?

Sous-chapitre 3 : Les règles d'interprétation pour la mise en œuvre du droit positif musulman

Le Coran affirme à plusieurs reprises que le Prophète s'est exprimé clairement (C. XXVI-2, XXVII-1, XXVIII-2, XXXVI-69), en arabe (C. XIII-37, XLIII-2, XVI-103), pour être compris (C. XLIII-3, XIX-97).

> *Une lumière et un Livre clair vous sont venus de Dieu. Dieu dirige ainsi dans les chemins du Salut ceux qui cherchent à lui plaire. Il les fait sortir des ténèbres vers la lumière, – avec sa permission – il les dirige sur un chemin (C. V-15/16).*

---

412 Alain de LIBERA, *La philosophie médiévale, op. cit.*

413 *L'incohérence de l'incohérence*, p. 124, 125, 259.

414 *Ibid.*, p. 112, 138, 229, 291, 383.

415 *Ibid.*, p. 307.

416 *Ibid.*, p. 290.

417 Voir le recueil des décisions (*fatwa*) d'Averroès publié au Caire en 1987.

Voici les Versets du Livre clair : nous les avons fait descendre sur toi en un Coran arabe. – Peut-être comprendrez-vous ! (C. XII-1/2)

Toutefois, les versets clairs au moment de leur énonciation aux Compagnons par le Prophète sont parfois devenus obscurs pour les Successeurs. Certains prêtent à explicitation, sinon à interprétation, car ils sont en contradiction apparente avec d'autres énoncés du Livre ou des actes du Prophète. Certains versets auraient, par ailleurs, été abrogés dans des conditions dont il est difficile de préciser l'ordre ou la séquence. Enfin, il existe des situations nouvelles, imprévisibles à l'époque du Prophète, pour lesquelles on ne trouve pas de réponse explicite dans le Coran et le Sunna.

Si le Coran contient des preuves évidentes, encore faut-il que cette évidence soit manifeste pour les croyants aux différentes époques de l'histoire. La nécessité impérieuse d'expliciter la Révélation sans la trahir, sans la dénaturer, impose aux *mujtahidun*et aux *fuqaha* une terrible responsabilité : « Ceux qui n'attendent pas notre Rencontre disent, lorsque nos Versets leur sont lus comme autant de preuves évidentes : "Apportez-nous un autre Coran !" ou bien : "Change celui-ci !" Dis : "Il ne m'appartient pas de le changer de mon propre chef : je ne fais que me conformer à ce qui m'a été révélé. Oui, je crains, si je désobéis à mon Seigneur, le châtiment d'un Jour terrible" » (C. X-15)[418].

Comme l'écrivent I.A. Khan Nyazee et Dr M.A. Rauf dans leur introduction à la traduction de la *Bidayat*, l'interprète soumet que l'opinion qu'il exprime correspond à la Loi telle que voulue par le Prophète. Lourd défi pour le croyant qui doit s'appuyer sur le Coran et sur la Sunna pour former son opinion plutôt que sur son propre raisonnement « qui a peu de valeur et est considéré comme une simple conjecture ». Bien sûr la raison joue un rôle, mais

418 Voir aussi C. XIII-72, C. XXXIV-43.

uniquement en se fondant sur les sources islamiques. Ainsi, l'interprète pourra éviter toute innovation blâmable[419].

Quelles règles d'interprétation le *mujtahid* peut-il utiliser pour expliciter le sens du Coran et de la Sunna sans en trahir ni le texte, ni l'esprit ? La diversité des écoles juridiques ne tient pas à des divergences théologiques ou à la diversité des sources de droit qu'elles reconnaissent ; au contraire, elles sont unanimes à reconnaître quatre sources : le Coran, la Sunna, le consensus et l'analogie (*qiyas*). Elles se distinguent par les règles d'interprétation qu'elles privilégient et, en conséquence, par la diversité des solutions auxquelles elles arrivent. Celles-ci expriment la richesse du droit musulman qui, contrairement à une opinion largement répandue, n'est pas figé dans une homogénéité stérilisante.

Dans ces conditions, comment Averroès peut-il apporter une contribution originale à l'élaboration d'un droit qui soit à la fois respectueux des impératifs de la religion musulmane dont il se réclame et des évolutions que lui dicte sa raison pour répondre aux besoins de l'homme dans une société en évolution ? Comment passer, dans la recherche du bien-vivre et de la justice, de la philosophie qui laisse à une élite restreinte une grande liberté de questionnement, au droit qui, parce qu'il affecte les croyances et les intérêts de la masse des croyants, doit être, en saine orthodoxie islamique, continuellement en adéquation avec la Parole divine ? M. C. Hernandez, exposant la pensée d'al-Ghazali, l'exprime clairement : « Le droit procède directement de l'unique autorité qualifiée d'elle-même, Dieu, non de la raison humaine. Il participe des sciences du cœur[420] [...] ». Le conflit philosophique entre al-Ghazali et Averroès se reporte sur le droit. Le conflit d'idées entre membres d'une élite restreinte se répercute sur les modalités concrètes du bien-vivre

---

419 BIDAYAT, p. XXXI, XXXV.

420 Miguel Cruz HERNANDEZ, *Histoire de la pensée en terre d'Islam*, traduction et mise à jour par Roland Béhar, Paris, Desjonquères, 2005, p. 326.

ensemble de la Communauté des musulmans dont la grande majorité s'en tient à lecture littéraliste de la Parole divine. L'œuvre philosophique d'Averroès, fondée sur la raison, doit-elle rester cantonnée au cercle des *fuqaha* et des *mutakallimun* sans impact sur le droit et la justice ? Comment imaginer qu'un homme qui fut si près du pouvoir pendant toute sa carrière, conseiller du prince et juge en chef à Séville et Cordoue, puisse développer une pensée qui soit sans effet sur ses conseilles politiques, ses décisions judiciaires et ses actions ? La pensée philosophique d'Averroès fut-elle politiquement et juridiquement stérile ? Ou, au contraire, eut-elle une influence suffisante, réelle ou appréhendée, pour que le prince l'éloigne des cercles du pouvoir, en exil à Lucena ? C'est cette question qu'il faut maintenant examiner en revenant sur l'esprit de la *charia*, sur le texte coranique – sa précision, ses ambiguïtés, ses contradictions – les abrogations et sur le silence du Coran.

Paragraphe 1 : L'esprit de la charia

En droit occidental, les transformations sociales et le choc des intérêts des personnes favorisent l'évolution du droit tout en assurant une certaine stabilité nécessaire pour la sécurité de tous et la cohérence de l'ordre juridique. En droit musulman, par contre, la Parole transcendantale du Prophète incite à l'imitation, à la conformité qui résiste, comme un barrage au poids de l'eau, à une pression sociale qui rendrait la Parole trop manifestement obsolète par rapport à l'évolution de la Communauté. Serions-nous paradoxalement dans une situation où la maxime romaine *Summa jus, summa injuria* pourrait s'appliquer ? C'est l'écart entre le droit et les faits qui crée une tension qui fait évoluer le droit vers une nouvelle conception de la justice. Mais pour les uns, il faut modifier la règle pour adapter le droit et le rendre compatible avec un certain idéal de justice toujours remis en question. Pour les autres, il faut éviter la création d'un écart en amenant l'homme à se conformer à une norme transcendantale immuable. Changer la norme pour l'adapter aux besoins de l'homme ou rendre l'homme conforme à une norme intangible ?

Plus une société est ouverte et diversifiée, plus rapidement et profondément peut se creuser l'écart, tant les demandes de ses différentes composantes risquent d'entrer en conflit. Dans une société plus homogène centrée sur le respect de certaines pratiques, le contrôle de tous par tous réduit au maximum la possibilité de l'écart par sa sanction immédiate et sévère, car il y a rupture par rapport à une norme qui s'impose à la Communauté.

Le droit musulman se caractérise avant tout par son origine divine (quoiqu'il ait été explicité par la suite par des hommes) et par le fait qu'il s'adresse à un croyant et à un croyant membre d'une Communauté, la Communauté des Croyants, les adhérents à l'Islam. Cette Communauté, créée à Médine, est à la fois religieuse et civile. La conformation du Croyant aux Dires du Prophète assure, tout à la fois, la sanctification du Croyant pour sa récompense dans l'éternité, et, la cohésion de la Communauté dans un ordre juridique étatique fondé sur un projet eschatologique. L'ordre politique tire sa légitimité et son pouvoir de sa reconnaissance comme protecteur des croyants (*Emir al-Moumimine*) par les autorités religieuses qui, en contrepartie, sont reconnues et protégées par le pouvoir politique. Pour prendre une image d'une autre époque et d'un autre contexte, c'est la convergence des intérêts du sabre et du goupillon, du cimeterre et de la *kubak*.

La sanctification du Croyant en cette vie renforce les autorités politiques et religieuses par le respect de la norme juridique d'origine transcendantale qui incite à l'imitation et au respect de l'autorité. Le droit privilégie donc prioritairement l'acte méritoire dans une perspective de sanctification, plutôt que le respect strict des conventions. Et ce caractère méritoire de la conduite est à rechercher dans l'équité du résultat obtenu ; toutes les parties concernées reconnaissant avoir obtenu une juste reconnaissance de leurs intérêts dans l'ensemble du projet collectif de la Communauté (umma), la solution privée du litige augmentant la cohésion du tout collectif. L'Islam et le droit qui en émane recherchent le juste milieu qui permet de dégager un consensus consubstantiel à l'Islam, car la Communauté ne peut être dans l'erreur lorsqu'elle établit un consensus. Ce consensus ne peut précisément se former que sur un moyen terme, sur un juste milieu qui constamment ramène les extrêmes au centre. Un tel processus ne peut opérer à la satisfaction du plus grand nombre, sinon de tous, que dans une société où l'intérêt de la collectivité a priorité sur les initiatives et les intérêts des individus.

Le droit musulman apparaît donc comme un instrument de cohésion sociale dans une perspective eschatologique (le tracé de la bonne, juste et unique Voie) plutôt que comme le moyen pour chacun de faire valoir les droits dont il se réclame. En droit musulman la voie est tracée ; il ne reste plus qu'à l'expliciter et à la suivre. En droit occidental, la voie n'est pas tracée, elle reste à définir par le choc des intérêts.

Paragraphe 2 : Un Coran clair, une voie claire

Puisque le Coran est un livre clair, le principe voudrait, comme le dit Averroès, que les intérêts de chacun y soient précisément établis et qu'il soit lu tel quel à moins qu'il existe des arguments forts en faveur d'une interprétation métaphorique.

> *Both groups support their interpretation on the basis of traditions that testify to the correctness of their understanding, though the principle is to read a text as it*

is, unless another evidence indicates that it be read in its metaphorical sense[421].

Averroès affirme une évidence : un texte doit être interprété tel qu'il a été écrit à moins d'indications contraires, car le livre est présumé s'exprimer clairement. On n'en attend pas moins d'un texte descendu du ciel pour parler clairement à ses interlocuteurs. Cependant, Averroès se dégage de l'orthodoxie lorsqu'il précise qu'il existe des circonstances où, bien que le texte soit clair, il demeure sujet à interprétation.

It is no sin for you if ye divorce women while yet ye has not touch them, nor appointed unto them a portion (C. II-236) [...]. This is subject to interpretation, though the obvious meaning implies dropping it under all circumstances due to the words of the Exalted, «Provide for them, the rich according to his means, and the straitened according to his means, a fair provision » (C. II-236). There is no dispute, as far as I know, that if he divorces her, right in the beginning (without the discussion of dower), there is no liability upon him[422].

On peut souligner que, si Averroès adopte une attitude libérale en matière d'interprétation, c'est pour adopter une attitude plus conservatrice sur le plan social, une attitude machiste, dirions-nous aujourd'hui, peu compatible avec l'égalité affirmée de l'homme et de la femme.

En toutes circonstances, le croyant est invité à apprendre et à mieux comprendre la parole divine dévoilée au Prophète. Il doit, par lui-même et dans les limites de sa compétence, exercer l'effort de compréhension (*ijtihad*). Au-delà, le croyant doit se fier à ceux qui ont acquis une plus grande compétence par leur connaissance et leur piété.

---

421 BIDAYAT, I-345.

422 *Ibid.*, II-30.

Ce devoir de pratiquer l'*ijtihad* vaut pour tous les versets du Coran et les passages de la Sunna, même ceux qui sont réputés les plus clairs. Ils peuvent, en effet, être les plus explicitement marqués par le contexte socioéconomique du VIIe siècle en Arabie. À moins de vouloir revivre l'époque des Pieux ancêtres (*salaf*), ces dispositions doivent, comme le laisse entendre Averroès, être explicitées en recourant à la raison dans le contexte du XIIe siècle ou, aujourd'hui, dans le contexte du XXIe siècle. Si le message de l'islam a vocation universelle, c'est-à-dire, valable pour toutes les époques et tous les lieux, les dispositions non théologiques (juridiques) du message doivent être réévaluées, en raison, pour en expliciter les valeurs fondamentales dans un monde contemporain. N'est-ce pas la définition que donne Al-Alusi du *tawil* [...] : « Réduction d'une chose à la finalité qui en est attendue soit de façon cognitive, soit de façon active[423] » ? C'est à cet exercice que peuvent servir les règles d'interprétation utilisées par les différentes écoles selon des pondérations variables.

Paragraphe 3 : Conflit entre les textes, conflit entre les traditions

Lorsque deux sources de droit de même nature soutiennent des propositions qui semblent à première vue incompatibles, les théologiens-juristes se sont appuyés dans leur *ijtihad* sur l'une ou l'autre de deux méthodes : soit la préférence pour une solution, soit la recherche de la conciliation des diverses opinions[424]. Averroès, suivant en cela la majorité des juristes, soutient que la conciliation des divers avis est préférable au choix d'une des solutions proposées par des textes ou des traditions en conflit.

---

[423] Jacques BERQUE, *Le Coran, essai de traduction*, Paris, Albin Michel, 1995, p. 70, note v. 7.

[424] BIDAYAT, I-35.

Le choix arbitraire ou d'autorité d'une solution semble peu compatible avec un exercice véritable de l'*ijtihad* ; il résulte en effet d'un ralliement ou de la soumission à l'avis le plus autorisé plutôt qu'à une véritable recherche d'une solution de raison argumentée qui permet d'unifier le droit musulman. La même démarche semble préférable lorsque la parole du Prophète est sujette à des interprétations (« their disagreement derives from the vacillation of the saying of the Prophet ») quand à son caractère impératif, obligation ou de simple recom-mandation[425]. L'argument d'autorité est, en général, peu compatible avec la prééminence de la raison. Ainsi, lorsqu'Averroès se rallie à une opinion, c'est pour faire prévaloir la plus libérale comme le relève Abdelwahab Meddeb[426]. Si Averroès pouvait difficilement transférer l'idée centrale du *Discours décisif* sur la prééminence de la raison dans l'analyse et la pratique du droit, il lui était loisible incidemment, compte tenu de l'état de la société, de faire progresser les analyses rationnelles et les pratiques libérales.

La conciliation des opinions opposées des théologiens-juristes (*mujtahidun*) ou des différentes écoles juridiques (*madhab*) représente, par excellence, la recherche par la raison d'une solution de synthèse d'opinions opposées, mais non incompatibles. Faire apparaître la cohésion d'approches divergentes dont peut être extrait le sens profond du Message prophétique et les conditions de sa mise en œuvre par un droit qui s'applique à tous les croyants, voilà le sens de la préférence d'Averroès pour la conciliation. La

425 BIDAYAT, I-362.

426 « C'est bon, j'aurais ajouté le juriste libéral : dans son "bidayat al-mujtahid…", Averroès opte pour la solution la plus libérale, fut-elle archi-minoritaire chez les ulemas. Deux exemples : la légitimation de l'imamat universel des femmes ; l'autorisation des femmes à participer au cortège funèbre jusqu'à la mise en terre […] ». Ali MEZGHANI, « Abdelwahab Meddeb : l'intellectuel, l'esthète et le droit », Abdelwahab MEDDEB, *Le proche et le lointain*, textes réunis et présentés par Amina, Maya Meddeb, Paris, Al-Manar, 2016, p. 72.

conciliation est œuvre de raison d'un homme libre, par opposition au ralliement à une solution imposée d'autorité. La conciliation n'est pas œuvre d'autorité en faveur d'une solution déjà acquise, mais œuvre de la raison qui cherche à emprunter le meilleur de chaque proposition pour faire apparaître une norme plus en harmonie avec la Parole divine, d'une part, et les besoins des Croyants dans un contexte social transformé, d'autre part. Que l'évolution du contexte social et politique puisse infléchir l'orientation de la Révélation est illustré par la transformation des sourates lors du passage de La Mecque à Médine, alors que le Prophète devient également un chef politique[427]. Youssef Seddik généralise cette ouverture à une lecture circonstancielle du Coran :

> *En déclarant révolu « le temps des prophètes », le Coran remet à la seule pensée profane le risque de regarder le monde, de le saisir dans le discours qui raisonne et de le « resaisir » quand s'estompent les normes et se brouillent les repères*[428].

Paragraphe 4 : Conflit entre paroles (Coran) et actes (Sunna)

Les ulémas des différentes écoles ont dû, pour établir la norme islamique, arbitrer entre les dispositions du Coran et les paroles et les actes du Prophète rapportés par la Sunna, dans des circonstances où ils paraissent sinon incompatibles,

---

[427] Suivant la tradition musulmane, D. Masson retient deux périodes (la Mekke pour la première et Médine pour la seconde) pour la descente du Coran et sa réception par le Prophète : D. MASSON, introduction, traduction et notes par D. Masson, *Le Coran*, Paris, Gallimard, 1967, p. XLI. Jacques Berque identifie trois périodes mecquoises et une médinoise où prévaut l'énoncé législatif : Jacques BERQUE, *Le Coran*, Paris, Albin Michel, 1995, p. 716. Voir également, p. 763.

[428] Youssef SEDDIK, *Nous n'avons jamais lu le Coran*, Paris, L'Aube, 2004, p. 27.

du moins en conflit apparent. Comment dissiper cette apparence de contradiction ?

Les actes du Prophète semblent de façon générale, avoir priorité sur ses Paroles. Cette position surprend de prime abord, car le Coran et la Sunna constituent les deux principales sources du droit musulman. Dans l'hypothèse d'un conflit entre un verset du Coran et un acte du Prophète, il est peu vraisemblable que l'acte puisse être considéré comme ayant une portée générale et doive donc être limité aux circonstances spécifiques. Au sujet de la déclaration de guerre, le prophète aurait donné des instructions précises à ses commandants avant d'attaquer. Ils devaient proposer aux adversaires : soit la conversion à l'islam, soit l'installation sur le territoire des immigrants avec les droits afférents à ce statut ou le maintien sur leur territoire avec le statut des Bédouins musulmans, soit, enfin, le paiement d'une taxe spéciale pour les *dhimmi* (la *jizya*). C'est seulement après ces sommations que les commandants des troupes musulmanes étaient autorisés à attaquer. Par contre, il est établi que le prophète tendait des embuscades à ses ennemis avec qui il était en guerre. La majorité des juristes a considéré que cette conduite du Prophète abrogeait ses instructions antérieures[429].

Les actes répétés deviennent constitutifs d'une pratique elle-même source de droit, soit, pour certains et notamment pour les malikites, sur la base d'un consensus, mais le consensus de quelques-uns n'engage pas, soit sur la base de la transmission par les théologiens-juristes des pratiques en vigueur. Par contre, la pratique n'exclut pas, comme le consensus, la possibilité d'une erreur[430]. Pour Averroès, prétendre que des actes, même répétés, qui créent une pratique reconnue puissent exclure la possibilité d'une erreur, est difficilement acceptable. Une pratique présente un

---

429 BIDAYAT, I-462.

430 C. XXI-92.

simple caractère de probabilité alors qu'une pratique conforme à une transmission constitue une preuve persuasive[431]. Une pratique n'est que l'expression d'un besoin récurrent de la population, plus ou moins généralisé, alors qu'une pratique confortée par un dit du Prophète a une plus grande force probante[432].

Paragraphe 5 : Le silence de la loi

La charia n'a évidemment pas pu répondre à toutes les questions qui se pose, à chaque époque, dans la vie en société, ne serait ce que suite aux développements et aux innovations, fruits de l'intelligence des hommes. Même sur des questions dont on présume trouver la réponse dans le Coran, on est déçu : comment traiter la personne qui oublie ou dort au moment de la prière ? « It is Allah who guides to the truth[433] ». Quelle sanction imposer au musulman qui refuse de faire la prière ? « Soponder over this, for it is evident. Allah knows best[434] ». Quant aux conditions de retraite à la mosquée (*i'tikaf*), la loi est silencieuse ; la seule solution est de pratiquer l'*ijtihad* sans oublier que « Allah is the Grantor of success and support[435] ». Sur toutes ces questions, pour trouver la réponse juste, le bon musulman doit s'en remettre à la recherche de l'esprit de Celui qui sait mieux, de Celui qui guide vers la Vérité. Mais, comment le musulman le plus pieux et le plus sage peut-il prétendre à la découverte de cette Vérité sans s'associer à « Celui qui guide à la Vérité ? »

Le silence de la Loi ouvre toute grande la porte de l'*ijtihad* par le *mujtahid* guidé davantage, en général, par sa piété que par la raison. Quand une solution paraît aberrante

---

431 BIDAYAT, I-195.
432 *Ibid.*, I-275.
433 *Ibid.*, I-206.
434 *Ibid.*, I-99.
435 *Ibid.*, I-366/373.

(*meaningless*) et qu'il n'y a aucun indice qui permet de trouver une solution juste, Averroès invite à réfléchir plutôt que de s'en remettre à la lettre du texte ou à l'avis d'une autorité[436]. C'est précisément le rôle du *mujtahid* de réfléchir à la solution la mieux compatible, la plus cohérente avec l'esprit de la charia. Et, c'est l'objectif d'Averroès, dans un passage particulièrement éclairant de la *Bidayat*, de favoriser la recherche de la vérité par l'exercice de l'*ijtihad.*

> *[…] our intention in this book is to establish the issues expressly stated by the texts, agreed upon or disputed, and to mention those issues about which the texts are silent, but in which disagreement of the jurists of the regions have become well known. Truly, the knowledge of these two categories of issues provides the mujtahid with general principals for those issues over which the texts are silent […] it is possible for « the mujtahid » to come up with the answer in accordance with the principles of that jurist according to whose school he is rendering an opinion, and according to the truth his ijtihad leads him*[437].

Devant le silence des textes ou quand les arguments de chaque partie sont de même valeur, le *mujtahid* exerce sa discrétion fondée sur l'analyse rationnelle et sa solution est alors juste ou, à tout le moins, il n'est pas dans l'erreur, ni en faute, même si de profonde divergences subsistent[438]. Le silence de la Loi ouvre un espace privilégié au *mujtahid* pour l'exercice de son *ijtihad.* La diversité des sources de droit et la difficulté des questions soumises permettent de mieux comprendre les exigences imposées au *mujtahid* en termes de connaissance de la langue arabe et de la grammaire, de la

---

436 *Ibid.*, I-208.
437 *Ibid.*, p. II-467.
438 *Ibid.*, I-182, II-548 ; I-252/3.

piété et de la connaissance de la Loi qu'il les exerce au premier niveau ou au niveau supérieur du *mujtahid mutlak*.

Dans l'exercice de son *ijtihad*, le *mujtahid*, quelle que soit la source de la divergence des avis, affronte deux difficultés majeures : la première résulte du choix à faire entre les différentes sources du droit et les arguments mis de l'avant par chacun. Est-il préférable d'opter pour une des propositions ou plutôt d'essayer de les réconcilier par un compromis respectueux de la « *illa* » de chacune ? Est-il préférable de retenir l'avis qui apparaît comme le mieux fondé, comme le plus autorisé bien que partiellement satisfaisant ou faut-il de préférence synthétiser, concilier, expliciter les divers avis émis par les *prédécesseurs* ? La seconde difficulté découle de la nécessité de préciser si la solution retenue constitue une simple recommandation pour la bonne conduite du Croyant, une Voie suggérée, ou une obligation stricte[439].

A- La préférence pour une solution acquise ou la réconciliation de solutions contradictoires

Le *mujtahid*, dans l'élaboration de son *ijtihad*, peut préférer s'appuyer sur un avis déjà exprimé qui lui semble plus autorisé ou tenter de réconcilier différents avis dans l'élaboration du sien. Ceux qui adoptent la méthode de préférence décident en fonction de la réputation de l'auteur ou de son autorité. Les juristes qui privilégient la réconciliation des divers avis sur une question favorisent paradoxalement l'unification du droit musulman en recourant à la raison plutôt qu'à l'autorité. L'exercice de synthétisation des multiples opinions est plus compatible avec la recherche de l'interprétation juste d'un texte clair ; la diversité des opinions, au contraire, accrédite la conception d'un Coran confus et de conflit entre le Coran et la Sunna.

439 *Ibid.*, I-187 : Comment réciter la prière ; I-35 : Le sommeil et les ablutions.

Pour Averroès, dans la mesure du possible, la réconciliation est plus souhaitable que la préférence[440]. Cet avis apparaît constant et général, car il entraîne l'abolition des contradictions entre les différentes sources et interprétations du droit[441]. Placé devant une situation où chacun, dans un contexte de choix arbitraire, suit l'opinion de ses prédécesseurs, Averroès préfère la réconciliation d'opinions de même exigence, de même autorité[442]. Par contre, la loi spécifique aura priorité sur un principe général ; la règle définitive a priorité sur celle qui n'emporte qu'une conviction probable[443] ; un simple doute ne peut annuler une prescription de la loi ; le doute ne supprime pas le *hukm* de la loi.

Averroès reconnaît toutefois que des exercices de réconciliation, fondés sur des traditions authentiques, peuvent mener à des résultats différents ; il est alors préférable d'éviter les conflits et de s'en remettre au choix de chacun[444]. En matière de vente, la validité du contrat dépend du niveau de risque (*gharar, riba*) : à risque faible le contrat est valide, à risque élevé il peut être annulé. Pour Averroès, cette position qui est celle de l'école malikite est la meilleure, car elle réconcilie toutes les traditions et permet d'éviter les affrontements irréductibles entre des arguments de même valeur et la reconnaissance arbitraire de solutions contradictoires[445].

Le choix de la réconciliation entre les avis de différents juristes, plutôt que la préférence pour l'un d'eux, apparaît plus en harmonie avec le rationalisme d'Averroès. La réconciliation permet d'éviter les contraintes inévitables envers les tenants de l'avis qui n'est pas retenu et

440 *Ibid.*, I-35.
441 *Ibid.*, I-74, I-242, I-156.
442 *Ibid.*, I-240.
443 *Ibid.*, I-94/95.
444 *Ibid.*, I-150/151 ; I-218, II-450.
445 *Ibid.*, II-193, 198.

d'augmenter la cohésion à l'intérieur de la Communauté : « Pas de contrainte en religion ! La voie droite se distingue de l'erreur » (C. II-256). La réconciliation est également plus compatible avec l'esprit d'une religion du juste milieu qui se manifeste par la conciliation d'opinions multiples : « Nous avons fait de vous une Communauté éloignée des extrêmes pour que vous soyez témoins contre les hommes, et que le Prophète soit témoin contre vous » (C. II-143). Cette Communauté, la meilleure, ne peut pas être éclatée entre diverses écoles de pensée qui prétendent atteindre la vérité et définir le bien par des *ijtihad qui donnent des résultats opposés.* « Puissiez-vous former une Communauté dont les membres appellent les hommes au bien : leur ordonne ce qui est convenable et leur interdise ce qui est blâmable : voilà ceux qui seront heureux » (C. III-104). La réconciliation, la synthèse des avis divergents est, par ailleurs, plus compatible avec un véritable effort d'*ijtihad*, c'est-à-dire, avec l'exercice de la raison critique à l'intérieur des cadres fixés par l'Islam pour la recherche de la Voie juste. Cette Voie juste doit permettre d'éviter les abus et de tracer une Voie qui ne présente pas trop de bifurcations. En définitive, la réconciliation, par un effort de raison plutôt que par une affirmation d'autorité, permet de tirer le meilleur des avis divergents et d'unifier le droit.

La réconciliation tient lieu, d'une certaine façon, d'une cour d'appel qui précise et unifie le droit. La réconciliation donne plus d'autorité à la solution retenue en portant la norme ainsi synthétisée à un niveau supérieur où le système acquiert une plus grande cohérence. Cette fonction est indispensable à la cohésion du système et à la connaissance, parle citoyen, surtout le commerçant, de ses droits. Ainsi, la réconciliation entraîne une rationalisation du droit musulman et une plus grande sécurité des transactions qui sont moins soumises à des conflits d'interprétation entre *mujtahidun* ou à des conflits entre écoles. Se pose alors la question de la force contraignante de la règle. Cette nouvelle synthèse projective crée-t-elle une norme impérative ou simplement facultative ?

B- La force obligatoire de la loi ou une simple recommandation facultative

La parole et les actes du Prophète, par leur valeur exemplaire, créent-ils pour le croyant une obligation stricte d'agir selon ce modèle ou, au contraire, une simple recommandation ? Un modèle ou une inspiration ? Il n'y a pas de réponse générale et impérative à cette question. Qu'il s'agisse de la séquence des ablutions ou des formalités de la prière[446], la conduite systématique du Prophète n'a pas la même force contraignante pour tous les juristes. Pour certains, il faut que les actes répétés soient eux-mêmes obligatoires, d'autres exigent une preuve complémentaire, pour d'autres, enfin, l'absence d'indice atténue la contrainte. En définitive, le caractère contraignant des actes du Prophète relèverait de la discrétion, de l'*ijtihad* des *mujtahidun.*

Averroès considère toutefois que la qualification des actes du Prophète en tant que créateur d'obligations constitue un principe fondamental (*a first principal*)[447]. Les *fuqaha* qui exigent une preuve supplémentaire du caractère coercitif des actes du Prophète pour le croyant, sont simplement invités à réfléchir de nouveau à la question. Il s'agit d'un désaccord qui illustre la souplesse du droit musulman divisé en quatre écoles, tout aussi orthodoxes les unes que les autres, mais aussi de l'absence d'une autorité suprême pour définir la règle. L'invitation d'Averroès à réfléchir témoigne aussi de son ouverture et de sa confiance dans la raison.

Cette flexibilité entre l'obligatoire et le recommandé apparaît parfaitement cohérente avec la classification graduelle des actes entre ceux qui sont obligatoires et ceux qui sont interdits. Le croyant a un large choix de conduite

---

446 BIDAYAT, I-13 ; I-149, II-24.
447 *Ibid.*, I-149.

dans l'exercice de son *ijtihad* en fonction de son degré de piété ; les actes qui sont conseillés, neutres ou déconseillés peuvent apparaître obligatoires ou recommandés selon le degré de piété de chacun.

Averroès, favorable au caractère contraignant du modèle donné par la conduite du Prophète, insiste également sur sa force probante par rapport aux paroles. Pour l'école malikite à laquelle il appartient, les actes ont plus d'importance que les paroles, car ils structurent, notamment, la prière. La soumission à Allah et à son Prophète se manifeste davantage par les actes que par l'intention ou l'esprit[448]. Cependant, les actes du Prophète peuvent parfois, à l'occasion, n'avoir qu'une implication de simple recommandation. Ainsi, lorsque les actes du Prophète ne sont pas univoques et qu'il y a dissension sur la conduite à suivre chez les Compagnons, il n'est que normal que les successeurs ne soient pas unanimes et considèrent l'acte comme neutre et laissant toute discrétion au croyant[449].

Si les actes du Prophète ont priorité sur ses paroles, celles-ci ont priorité sur les traditions (les pratiques), fruits de l'explicitation du message par les Transmetteurs[450]. De plus, les traditions n'ont qu'une valeur correspondant à la crédibilité de la personne qui l'a transmise[451].

La préséance que le droit musulman accorde aux actes sur la parole illustre bien son caractère concret. Le rôle déterminant de la possession dans la définition des droits, soit pour assurer la sécurité des transactions, soit pour limiter les risques de perte ou de dommages à l'objet, soit pour éviter la multiplication des risques (*gharar*) liés à une transmission postérieure ; la préoccupation est toujours de favoriser la sécurité des transactions en limitant les risques. Dans le même esprit se comprend l'interdiction de vendre

---

448 *Ibid.*, I-217.

449 *Ibid.*, II-252/253.

450 *Ibid.*, II-53.

451 *Ibid.*, II-33.

un objet dont on n'est pas propriétaire[452] et de vendre sans transmission immédiate de la propriété[453]. Cette volonté de limiter les risques dont on peut partager l'objectif d'éviter que les intérêts d'une partie soient sacrifiés, peut par contre avoir des effets néfastes lorsqu'elle devient trop manifestement prioritaire. L'insistance sur la prévention des risques peut devenir incompatible avec les adaptations rendues nécessaires par les transformations de la société, par les découvertes (papier, poudre). Qui dit adaptation (pour ne pas dire innovation), ne dit-il pas implicitement risque ? La « fermeture de la porte de l'ijthihad » ne répond-elle pas à une volonté de limiter les risques ?

La *Bidayat,* avons-nous dit, peut être assimilée à un traité de droit comparé qui permet à Averroès de présenter, sur un grand nombre de questions, les solutions mises de l'avant par les quatre écoles orthodoxes et par des juristes de différentes régions. S'il s'en tenait à ce travail de comparatiste, l'œuvre d'Averroès serait d'un intérêt limité. Heureusement, il exprime ses préférences sur des points contestés et, à d'autres moments, donne son avis personnel. Sa liberté d'expression n'est toutefois pas absolue. Sur les questions de foi et de religion, Allah sait et donne la réponse. Ainsi, les paroles et les actes du Prophète doivent être considérés comme des modèles devant être suivis à moins d'une preuve évidente au contraire, une conjecture, une probabilité ou une nouvelle conjoncture étant insuffisante pour changer une règle impérative[454]. C'est Allah qui dirige vers la Vérité[455].

Il existe des règles qui s'imposent sans aucun motif rationnel, ce sont des prescriptions religieuses impératives et non discutables qui doivent être respectées et suivies. D'autres, non religieuses, sont fondées des pratiques

---

452 *Ibid.*, II-399.

453 *Ibid.*, II-173s., II-221, II-362.

454 *Ibid.*, I-148, I-142 ; I-94/95.

455 *Ibid.*, I-206.

ancestrales et peuvent être discutables et variables. Laver les pieds, asperger la tête : pourquoi ? Est-ce acte de foi ou de raison[456] ? Selon que le rituel de purification est considéré comme un acte cultuel et liturgique (*hadath*) ou une simple question de propreté et d'hygiène (*najasa*), la contrainte juridique devient plus ou moins impérative.

En matière religieuse, ou plutôt pour toutes les questions juridiques liées à la religion, les marges de manœuvre d'Averroès sont très limitées, car il s'adresse à toute la population dont à une majorité de « gens qui ne comprennent pas » les subtilités philosophiques et dont la foi serait troublée par des analyses et des discussions dont ils ne saisiraient pas la justification. Averroès est donc lié par la parole et par les actes du Prophète, par la prééminence et la force de la tradition, par le consensus, par les pratiques qui se fondent sur lesdits rapportés par Bukari et Muslim. Cependant dans toutes les matières non religieuses, mais imprégnées par la pensée musulmane (ex. le contrat de vente), la liberté d'innovation et d'adaptation est plus grande bien qu'il faille, même en ces matières, éviter les innovations (*bida*), contraires à la *sunna*[457].

Pour le musulman affirmé qu'est Averroès, le recours à la raison est donc exclu dans certains domaines et limité dans d'autres, étant entendu que le but primordial de la *charia* est la protection de la religion et la sanctification du croyant. Pour apprécier l'âpreté du débat foi et raison à la fin du XIIe siècle en Andalousie, il faut se situer dans le contexte de la défense de l'Islam par les Almoravides et les Almohades face aux armées chrétiennes ; la cohésion de la Communauté et la solidarité de tous devient un impératif absolu et reconnaître que le rôle de la *charia* n'avait pas vraiment évolué au XIIe siècle, ni même au XXe comme l'a confirmé la Cour constitutionnelle égyptienne dans son jugement du 26 mars

---

[456] *Ibid.*, I-81/90, I-12, I-29.
[457] *Ibid.*, I-276.

1994 [458]. Dans ce contexte, Averroès définit sa pensée pratique, d'une part, dans le cadre institutionnel du droit musulman et sous la pression de l'environnement qu'il crée et, d'autre part, par l'exercice de son autonomie par la puissance de la raison, en tant que philosophe et juriste, sans oublier que le juriste en lui, également médecin, fut sensible aux causes des maladies (désordre) et aux effets des médicaments pour le rétablissement de la santé (ordre public)[459].

Le premier effet dissuasif de l'exercice de l'*hijtihad* en droit musulman demeure la condamnation de l'innovation dite répréhensible (*bida*) : « He who innovates or supports an innovator, upon him is the curse of Allah, of the Angels and of the people, all at the same time[460] ». En l'absence d'une autorité suprême qui définit ce qui est *bida* ou non, vaut mieux opter pour la prudence pour ne pas risquer d'être ostracisé. L'exercice de la raison s'en trouve limité.

Lorsque, sur une question, les avis sont divisés, le *mujtahid,* dans l'exercice de son *ijtihad,* a le choix entre se rallier à un de ces avis qui, pour lui, fait autorité ou tenter une réconciliation ou une rationalisation de l'ensemble de ces avis pour dégager, par la raison, un avis de synthèse. Entre le ralliement à l'autorité (le plus souvent religieuse) et l'exercice de la raison, Averroès choisit cette dernière option : « [...] reconciliation is considered better than preference according to the experts of the juristic method[461] » ; « The Qadi (Ibn Rushd) said that this is better, as reconciliation is better than preference [462] ». Averroès fait clairement le choix de la solution de raison par un *ijtihad*

---

458 B. DUPRET, *À propos de la constitutionnalité de la charia*, Islamic Law and Society, vol. 4, n° 1, (1997), p. 113.
459 BIDAYAT, I-260. Voir également BIDAYAT, I-52 à 55 au sujet de l'expérience médicale nécessaire.
460 *Ibid.*, p. I-483.
461 *Ibid.*, p. I-74.
462 *Ibid.*, p. I-240.

personnel plutôt que de se rallier à la solution d'autorité déjà élaborée par un prédécesseur. Il ouvre donc un espace de liberté au sein de l'espace juridique musulman.

De la même façon, face aux contraintes de la vie, il préfère adopter une attitude raisonnable plutôt que d'affirmer la rigueur de la règle. En voyage, les exigences de la prière peuvent être réduites ou éliminées pour tenir compte des contraintes de la situation[463]. Certaines interdictions alimentaires trouvent leur justification, dit le médecin, moins dans les prescriptions religieuses que dans le risque d'infections suite à la consommation de certains aliments[464]. Enfin, il n'hésite pas, relativement à une prière oubliée, à déclarer une opinion reçue dénuée de sens en se fondant sur le raisonnement qu'il développe[465].

Averroès, dans le contexte historique et socioculturel de l'Andalousie du XIIe siècle de même que dans l'exercice de ses fonctions de conseiller du Prince, ne pouvait sans doute pas proposer des solutions concrètes qui dérogent trop manifestement à la norme reconnue. Par contre, ses invitations à la recherche, à la réflexion et à la réconciliation des avis divergents par une nouvelle synthèse entraînent inévitablement la remise en question des solutions acquises. Le mérite d'Averroès, en accordant la priorité au travail de la raison sur la permanence de la Parole divine, est d'avoir ouvert une fenêtre d'opportunités qui s'est, pour le plus grand malheur de l'Islam, trop rapidement fermée. Quand l'innovation est considérée blâmable, il devient inévitable que le travail de la raison, que la recherche cesse et que la stagnation s'installe : la recherche de la vérité en philosophie cesse d'inspirer la poursuite du bien commun en droit.

---

463 *Ibid.*, I-186/188.
464 *Ibid.*, I-29.
465 *Ibid.*, I-208.

Conclusion

Une société s'organise, pour assurer sa cohésion, autour d'un certain nombre de normes qui forment éventuellement un système juridique[466]. Cette cohésion, si elle se rigidifie, peut entraîner une stagnation de la société qui acquiert ainsi, repliées sur elle-même et sur ses acquis, un sentiment de sécurité qui peut s'avérer fallacieux. D'autre part, cette cohésion, paradoxalement, peut en permanence être remise en question par la délibération heuristique pour être mieux en harmonie avec les besoins nouveaux des membres de la société et l'évolution du monde extérieur.

Al-Ghazali, optant pour la première voie, a voulu protéger l'Empire abbasside et l'Islam en accentuant leur cohésion et leur force face aux périls internes (sectarisme et affaiblissement du Califat) et externes (invasion des Mongols) qui les menaçaient. La solidité des institutions et du commandement doit reposer, selon al-Ghazali, sur l'unité et la prééminence de la Parole divine dont découle toute autorité, celle du Calife et celle de l'Imam : une Parole, une Voix, une Autorité pour conduire sur cette Voie en vue d'une éternité bienheureuse.

Dans ce contexte, la théologie et la philosophie doivent se limiter à une glose de la Parole divine pour éviter de

466 « Comme le dit DUGUIT, c'est "l'état de conscience" de la masse des individus composant un groupe social donné qui est "la source créatrice du droit" : il y a en effet droit quand cette masse "comprend et admet qu'une réaction contre les violateurs de la règle peut être socialement organisée" ; c'est à ce moment précis que la simple norme sociale, fondée sur la solidarité et l'interdépendance, se transforme en norme juridique ». Jacques CHEVALLIER, *L'État post-moderne*, Paris, LGDJ, 2008, p. 106.

semer le doute dans l'esprit du Croyant, doute qui se répercuterait sur l'autorité des pouvoirs politiques et religieux. La société se replie sur ses valeurs sûres, ou perçues comme telles, qui ont assuré son rayonnement et sa gloire passés. La lutte contre le doute par l'affirmation d'une Vérité unique à laquelle il faut adhérer et se conformer empêche toute recherche, toute évolution et toute adaptation à un contexte nouveau. Dans sa cohérence, le système condamne toute innovation qu'il définit lui-même comme blâmable. L'affirmation d'une Vérité transcendantale et la condamnation de l'innovation se conjuguent pour refermer la société sur elle-même.

Cette affirmation d'un dieu unique dont la Parole indique la seule Voie pour saisir la Vérité, s'oppose à la recherche plus aléatoire de la vérité par les voies sinueuses et incertaines de la raison. Cet affrontement entre la Vérité coranique et le discours des philosophes musulmans, influencés par l'héritage grec, n'a cessé de diviser les savants musulmans.

Averroès prend la défense des philosophes en démontrant que l'Islam exige de ceux qui en ont les facultés, qu'ils cherchent par la raison le sens véritable de la Parole. Cette attitude, difficilement compatible avec l'unanimisme qui découle d'une lecture littéraliste du Coran, ouvre la porte à une recherche du sens et au doute.

Averroès non seulement accepte, mais il sollicite l'éclairage de la pensée venue de l'extérieur de l'Islam. Il préfère se hausser sur les épaules de ses prédécesseurs dont les découvertes (notamment, le syllogisme), dispensent les philosophes musulmans de faire eux-mêmes ces recherches essentielles et leur permet d'avancer avec plus de certitude dans la poursuite de la vérité.

Cette recherche de la vérité, avec tous ses aléas, se poursuit en cercle restreint entre philosophes qui ne sont pas assaillis par le doute sur les piliers de leur religion. Car, pour éviter la dissémination des options qui pourraient créer le doute, le résultat de leurs délibérations n'est pas communiqué à la masse des croyants qui, faute de disposer des facultés nécessaires s'en tiennent (ou sont tenus) à une lecture littérale du Message coranique.

Cette ouverture d'Averroès à la prééminence de la raison dont l'exercice se limite au cercle restreint des savants, est soumise, de plus, au contrôle du magistère qui sanctionne toute innovation blâmable (*bida*), c'est-à-dire, non compatible avec l'orthodoxie. En somme, il n'y a pas de transmission des connaissances acquises par les savants à l'ensemble de la Communauté des Croyants. Il y a, d'une part, ceux qui apprennent et savent et, d'autre part, ceux qui restent prisonniers d'une lecture littéraliste des textes divins et de pratiques répétitives. Si la science des premiers ne féconde pas la compréhension des seconds dans un premier temps, en contrepartie, dans un second temps, les certitudes historiques de la masse des croyants freinent la recherche des savants en état de sidération par crainte de semer le doute dans leur esprit et de subir leur courroux. Ce défaut de transmission, si on en cherche le sens, peut s'expliquer par l'incapacité de la masse d'accueillir les idées nouvelles fondées sur la démonstration, mais aussi par une volonté de cultiver cette incapacité pour mieux assurer l'hégémonie du cercle restreint de ceux qui savent et de ceux qui détiennent le pouvoir. En limitant la transmission de la connaissance, on s'assure de la permanence de l'ignorance et de la soumission.

L'extension du domaine de la raison, de la philosophie et du droit, se heurte à des obstacles majeurs. Le premier consiste à faire passer les fruits de la recherche rationnelle de la philosophie spéculative réservée à une élite au droit concret qui s'applique à tous les Croyants. La barrière entre les l'élite des savants chercheurs et la masse littéraliste des Croyants serait ainsi inévitablement renversée par le passage de la philosophie au droit. Une telle rupture avec la tradition serait inacceptable pour les autorités politiques et religieuses et l'insistance révolutionnaire d'Averroès sur la prééminence de la raison peut expliquer son exil et la destruction de ses œuvres.

Le lien consubstantiel entre religion et droit dans l'Islam constitue un autre obstacle qui empêche le droit d'acquérir son autonomie[467]. Comment la charia, extraite ou inspirée par le Coran et la Sunna, sources divines et prophétiques, peut-elle être compatible avec la raison et l'esprit critique ? Si on accorde aux sourates de Médine, à caractère plus juridique, la même force probante que les sourates plus théologiques de La Mecque, comment faire évoluer le droit musulman en recherchant les fins véritablement poursuivies par telle norme ou telle pratique ? Ne serait-il pas souhaitable d'établir une distinction nette entre les unes et les autres, en reconnaissant le caractère politique des sourates juridiques reçues à Médine ? Elles perdraient alors leur caractère transcendantal et immuable pour être évaluées en fonction de l'intérêt et des besoins des diverses sociétés musulmanes. Celles-ci ne seraient plus freinées dans leur évolution par la crainte de la sanction des innovations (dites blâmables) et la religion conserverait toute son authenticité. La valeur transcendantale de la Révélation ne serait plus étendue à la norme juridique, expression ortho praxique de la religion. Dans la perspective contraire, le droit se « théologise » : le but du droit n'est plus d'assurer la sécurité et l'harmonie dans la société en fonction de son évolution, mais de modeler la conduite du Croyant en fonction d'une Parole divine émise au VIIe siècle pour un peuple arabe nomade ou sédentarisé dans quelques oasis.

« Sur cette question il faut réfléchir », « Vaut mieux concilier les avis opposés que d'opter pour l'une ou l'autre ». Ces invitations d'Averroès à chercher la vérité par la raison ouvrent la porte à une nouvelle compréhension du monde. Le Coran demeure le socle fondateur : éternel, sans lien avec

---

[467] Voir note 372.

l'époque et le lieu de la Révélation, pour ses principes théologiques, mais temporel et adaptable pour ses modalités juridiques qui orientent la Voie. Averroès introduit la possibilité de la dissidence dans la philosophie et le droit musulman. Dissidence possiblement profonde, mais limitée à un cercle restreint en philosophie ; dissidence d'autant plus difficile à réaliser en droit qu'elle se répercute nécessairement chez tous les membres de la Communauté, même ceux qui ne peuvent comprendre. Puisqu'Allah trace la Voie, Averroès ne pouvait, en tant que juriste et juge, qu'inciter les musulmans à réfléchir, sans préconiser de nouveaux chemins, pour trouver la Voie juste.

Si Alain de Libéra a pu présenter Averroès comme « un des pères spirituels de l'Europe[468] » ou comme celui qui « Parmi les penseurs de terre d'Islam [...] aura eu le plus d'influence sur la culture universelle[469] », dans sa leçon inaugurale au Collège de France, il s'assigne maintenant la mission d'élaborer un projet averroïste pour le post-postmodernisme[470]. Averroès ne fait manifestement plus partie de cet « héritage oublié » puisqu'il fait de nouveau, un millénaire plus tard, souffler l'esprit sur des terres qui l'ont condamné en 1277.

Aujourd'hui, la pensée d'Averroès qui a fertilisé le développement de la philosophie occidentale au Moyen Âge malgré des premières condamnations, à Cordoue en terre d'Islam et à Paris en Occident, peut être reprise autant par les philosophes que les juristes, d'Occident et d'Orient. Car, en effet, la combat continue. L'esprit d'al-Ghazali n'est pas mort ; il revit aujourd'hui dans le wahhabisme et le khomeynisme qui allient pouvoir politique et religieux en se fondant sur une lecture littérale du Coran dont Foucault a pu

---

468 Maurice-Ruben HAYOUN et Alain de LIBERA, *Averroès et l'averroïsme*, Paris, PUF, 1991, p. 121.

469 Alain de LIBERA, *La pensée médiévale*, Paris, PUF, 2014, p. 161.

470 Alain de LIBERA, *Où va la philosophie médiévale ?*, Leçons inaugurales du Collège de France, 2014, p. 69.

dire qu'elle représente une seconde mort pour la pensée d'Averroès[471]. L'esprit critique et le doute peuvent permettre de retrouver, non pas les pratiques des pieux ancêtres, mais la finalité qui inspirait leurs pratiques[472]. Ainsi, Averroès, trop longtemps oublié et écarté de la culture universelle, renaîtra et son œuvre sera étudiée pour, comme il le dit, « le bonheur de l'humanité entière[473] ».

---

[471] Jean François BERT, *Foucault et les religions*, Paris, Éd. Le Manuscrit, 2015.

[472] « Mais il existe une autre forme de pluralisme, un pluralisme qui fragilise la prétention de la démocratie libérale à offrir un modèle universel que toutes les sociétés devraient adopter en raison de sa rationalité supérieure. [...]. Je pense que les réflexions de Tully sur la possibilité d'autres Lumières, non occidentales, sont décisives pour l'élaboration d'une approche multipolaire. En effet, une telle approche exige que nous acceptions l'idée d'autres formes de modernité en dehors de celle que l'Occident s'efforce d'imposer au monde entier, sans égard pour les différences de tradition et d'histoire. » Chantal MOUFFE, *L'illusion du consensus*, Paris, Albin Michel, 2016, p. 185 s.

[473] « Let this suffice for the man who is not satisfied with passing this problem over in silence, and may he understand that the argument on which the learned base their belief in the prophets is another, to which Ghazali himself has drawn attention in another place, namely the act which proceeds from that quality through which the prophet is called prophet, that is the act of making known the mysterious and establishing religious laws which are in accordance with the truth and which bring about acts that will determine the happiness of the totality of mankind. » *L'incohérence de l'incohérence*, p. 315-316.

Bibliographie

A.ALDEED ABU-SAHLIEH, Sami, *Introduction à la société musulmane, Fondements et principes*, Paris, Eyrolles, 2006, 461 p.

ABBÈS, Makram, *Islam et politique à l'âge classique*, Paris, PUF, 2009, 311 p.

ABED al-JABRI, Mohammed, *Introduction à la critique de la raison arabe*, Paris, IMA, 1994, 170 p.

ABOU, Sélim, *Cultures et droits de l'homme*, Paris, Hachette, 1992, 140 p.

ADAMSON, Peter et TAYLOR, Richard C., ed., *The Cambridge Companion to Arabic Philosophy*, Cambridge, Cambridge University Press, 2005, 448 p.

AL-MAWARDI, *De l'éthique du prince et du gouvernement de l'État,* Traduit de l'arabe et précédé d'un Essai sur les arts de gouverner en Islam par Makram Abbès, Paris, Les Belles lettres, 2015, 534 p.

ANDRAE, Tor, *Les origines de l'islam et le christianisme, Initiation à l'islam* VIII, Paris, Librairie d'Amérique et d'Orient, Jean Maisonneuve successeur, 1955, 211 p.

ARKOUN, Mohammed, *Humanisme et islam, Combats et propositions*, Paris, Vrin, 2005, 311 p.

_______, *Lectures du Coran*, Paris, Albin Michel, 2016, 508 p.

ARNALDEZ, Roger, *Les grands siècles de Bagdad*, vol. I, *De la fondation de Bagdad audébut du IVe-Xe siècle*, Alger, Entreprise nationale du livre, 1985, 286 p.

_______, *Les sciences coraniques, grammaire, droit, théologie et mystique,* Paris, Vrin, 2005, 288 p.

_______, *Aspects de la pensée musulmane,* Paris, Vrin, 2015, 316 p.

BABÈS, Leïla et OUBROU, Tareq, *Loi d'Allah, loi des hommes, Liberté, égalité et femmes en islam*, Paris, Albin Michel, 2002, 360 p.

BADIOU, Alain, *Saint Paul, la fondation de l'universalisme,* Paris, PUF, 2010, 122 p.

BALAUDÉ, Jean-François, *Les théories de la justice dans l'antiquité,* Paris, Nathan, 1996, 127 p.

BARANÈS, William et FRISON-ROCHE, Marie-Anne, dir., *La justice, L'obligation impossible,* Paris, Éditions Autrement, 1995, 238 p.

BÉCHILLON, Denys de, *Qu'est ce qu'une règle de Droit?*, Paris, Odile Jacob, 1997, 302 p.

BELAÏD, Sadok, *Islam et droit, Une nouvelle lecture des « versets prescriptifs » du Coran*, Tunis, Centre de publication universitaire, 2000, 544 p.

BENMAKHLOUF, Ali, éd., *Routes et déroutes de l'universel*, Casablanca, Éditions du Fennec, 1997, 93 p.

________, *Averroès d'Ernest Renan*, Monaco, Koutoubia, Éditions Alphée, 2009, 186 p.

BENSLAMA, Fethi, *La guerre des subjectivités en islam*, Paris, Lignes, 2014, 382 p.

BENYEKHLEF, Karim, dir., *Les cultures du droit*, Montréal, Éditions Thémis, 2012, 163 p.

BERT, Jean-François, dir., *Michel Foucault et les religions*, Paris, Éditions Le Manuscrit, 2015, 281 p.

BLACHÈRE, Régis, *Introduction au Coran*, Paris, Maisonneuve & Larose, 1991, 310 p.

BODÉÜS, Richard, *Aristote la justice et la cité*, Paris, Presses universitaires de France, 1996, 121 p.

BOITEVEAU, Bernard, *Loi islamique et droit dans les sociétés arabes*, Paris, Karthala-IREMAM, 1993, 375 p.

BOURETZ, Pierre, *Lumières du Moyen Âge, Maïmonide philosophe*, Paris, Gallimard, 945 p.

BRAUDEL, Fernand, *Grammaire des civilisations*, Paris, Arthaud-Flammarion, 1987, 606 p.

BRÉHIER, É., *Histoire de la philosophie, Antiquité et Moyen-Âge*, Paris, PUF, 1989, 702 p.

BRENET, Jean-Baptiste, *Averroès l'inquiétant*, Paris, Les Belles lettres, 2015, 144 p.

BÜTTGEN, P., LIBERA, A. de, RASHED, M., ROSIER-CATACH, I., dir., *Les Grecs, les Arabes et nous,* Paris, Fayard, 2009, 369 p.

CALELLE-DUMONT, Philippe et DIAGNE, Souleymane Bachir, *Philosopher en islam et en christianisme*, Paris, Cerf, 2016, 257 p.

CHABEL, Malek, *L'Islam et la raison, Le combat des idées*, Paris, Perrin, 2006, 238 p.

CHARNAY, Jean-Paul, *La charia et l'Occident,* Paris, L'Herne, 2001, 142 p.

_______, *Esprit du droit musulman*, Paris, Dalloz, 2008, 218 p.

CHENU, M.-D., *Introduction à l'étude de Saint Thomas d'Aquin*, Paris, Librairie philosophique J. Vrin, 1950, 301 p.

CLARET de FLEURIEU, Marie, *L'État musulman, entre l'idéal islamique et les contraintes du monde temporel*, Paris, LGDJ, 2010, 376 p.

CONDE, Joseph, *Histoire de la domination des Arabes et des Maures en Espagne et au Portugal, depuis l'invasion de ces peuples jusqu'à leur expulsion définitive,* Paris, Alexis Eymery, 1825, t.1, 504 p., t. 2, 470 p., t. 3, 412 p.

COULSON, Noël G., *Histoire du droit musulman*, Paris, PUF, 1995, 234 p.

DAFTARY, Farhad, dir., *Traditions intellectuelles en Islam*, Paris, Librairie d'Amérique et d'Orient Jean Maisonneuve, 2009, 206 p.

DELGADO, M., MÉLA, C., MÖRI, F., *ORIENT-OCCIDENT, Racines spirituelles de l'Europe*, Paris, Cerf, 2014, 583 p.

DENOIX, Sylvie et ERDDÉ, Anne-Marie, dir., *Gouverner en islam (X^e^-XVe siècle), Textes et documents,* Paris, Publications de la Sorbonne, 2015, 351 p.

DUPRET, Beaudouin, *La charia, Des sources à la pratique, un concept pluriel*, Paris, La Découverte, 2014, 190 p.

ESS, Josef van, *Prémices de la théologie musulmane*, Paris, Albin Michel, 2002, 161 p.

FASHANI, Mohamad-Rézâ, *Aristote de Bagdad, De la raison grecque à la révélation coranique*, Paris, L'Harmattan, 1995, 90 p.

FERJANI, Mohamed-Chérif, *Le politique et le religieux dans le champ islamique*, Paris, Fayard, 353 p.

GALLEZ, Édouard-Marie, *Le messie et son prophète, Aux origines de l'Islam, T. I, De Qumrân à Muhammad, T. II, Du Muhammad des Califes au Muhammad de l'histoire*, Paris, Éditions de Paris, 2012, 523 p. et 2010, 574 p.

GOUGUENHEIM, Sylvain, *Aristote au mont-Saint-Michel. Les racines grecques de l'Europe chrétienne*, Paris, Seuil, 2008, 308 p.

GUIBENTIF, P., FOUCAULT, M., LUHMANN, *Habermas, Bourdieu. Une génération repense le droit*, Paris, LGDJ, 2010, 507 p.

HÉSIODE, *Théogonie, Les travaux et les jours, Le bouclier*, Trad. Paul Mazon, Paris, Les Belles lettres, 2002, 158 p.

FOLTZ, Richard, *L'Iran creuset des religions, de la préhistoire à la République islamique*, Québec, Presses de l'Université Laval, 2007, 170 p.

FOUCAULT, Michel, *Qu'est ce que les Lumières?,* présentation Olivier Dekens, Paris, Bréal, 2004, 128 p.

FOULON, Brigitte et TIXIER DU MESNIL, Emmanuel, *Al-Andalus, Anthologie,* Paris, GF Flammarion, 2009, 480 p.

FRÉGOSI, Frank, *Lectures contemporaines du droit musulman, Europe et monde arabe*, Strasbourg, Presses Universitaires de Strasbourg, 2004, 256 p.

GAUDEFROY-DEMOMBYNE et PLATONOV, *Le monde musulman et byzantin jusqu'aux croisades*, Paris, Ed. de Boccard, 1931, 588 p.

GAUDREAULT-DESBIENS, Jean-François, éd., *Le droit, la religion et le « raisonnable ». Le fait religieux entre monisme et pluralisme juridique*, Montréal, Thémis, 2009, 552 p.

GEOFFROY, Marc, « La raison et la foi selon un philosophe de l'islam. Le cas d'Averroès » dans *Lumières médiévales*, Paris, Collège des Bernardins, 2010, 127 p.

_______, (trad. Léon Bercher), *Études sur la tradition islamique*, Paris, Librairie d'Amérique et d'Orient, 1984, 355 p.

GLENN, Patrick, *Legal Traditions of the World, Sustainable Diversity in Law*, Oxford, Oxford University Press, 2004, 401 p.

GOLDZIHER, Ignaz (trad. A. & R. Hamori), *Introduction to Islamic Theology and Law*, Princeton, Princeton University Press, 1981, 302 p.

GUTAS, Dimitri (trad. A. Cheddadi), *Pensée grecque, culture arabe, Le mouvement de traduction gréco-arabe à Bagdad et la société abbasside primitive (IIe-IVe / VIIIe-Xe)*,Paris, Aubier, 2005, 340 p.

HALLAQ, Wael B., *Islamic Legal Theories, An introduction to Sunni usul al-fiqh*, Cambridge, Cambridge University Press, 1999, 294 p.

_______, *The Origins and Evolution of Islamic law*, Cambridge, Cambridge University Press, 2005, 234 p.

_______, *SHARI'A, Theory, Practice, Transformation*, Cambridge, Cambridge UniversityPress, 2009, 614 p.

_______, *The Impossible State : Islam, Politics and Modernity's Moral Predicament*, New York, Columbia University Press, 2012,272 p.

HAMADI, Redissi, *La tragédie de l'islam moderne*, Paris, Seuil, 2011, 168 p.

HAYOUN, Maurice-Ruben, *Les Lumières de Cordoue à Berlin, Une histoire intellectuelle du judaïsme*, Paris, JC Lattès, 1996, 512 p.

HERNANDEZ Miguel Cruz (trad. et mise à jour Roland Béhar), *Histoire de la pensée en terre d'Islam*, Paris, Éditions Desjonquères, 2005, 951 p.

HIMMICH, Bensalem, *Ijtihâd, La face voilée de l'islam*, Rabat, Éd. Marsam, 2006, 239 p.

HOURANI, Albert, *L'Islam dans la Pensée Européenne*, Paris, Éd. Naufal, 1995, 295 p.

HOVANNISIAN, Richard G.et SABAGH, Georges, *The Persian Presence in the Islamic World* (Giorgio Levi Della Vida Conferences), Cambridge University Press, Cambridge, 1998, 267 p.

JOLIVET, Jean, *La théologie et les arabes*, Paris, Cerf, 2002, 120 p.

_______, *Perspectives médiévales et arabes*, Paris, Librairie philosophique, Vrin, 2006, 318 p.

JULLIEN, François, *L'invention de l'idéal et le destin de l'Europe*, Paris, Seuil, 2009, 290 p.

_______, *De l'universel, de l'uniforme, du commun et du dialogue entre les cultures*, Paris, Fayard, 2008, 262 p.

IBN KHALDUN, *La Voie et la Loi ou Le Maître et le juriste*, Paris, Sindbad, 1991, 308 p.

_______, *Discours sur l'histoire universelle, Al-Muqaddima*, Paris, « Thesaurus » Sindbad, 1997, 1131 p.

KADRI, Adakat, *Heaven on Earth, A Journey Through Shari'a Law from Deserts of Ancient Arabia to the Streets of the Modern Muslim World*, New York, Farrar, Straus, and Giroux, 2013, 329 p.

KANT, Emmanuel (trad., notes et postface de Christian Ferré), *Le conflit des facultés et autres textes sur la révolution*, Paris, Payot, 2015, 395 p.

KHALIDI, Tarif, *Arabic historical thought in the classical period*, Cambridge, Cambridge University Press, 1994, 250 p.

KHALLAF, Abd al-Wahhâb, *Les fondements du droit musulman*, Paris, Al-Qalam, 1997, 368 p.

KURAN, Timur, *The Long Divergence, How Islamic Law Held Back the Middle East*, Princeton, Princeton University Press, 2011, 405 p.

LAGHMANI, Slim, *Éléments d'Histoire de la Philosophie du Droit, Le Discours fondateur du Droit*, tome premier : *La Nature, la Révélation et le Droit* (308 p.) ; tome deuxième : *La Modernité, l'État et le Droit* (305 p.), Tunis, Cérès et Centre de Publication Universitaire, 1993-1999.

LAOUST, Henri, *Les schismes dans l'islam*, Paris, Payothèque, 1977, 499 p.

LAVOREL, Sabine, *Les constitutions arabes et l'islam, les enjeux du pluralisme juridique*, Montréal, Presses de l'Université du Québec, 2005, 202 p.

LENCLUD, Gérard, *L'universalisme ou le pari de la raison*, Paris, EHESS, Gallimard et Seuil, 2013, 340 p.

LÉVI-PROVENÇAL, Évariste, *L'Espagne musulmane au Xe siècle,* Paris, Maisonneuve & Larose, 2002, 272 p.
LILLIOT, Louis et BLANC, François-Paul, *Introduction à l'étude du droit musulman,* Paris, Dalloz, 2001, 669 p.
LYONS, Jonathan, *The House of Wisdom, How the Arabs Transformed Western Civilization*, New York, Bloomsbury Press, 2009, 248 p.
MALEK, Rédha, *L'enjeu de la modernité en Algérie et dans l'Islam,* Paris, Sindbad, 1993, 219 p.
MARMURA, Michael E. (ed.), *Islamic Theology and Philosophy, Studies in Honor of George F. Hourani*, Albany, State university of New York Press, 1984, 335 p.
MEDDEB, Abdelwahab, *La maladie de l'islam*, Paris, Seuil, 2002, 320 p.
MEDDEB, Abdelwahab et STORA, Benjamin, *Histoire des relations entre juifs et musulmans des origines à nos jours*, Paris, Albin Michel, 2013, 1145 p.
MENOCAL, Maria Rosa (trad. M. Marx), *L'Andalousie arabe, Une culture de la tolérance, VIIIe-XVe siècle*, Paris, Éditions Autrement, coll. « Mémoires », 2003, 244 p.
MERZOUG, Omar, *Existe-t-il une philosophie islamique* ? Paris, Les Cahiers de l'Islam, 2014, 109 p.
MILOT, Jean-René, *L'Islam et les musulmans*, Montréal, Fides, 1993, 202 p.
MÖRI, Frédéric, dir., *Orient-Occident, racines spirituelles de l'Europe*, Paris, Fondation Martin Bodmer et Éditions du Cerf, 2009, 539 p.
NADER, Albert N., *Le système philosophique des MU'TAZILA (premiers penseurs de l'islam)*, Beyrouth, Dar El-Machreq Sarl, 1984, 354 p.
NASR, Seyyed Hossein, *Sciences et savoir en Islam*, Paris, Sindbad, 1979, 344 p.
NASRALLAH, P. Joseph, *Saint Jean de Damas, son époque, sa vie, son œuvre*, Beyrouth, Harissa, 1950, 200 p.

OHLIG, Karl-Heinz, ed., *Early Islam, A Critical Reconstruction Based on Contemporary Sources*, Amherst, Prometheus Books, 2013, 648 p.

OST, François, *Raconter la loi, Aux sources de l'imaginaire juridique*, Paris, Odile Jacob, 2004, 442 p.

OUARDI, Hela, *Les derniers jours de Muhammad*, Paris, Albin Michel, 20160, 36o p.

PRÉMARE, Alfred-Louis de, *Les fondations de l'islam, Entre écriture et histoire*, Paris, Seuil, 2002, 522 p.

QUADRI, G., *La philosophie arabe dans l'Europe médiévale, des origines à Averroès*, Paris, Payot, 1947, 340 p.

RAHMAN, Fazlur, *Islam,* Chicago, University of Chicago Press, 1979, 285 p.

_______, *Major Themes of the Qur'an*, Minniapolis, Bibliotheca Islamica, 1994, 180 p.

_______, *Islam & Modernity, Transformation of an Intellectual Tradition,* Chicago, University of Chicago Press, 1985, 172 p.

RAMADAN, Saïd, *La sharia, Le droit islamique, son envergure et son équité*, Paris, Al-Qalam, 1997, 224 p.

RENAUT, Alain, *Qu'est-ce que le droit ? Aristote, Wolf et Fichte*, Paris, Vrin, 1992, 126 p.

SADDIQUI, Mona, *The Good Muslim, Reflections on Classical Islamic Law and Theology*, Cambridge, Cambridge University Press, 2012, 231 p.

SADRIA, Modjtaba, ed., *Multiple Modernities in Muslim Societies*, Genève, Aga Khan Award for Architecture, 2009, 156 p.

SANSAL, Boualem, *Gouverner au nom d'Allah*, Paris, Gallimard, 2013, 154 p.

SCHACHT, Joseph, *Introduction au droit musulman*, Paris, Maisonneuve & Larose, 1999, 252 p.

SCHNAPPER, Dominique, *L'esprit démocratique des lois*, Paris, Gallimard, 2014, 321 p.

SCHOELER, Gregor, *Écrire et transmettre dans les débuts de l'islam*, Paris, PUF, 2002, 171p.

SFEZ, Gérald, *Leo Strauss, Foi et raison*, Paris, Beauchesne, 2007, 259 p.

TALBI, Mohamed, *Plaidoyer pour un islam moderne,* Paris, Aube, 1998, 195 p.

_______, *Réflexion d'un musulman contemporain*, Casablanca, Fennec, 2005, 118 p.

TILLIER, Mathieu, *Vies des cadis de Misr 237/851 – 366/976,* Le Caire, Institut français d'archéologie orientale, 2002, 211 p.

VADET, Jean-Claude, *Les idées morales dans l'islam*, Paris, PUF, 1995, 275 p.

VAN STEENBERGHEN, Fernand, *Introduction à l'étude de la philosophie médiévale,* Louvain et Paris, Publications universitaires et Béatrice-Nauwelaerts, 1974, 611 p.

VERNET, Juan (trad. G. Martinez Gros), *Ce que la culture doit aux Arabes d'Espagne*, Paris, Sindbad, 1985, 455 p.

WAËL, Henri de, *Le droit musulman, Nature et évolution*, Paris, CHEAM, 1993, 122 p.

Bibliographie spécifique

ALCANTUD, José Antonio et ZABBAL, François, *Histoire de l'Andalousie, mémoire et enjeux*, Montpellier, L'Archange Minotaure, 2003, 274 p.

AL-FARABI (trad. et notes par Tahani Sabri), *Traité des opinions des habitants de la cité idéale*, Introduction, Paris, Vrin, Études musulmanes XXXI, 1990, 158 p.

_______ (trad. critique et commentaire par Amor Cherni), *La religion, al-Milla*, Paris, Albouraq, 2011, 115 p.

AL-GHAZALI, traduction annotée avec étude introductive par Tahar Mahdi, *L'incohérence des philosophes*, Paris, Edilivre, 2015, 363 p.

ARFA-MENSIA, Mokdad, *Actualité d'Averroès*, Paris-Carthage, UNESCO-Beït al-Hikma, 2001, 268 p.

ARNALDEZ, Roger, *Averroès, un rationaliste en islam*, Paris, Le Nadir et Balland, 1997, 234 p.

AVERROÈS (trad. Marc Geoffroy, présent. Alain de Libéra) *L'Islam et la raison*, Paris, GF Flammarion, 2000, 218 p.

_______, *L'intelligence et la pensée. Sur le De anima*, Paris, GF Flammarion, 1998, 405 p.

_______ (trad. et annotations par Léon Gauthier), *L'accord de la religion et de la philosophie (Traité décisif)*, Paris, Sindbad, 1988, 70 p.

_______ (intro. par Alain de Libéra, trad. inédite, notes et dossier par Marc Geoffroy), *Le livre du discours décisif (Fasl al-maqal)*, Paris, GF Flammarion, 1996, 247 p.

_______ (intro., trad. et notes de Ali Benmakhlouf et S. Diebler), *Commentaire moyen sur le DE INTERPRETATIONE*, Paris, Vrin, 2000, 206 p.

_______ (trad. de Marc Geoffroy et présentation par Alain de Libera), *L'Islam et la raison, Anthologie de textes juridiques, théologiques et polémiques*, Paris, GF Flammarion, 2000, 218 p.

_______ (éd. critique du texte arabe et trad. française par Maroun Aouad), *Commentaire moyen à la RHÉTHORIQUE D'ARISTOTE,* 3 volumes, Paris, Vrin, 2002, I : 501 p., II : 352 p., III : 443 p.

_______ (trad. et intro. par Simon van den Bergh), *Tahafut al-Tahafut (The Incoherence of the Incoherence),* 2 vol., London, Luzac & Co., 1954, I : 374 p., II : 219 p.

ARISTOTE (présentation et notes par Daniel Agacinski, trad. par Richard Bodéüs), *Sur la justice, Éthique à Nicomaque, Livre V*, Paris, GF Flammarion, 2008, 126 p.

BAZZANA, A., BÉRIOU, N., GUICHARD, P., *Averroès et l'averroïsme (XII*e*-XV*e *siècle)*, Lyon, Presses universitaires de Lyon, 2005, 348 p.

BENMAKFLOUF, Ali, *Averroès,* Paris, Les Belles Lettres, 2000, 208 p.

_______, *Le vocabulaire d'Averroès,* Paris, Ellipses, 2007, 68 p.

_______, « Averroès, lecteur d'Aristote et du Coran », dans *L'invention de la tolérance*, Paris, L'Harmattan, p. 37-50.

_______, *Averroès d'Ernest Renan*, Monaco, Éd. Alphée, 2009, 185 p.

BRENET, J.-B., *Averroès et les averroïsmes juif et latin*, Turnhout, Brepols, 2007, 367 p.

CORBIN, Henry, « La philosophie islamique des origines à la mort d'Averroès », dans *Histoire de la philosophie 1, Orient – Antiquité – Moyen-Âge, Encyclopédie de la Pléiade*, Paris, NRF, 1969, p. 1048-1197.

FAKHRY, Majid, *Averroes (Ibn Rushd), His Life, Works, and Influence,* Oxford, Oneworld, 2006, 187 p.

GÉAL, François, dir., *Regards sur al-Andalus (VIII*e*-XV*e *siècle),* Madrid, Casa de Velasquez, 2006, 168 p.

HASNAWI, Ahmed (Ed.), *La lumière de l'intellect. La pensée scientifique et philosophique d'Averroès dans son temps*, Leuven, Peeters, 2011, 528 p.

HAYOUN, Maurice-Ruben et LIBERA, Alain de, *Averroès et l'averroïsme,* Paris, PUF, 1991, 128 p.

IBN TUFAYL (trad. de Léon Gauthier revue par S. Auffret et G. Ferzli), *Le Philosophe autodidacte*, Paris, Éd. Mille et une nuit, 1999, 159 p.

LAROUI, Fouad, *Une lecture personnelle d'Averroès*, Avignon, éditions universitaires d'Avignon, 2014, 69 p.

LIBERA, Alain de, *La double révolution, L'acte de penser 1*, Paris, Vrin, 2014, 688 p.

_______, *Où va la philosophie médiévale?,* Paris, Collège de France et Fayard, 2014, 69p.

_______, *Archéologie du sujet, Naissance du sujet*, Paris, Vrin, 2014, 448 p.

_______, *La philosophie médiévale*, Paris, PUF (Quadrige manuels), 2014, 547 p.

MAHDI, Muhsin, *La cité vertueuse d'Alfarabi*, Paris, Albin Michel, 2000, 342 p.

MAÏMONIDE, Moïse (trad. et annoté par Valentin Nikyprowetzky et André Zaoui), *Le livre de la connaissance*, Paris, Quadrige et PUF, 1985, 428 p.

_______ (trad. et annoté par René Lévy), *Lettre sur l'astrologie*, Paris, Éditions Allia, 2001, 41 p.

NADER, Albert N., *Le système philosophique des mu'tazila (premiers penseurs de l'islam*), Beyrouth, Dar El-Machreq, 1984, 354 p.

ORMSBY, Eric L., *Theodicy in Islamic Thought, The Dispute over Al-Ghazali's « Best of all Posssible Worlds »,* Princeton, Princeton University Press, 1984, 309 p.

PICHER, David, traduction, introduction et commentaire de, *La condamnation parisienne de 1277*, Paris, Vrin, 1999, 351 p.

RENAN, Ernest, *Averroès et l'averroïsme*, préface de Alain de Libera, Paris, Maisonneuve & Larose, 2002, 298 p.

THOMAS D'AQUIN (trad. du latin, intro., bibliographie, chronologie, notes et index par Alain de Libéra), *L'unité de l'intellect contre les averroïstes,* Paris, GF Flammarion, 1994, 395 p.

TURKI, Abdel Magid, *Théologiens et juristes de l'Espagne musulmane, aspects polémiques*, Paris, Maisonneuve et Larose, 1982, 372 p.

URVOY, Dominique, *Ibn Rushd (Averroès)*, Paris, Cariscript, 1996, 1992 p.

_______, *Les penseurs libres dans l'islam classique. L'interrogation sur la religion chez les penseurs arabes indépendants*, Paris, Albin Michel, 1996, 258 p.

_______, *Averroès, Les ambitions d'un intellectuel musulman*, Paris, Flammarion, 1998, 253 p.

_______, « D'Averroès *à Ibn Ruchd, La "reconstitution" d'un penseur arabe* », J. A. Alcantud et F. Zabbal, dir., *Histoire de l'Andalousie, Mémoire et enjeux*, Montpellier, L'Archange Minotaure, 2003, 274 p.

WOHLMAN, Avital, *Contrepoint entre le sens commun et la philosophie en Islam, Ghazali et Averroès*, Paris, Cerf, 2008, 168 p.

Périodiques

Confluences Méditerranée

Islam et laïcité, Parcours européens.

Qantara

Averroès l'Andalou, un croyant rationaliste, n° 28, été 1998.

Esprit

À la recherche du monde musulman, août-septembre 2001.

Religions et politique : séparation sous tension, février 2011.

L'islam à livre ouvert, décembre 2016.

Philosophie

Philosophie arabe, Les éditions de minuit, 1er mars 2003.

Table des matières

Philosophie

aux éditions L'Harmattan

Dernières parutions

CITOYENNETÉ ET DÉMOCRATIE
Fleury Philippe
La citoyenneté, dans le monde gréco-romain, a de multiples sens, allant du cosmopolitisme (Diogène) aux lois d'Athènes (Socrate). La démocratie, née en Grèce, se métamorphosera jusqu'à s'imposer comme une évidence politique (Tocqueville). Mais depuis le XIXe siècle, ce modèle montre ses limites avec la globalisation. Elle se transforme sans cesse, avec la montée des populismes, le rejet des élites et des partis politiques. Soulignant de nouveaux enjeux contemporains, les nouvelles revendications citoyennes vont-elles bouleverser la démocratie actuelle ?
(Coll. Ouverture Philosophique, 13.00 euros, 112 p.)
ISBN : 978-2-343-12378-3, ISBN EBOOK : 978-2-14-004098-6

CONVERSION ET SPIRITUALITÉS DANS L'ANTIQUITÉ ET AU MOYEN ÂGE
Fattal Michel
Comment comprendre le phénomène particulier de la conversion au sein de différentes formes de spiritualités issues de milieux culturels et linguistiques variés ? Le présent ouvrage procède à une lecture philosophique et à une analyse précise de la notion de conversion dans la philosophie grecque païenne de Platon et de Plotin, dans certains textes fondateurs du judaïsme et du christianisme, chez le Pseudo-Macaire et chez Augustin d'Hippone, ainsi que dans la philosophie arabo-musulmane représentée par Al-Farâbî et Al-Ghazâlî.
(Coll. Ouverture Philosophique, 27.00 euros, 258 p.)
ISBN : 978-2-343-12582-4, ISBN EBOOK : 978-2-14-004303-1

PROBLÈME DE L'EXISTENCE
Kong Robert
Les guerres, les attentats, le terrorisme, la tuerie en séries, la prise du pouvoir par la force entraînant la désorganisation sociale, etc., sont des paradoxes qui affaiblissent l'existence humaine et son environnement. Ce livre est une philosophie de l'existence, un examen de conscience ou une expérience de l'absurde qui propose à l'homme du XXIe siècle le changement et une paix durable.
(Coll. Études africaines, 14.00 euros, 122 p.)
ISBN : 978-2-343-11756-0, ISBN EBOOK : 978-2-14-004136-5

RENÉ GIRARD, «COW-BOY TEXAN»
Au fil de ses exploits
Dubouchet Paul
L'esprit de René Girard, esprit de pionnier, d'aventurier, est celui d'un cow-boy qui ne se déplace jamais sans sa Bible sous le bras. À la Bible sont empruntés les plus beaux titres de ses livres. Cet ouvrage met en valeur les jalons d'un itinéraire qui reflète, du passé le plus lointain à l'actualité la plus récente, l'épopée tragique de l'espèce humaine. Sans jamais oublier la possibilité et l'espérance de son salut.
(Coll. Ouverture Philosophique, 18.50 euros, 176 p.)
ISBN : 978-2-343-12503-9, ISBN EBOOK : 978-2-14-004231-7

LA SATISFACTION DES ASPIRATIONS HUMAINES
Ce passage obligé vers la maturité dans la vie consacrée
Mwenge Ngoie Jean-Paul
La parcellisation de l'humain en une dimension immatérielle et matérielle a beaucoup d'impact dans la vie du sujet. Cette opposition entre les deux sphères constitue un véritable obstacle dans l'envol de l'homme vers la pleine réalisation, plombant carrément son élévation vers l'accomplissement plénier. Vu son impact dans ce processus, le vocable de maturité nous a permis de bien appréhender que devenir mature dans la vie consacrée repose sur la réponse aux besoins et aux aspirations humaines.
(20.00 euros, 194 p.)
ISBN : 978-2-343-12375-2, ISBN EBOOK : 978-2-14-004344-4

LE SENS DE LA VIE
De la monstruosité à la déité
Andrieu Gilbert
Chaque fois que nous voulons étudier la vie ou la mort, nous oublions que l'homme qui les étudie est aussi l'objet de ses études. Parce que nous voulons être responsables de tout, ne sommes-nous pas enclins à vouloir donner un sens à la vie ? L'Homme peut-il changer des comportements jugés monstrueux par des comportements vertueux ou divins ? Tout changement voulu peut-il dépasser le paraître et se répercuter sur le plan de l'être ?
(27.50 euros, 276 p.)
ISBN : 978-2-343-12351-6, ISBN EBOOK : 978-2-14-004088-7

VIOLENCE, CONSCIENCE, NON-VIOLENCE
Lorsqu'il se libère de la violence, l'être humain peut prendre son envol (nouvelle édition mise à jour)
Moal Philippe - Préface de Federico Mayor Zaragoza
L'auteur témoigne et analyse les *a priori* et les croyances qui permettent de justifier et légitimer la violence. L'intervention de la conscience permet d'aller à la racine de sa propre violence, engage à résister à ses différentes formes d'expression dans la société et incite à faire le choix de la non-violence qui est la générosité du cœur. La non-violence, c'est l'espoir, la non-violence, c'est la vie !
(18.00 euros, 182 p.)
ISBN : 978-2-343-12486-5, ISBN EBOOK : 978-2-14-004163-1

L'AMBIVALENCE DE LA MODERNITÉ
Habermas vis-à-vis de Derrida
Nabwani Khaldoun
Cet ouvrage revient sur la querelle philosophique autour de la question de la modernité qui a été animée dans les années 1980. À cette époque, certains penseurs allemands se sont mis à critiquer la pensée française d'après 68 en la qualifiant de postmoderniste. Jürgen Habermas critiqua sévèrement la déconstruction derridienne et les disciples de Derrida aux États-Unis. Critiques auxquelles ce dernier répondit sans jamais consacrer une contre-critique directe à Habermas (comme s'il n'accordait pas beaucoup d'attention aux attaques du philosophe allemand).
(Coll. Ouverture Philosophique, 30.00 euros, 296 p.)
ISBN : 978-2-343-12246-5, ISBN EBOOK : 978-2-14-003910-2

CE QUI PASSE
Pour une théologie plurielle
Maalouf Jihad
Quelque chose qui passe dans ce qui se passe... Un passant, malgré les impasses, s'en rend compte... Le passant devient passeur, parfois malgré lui, et laisse passer ce qui passe en et à travers lui... Vigilant et zélé, le passeur se dépasse dans ce qui se passe... On ne cesse d'entendre ce chuchotement, ce tressaillement intérieur, parfois tel un cri, à travers la passe des chapitres. Ceux-ci essayent de témoigner diversement d'une expérience spirituelle personnelle. L'ouvrage développe une théologie plurielle du passage. Une phénoménologie de la vigilance et du zèle s'en dégage au fur et à mesure de ce qui se passe.
(Coll. Théologie Plurielle, 14.00 euros, 122 p.)
ISBN : 978-2-343-12134-5, ISBN EBOOK : 978-2-14-003911-9

COMMENTAIRE DE *L'EUTHYPHRON* DE PLATON
Samb Djibril
Aux États-Unis, *L'Euthyphron* est un dialogue très prisé au point de servir d'introduction à des enseignements de logique. Ce morceau «logique» revêt également une dimension «théologique», dans la mesure où une tendance significative du commentarisme voit dans le dilemme l'expression d'un débat théologique général : le Bien est-il le Bien parce que Dieu le commande ou bien Dieu commande-t-il le Bien parce qu'il est le Bien ? Le but de ce travail est de combler le retard de la France par rapport au monde anglo-saxon dans le commentarisme de *L'Euthyphron.*
(Coll. Ouverture Philosophique, 46.00 euros, 462 p.)
ISBN : 978-2-343-11895-6, ISBN EBOOK : 978-2-14-004000-9

DELEUZE ET LE TEMPS
Bellos Stavroula
Face à la dispersion de la pensée, à cause et grâce aux nouvelles technologies, la puissance du temps de la pensée de Gilles Deleuze manifeste son actualité. Les objets virtuels des nouvelles technologies, par exemple, mais aussi l'ensemble des nouvelles technologies du numérique, nous forcent à repenser les notions

de mouvement, d'espace et de temps. Gilles Deleuze a donc conceptualisé une philosophie qui actualise la virtualité de la pensée.
(Coll. Philosophies-Artistes, 12.00 euros, 86 p.)
ISBN : 978-2-343-12033-1, ISBN EBOOK : 978-2-14-004049-8

LE DUALISME ANTIRÉALISTE ET SEMI-EMPIRIQUE DE BERNARD VIDAL
De l'*apeiron* d'Anaximandre aux maîtres de la quantique et à l'empirisme de van Fraassen
Kaltcharel Fallander
Bernard Vidal axiomatise l'Être, l'Indéterminé, en deux hypostases, métaphore athée du monothéisme trinitaire. Elles s'imprègnent, donnant le réel, dont l'esprit qui détermine l'Être en divers. Esprit et matière se forment l'un l'autre. Il n'y a donc pas d'en soi, pas de rationnel absolu, pas d'unicité du modèle en recherche : au terme de sa quête l'esprit se retrouve lui-même.
(Coll. Ouverture Philosophique, 28.00 euros, 284 p.)
ISBN : 978-2-343-12048-5, ISBN EBOOK : 978-2-14-003897-6

L'EMPIRE DU MÊME
Après la diversité
Rouget Patrice
Le processus industriel, qui introduit dans le monde naturel des choses d'un genre nouveau, les exemplaires, parfaitement identiques et interchangeables, est le signe et l'instrument d'une reconfiguration radicale de la nature, qui tend à la soumettre au principe du Même. Ainsi, l'évolution naturelle, comme source de nouveauté imprévisible, se trouve progressivement remplacée par l'innovation comme mode de devenir contrôlé.
(Coll. Ouverture Philosophique, 16.50 euros, 154 p.)
ISBN : 978-2-343-12174-1, ISBN EBOOK : 978-2-14-003948-5

EN MÉMOIRE DE GILBERT SIMONDON
Philosophe et psychologue français (1924-1989)
Jalley Emile
Gilbert Simondon (1924-1989) est un philosophe français qui appartient à la dernière génération, à l'articulation des années 1960, de ceux encore attachés au paradigme d'une démarche d'allure dialectique en philosophie (Bachelard, Merleau-Ponty, Sartre). L'ouvrage examine ici de ce point de vue les trois derniers titres parus de G. Simondon : *Sur la technique* (2014), *Sur la psychologie* (2015), *Sur la philosophie* (2016), avant de faire la revue des 17 ouvrages parus sur la pensée de G. Simondon entre 1993 et 2016.
(28.00 euros, 270 p.)
ISBN : 978-2-343-12222-9, ISBN EBOOK : 978-2-14-003891-4

L'HARMATTAN ITALIA
Via Degli Artisti 15; 10124 Torino
harmattan.italia@gmail.com

L'HARMATTAN HONGRIE
Könyvesbolt ; Kossuth L. u. 14-16
1053 Budapest

L'HARMATTAN KINSHASA
185, avenue Nyangwe
Commune de Lingwala
Kinshasa, R.D. Congo
(00243) 998697603 ou (00243) 999229662

L'HARMATTAN CONGO
67, av. E. P. Lumumba
Bât. – Congo Pharmacie (Bib. Nat.)
BP2874 Brazzaville
harmattan.congo@yahoo.fr

L'HARMATTAN GUINÉE
Almamya Rue KA 028, en face
du restaurant Le Cèdre
OKB agency BP 3470 Conakry
(00224) 657 20 85 08 / 664 28 91 96
harmattanguinee@yahoo.fr

L'HARMATTAN MALI
Rue 73, Porte 536, Niamakoro,
Cité Unicef, Bamako
Tél. 00 (223) 20205724 / +(223) 76378082
poudiougopaul@yahoo.fr
pp.harmattan@gmail.com

L'HARMATTAN CAMEROUN
TSINGA/FECAFOOT
BP 11486 Yaoundé
699198028/675441949
harmattancam@yahoo.com

L'HARMATTAN CÔTE D'IVOIRE
Résidence Karl / cité des arts
Abidjan-Cocody 03 BP 1588 Abidjan 03
(00225) 05 77 87 31
etien_nda@yahoo.fr

L'HARMATTAN BURKINA
Penou Achille Some
Ouagadougou
(+226) 70 26 88 27

L'HARMATTAN SÉNÉGAL
10 VDN en face Mermoz, après le pont de Fann
BP 45034 Dakar Fann
33 825 98 58 / 33 860 9858
senharmattan@gmail.com / senlibraire@gmail.com
www.harmattansenegal.com